张新科 /著

流年卷帙

南京大学出版社

图书在版编目（CIP）数据

流年卷帙 / 张新科著. ——南京：南京大学出版社，2023.3（2024.9重印）
 ISBN 978-7-305-26961-5

Ⅰ. ①流… Ⅱ. ①张… Ⅲ. ①南京理工大学－校史 Ⅳ. ①G649.285.31

中国国家版本馆CIP数据核字（2023）第076347号

出版发行	南京大学出版社		
社　　址	南京市汉口路22号	邮　编	210093

书　　名　流年卷帙
　　　　　　LIUNIAN JUANZHI
著　　者　张新科
书名题字　管　峻
责任编辑　蔡文彬　高　军　　　　编辑热线　025-83686531

照　　排　南京开卷文化传媒有限公司
印　　刷　徐州绪权印刷有限公司
开　　本　880 mm×1230 mm　1/32　印张 11.125　字数 260千
版　　次　2023年3月第1版　2024年9月第3次印刷
ISBN 978-7-305-26961-5
定　　价　56.00元

网　　址：http://www.njupco.com
官方微博：http://weibo.com/njupco
微信服务号：njuyuexue
销售咨询热线：（025）83594756

* 版权所有，侵权必究
* 凡购买南大版图书，如有印装质量问题，请与所购
　图书销售部门联系调换

谨以此书献给

南京理工大学建校七十周年

目录

散文

001 筚路蓝缕哈军工

022 虽然短暂　却是永远

038 南征北战老炮工

054 日出峰峦新华工

065 如日中天南理工

079 璀璨明珠

109 五朵金花

158 三国演义

176 功不唐捐

191 鸿鹄大志

204	泽润河山
218	梦印当下
231	可上九天揽月
242	可下五洋捉鳖
252	智者顺时而谋
267	博精一统压星辰

青葱岁月小说

283	老　满
319	阿　润

筚路蓝缕哈军工

于高山之巅，方见大河奔涌。

于群峰之上，更觉长风浩荡。

二十世纪五十年代的中国，曾经有过这样一所神秘的学校，吸引着无数豪情满怀的青年学子争相报考。她是新中国现代化军事人才培养的圣殿、国防科技精英的摇篮。其建校速度之迅捷、师资力量之雄厚、研究成果之丰硕、人才培养之繁茂，都令国人惊叹不已。这所学校的全称是中国人民解放军军事工程学院，因其建校于北国重镇哈尔滨，人们习惯性地称之为"哈军工"。

今天，当我们走进位于哈尔滨市南岗区南通大街145号的哈尔滨工程大学，依然能看到当年哈军工时期留下的恢宏建筑群，"流云间青檐碧瓦，回首处栋梁参天"，正如校歌中所描绘的，这些二十世纪五十年代的建筑，在今天看来依然气冲霄汉,美轮美奂。

当我们将瞻仰的目光集中于哈军工纪念馆门前的《受命》铜像群雕,端视毛泽东、周恩来、朱德、彭德怀和陈赓院长共商建院大计的专注神情,仿佛能经由这些栩栩如生的群雕,翩然回到"哈军工"筹建的那段峥嵘岁月,那段令人感叹的火热年代。

那是一个困难与挑战并存的年代,也是一个壮志凌云、奇迹不断涌现的年代。朝鲜战场烽火仍炽,国内经济情况紧张依然。"脚踏白山黑土,胸怀万里海天",革命先辈们以高瞻远瞩之举,气吞山河之势,一步一个脚印,在前方硝烟与炮火的伴随下,紧锣密鼓地筹建着新中国第一所现代化军事工程技术高等院校。

一

1952年6月的一天,远在朝鲜战场指挥千军万马与美国为首的"联合国军"鏖战的志愿军代司令员陈赓接到中央电文,要求他立即回国述职。这年是中国人民志愿军入朝参战的第二个年头,志愿军连取五捷后,将美军从鸭绿江打回"三八线"。然而,持续作战导致我军伤亡巨大,战争的艰苦卓绝是常人难以想象的。

一个不争且令人痛苦的事实是,在朝鲜战场上我方以陆军为主，面对敌方的海陆空联合作战并不占优势。引用前方战士们的话来说，我们是"用手榴弹打敌人的榴弹炮，用燃烧弹打敌人的坦克车，用'三八式'把敌人赶回了'三八线'"。落后就要挨打，军事装备和力量上与美军的悬殊差距，令志愿军付出了巨大牺牲。如何扭转这样的局面，最短时间培养出现代化军工人才，研发、制造、使用、维护现代化军事武器，成为当时的中共领导层亟待解决的问题。

话还要从电令陈赓回国的三个月前说起。

1952年3月18日，一份题为《关于成立军事工程学院的报告》的文件送至毛泽东的办公桌上。人民解放军代总参谋长聂荣臻与副总参谋长粟裕呈送的这份报告，详细描述了当时中国建设一所军事工程学院之必要性。然而这所新中国军事技术最高学府，应该由谁来领衔组建呢？在认真地思索和商讨之后，中央领导人把目光集中到陈赓身上。

作为黄埔军校首期学员，陈赓是著名的"黄埔三杰"之一。1926年陈赓受中国共产党指派，到苏联学习安全保卫工作，1927年回国后，成为中共中央特别行动科（简称"中央特科"）的一名骨干。长征时期，陈赓还舍身救护过周恩来。历经国民革命、土地革命战争、抗日战争和解放战争，陈赓逐渐成长为一名优秀的军事将领。

中央决定筹建军事工程学院之际，正值彭德怀因身体原因返京治疗，由陈赓代理志愿军司令员兼政委。尽管朝鲜战场的形势依然严峻，中央反复考虑，仍然决定待朝鲜战局平稳以后，就将骁勇善战的陈赓调回国内筹办哈军工。1952年6月

23日，毛泽东、周恩来、朱德、彭德怀等中央领导人在中南海怀仁堂接见了刚从朝鲜前线回国的陈赓。一阵热闹的寒暄过后，大家纷纷落座。周恩来亲切地向陈赓询问朝鲜战场前线的情况，陈赓向在座的党和国家领导人进行了详细的汇报。志愿军党委坚决贯彻中央军委提出的"持久作战、积极防御"的方针，用落后的武器打了胜仗。毛泽东对志愿军在前线取得的优异战绩表示赞许。陈赓表示，受制于武器的局限，志愿军付出了巨大的伤亡代价，若想取得长期胜利，还是要以先进的技术装备武装部队。周恩来也指出，朝鲜战争表明了武器的作用越来越明显，是军队战斗力不可缺少的物质基础。

陈赓认为，在朝鲜战场上，美国人打的是技术和装备，而我们打的是意志和信念，但缺乏像美军一样的先进技术装备，以及精通技术的人才，战场上颇为被动。例如，面对敌人的狂轰滥炸，我们很难组织起有效的火力防空，只有在坑道中与敌人对峙，虽然作战勇敢，但还是付出了巨大的代价。毛泽东指出，科学技术落后则难免招致挨打的局面。

陈赓深有感触，我们的军队是最好的军队，我们的战士也是最好的战士，可是我们的技术太弱，装备太差，针对志愿军在前线作战的现状，他提出了培养掌握现代化军事技术的人才，以在战场上克敌制胜的动议。这一提议和党和国家领导人的想法不谋而合。周恩来向陈赓说明了中央建立培养高素质军事工程人才的院校的计划。苏联方面建议中国创办一所军事工程学院，中央属意于陈赓，希望由他担纲，创办一所实力雄厚的军事工程院校。

二

商贵耳灵，兵贵神速。

1952年6月下旬，中央人民政府人民革命军事委员会主席毛泽东签署了确定举全国之力创办军事工程学院的番号及调整方案的命令。命令要求，军事工程学院拟设在哈尔滨，并以中国人民解放军第二高级步兵学校、华东军区军事科学研究室和中国人民志愿军三兵团部分干部作为建院的组织基础，并调中国人民志愿军代司令员陈赓同志负责筹建工作，军事工程学院拟定于1953年9月1日正式开学。没过多久，中央军委正式任命陈赓担任军事工程学院院长兼政委。

尽管有了中央的命令与支持，一年时间里平地建起一所军事高等学府绝非易事，教师、校舍、培养方案、管理办法等，所有的一切全都需要从头准备。然而眼前的种种困难却唬不住天性乐观的陈赓，他很快就想到，既然什么都没有，那就一边准备一边学习一边建设！他曾对自己的得力助手李懋之说过，我们决定用边建边教边学的办法，就是说，建校舍、请教师、招生开课同步进行，尽快着手去办，先调一批教授来，从各大军区选调学员的事也可以开始筹划。

经过一阵紧锣密鼓的准备，1952年9月，军事工程学院筹备委员会在北京成立，委员会由陈赓担任主任。经过多方沟通与调任，陈赓身边终于聚集了徐立行、李懋之和张述祖三位得力干将，他们是组建军事工程学院三个方面军的代表人物。

李懋之，山西襄垣人，抗战时期就是陈赓的老部下，曾率部赴朝鲜战场作战。陈赓从朝鲜前线回北京以后，李懋之来到陈赓家中汇报工作。陈赓便把去中南海见毛主席、周总理等中央领导的情况向他说了一遍，力请李懋之一起参与筹建哈军工。哈军工成立后，李懋之担任学院副教育长、物资保障部部长、教育长、副院长等职，在物质条件极为艰苦的情况下，克服种种困难保障教学开展，为军事工程学院的建设作出了重要贡献。

徐立行，上海浦东人。青年时即入伍从军，学生出身、品行正直，深得上级厚爱。解放军渡江后，刘邓首长任命其为中国人民解放军第二野战军军事政治大学（简称"二野军大"）教育长，管理军校的经验十分丰富。时任西南军区第二高级步校副校长的徐立行接到上级命令，二话没说，旋即带领"二高步校"的同志们万里搬迁，从西南来到北国支援哈军工的建设。

张述祖，江苏南通人，23岁时考取东南大学物理系，两年后通过考试获得了公费留欧生的名额，在德国柏林大学获得物理学博士学位，而后又跟随著名弹道学家克朗兹教授研究弹道学。"卢沟桥事变"爆发后，张述祖几经周折回到祖国，任教于中央大学和原南京兵工专门学校。国共和谈破裂后，张述祖拒绝了国民党兵工署要求乘船去台湾的催促，决心留下来建设新中国。哈军工筹建之初，张述祖正供职于华东军政大学的军事科学研究室。当中央军委决定成立一所军事工程学院时，陈毅毫不犹豫、毫无保留地将研究室中军工科研的顶梁柱交给了他的老战友陈赓。

三

筹建哈军工的领导班子组成后，摆在眼前的首要问题就是实地考察，进行学校选址。1952年7月底，苏联顾问团来到北京。苏联政府派往中国的四人专家设计组组长是奥列霍夫中将，他比陈赓院长年长一岁，此时正好五十。在以后的工作中，奥列霍夫以严谨而专业的工作作风赢得了哈军工师生的由衷敬佩。在今天的哈尔滨工程大学校园中建有一座奥列霍夫广场，就是为了纪念这位为创建哈军工鞠躬尽瘁的苏联顾问。

苏联专家到达中国后，陈赓与筹委会的同志陪他们飞往上海、南京等地考察调研。在陈赓报给周恩来有关校址选择的考察计划中，提出了上海、南京、大连、哈尔滨四个备选城市。上海和南京虽然经济发达，工业、文化、交通和基础建设在全国都处于遥遥领先的地位，但是考察组很快就把这两座城市排除了。原因很简单，当时的上海和南京还处在盘踞于台湾的国民党空军飞机的轰炸半径之内。从保密和安全的角度看，上海和南京存在着较大的风险。紧接着，临近炮火连天的朝鲜半岛的大连，也被考察组否定了。

陈赓一行经沈阳、长春一路北上来到松花江畔的哈尔滨，先他们一步来到哈尔滨的徐立行向考察组介绍起哈尔滨的具体情况。哈尔滨是东北最大的城市之一，既有毗邻苏联的得天独厚的地理优势，又有成熟的重工业和军工大型企业力量作为技术支持，还有堪称全国著名的工科大学标兵的哈尔滨工业大学完整的工科教育体系，更有独特的政治优势——中共东北特委就在哈尔滨。论证再三，大家都认为哈尔滨无疑就是当时最适合建设新中国第一所军事工程学院的地方。

二十余天的考察快到尾声，与苏联专家商讨后，考察组撰写了《与苏联专家考察小组共同起草的建院方案》。方案涉及院系设立的细节、培养方案、毕业生分配去向等具体问题。8月底，陈赓一行人从哈尔滨返京，立即着手预备欢送苏联专家回国和成立筹委会等事宜。9月1日，军事工程学院筹备委员会在北京地安门的恭俭胡同59号院正式挂牌。在筹委会第一次会议上，陈赓满怀激情地提出，军事工程学院要"边建边教边学"，争取筹委会三个月后迁往哈尔滨，一年后的9月1日学院正式开学。陈赓的话，令在座的所有人员既为之振奋，又疑惑不已，当时既没有校舍，又没有教员和学员，一年之内平地办起一所高规格大学的任务真的能够如期完成吗？

大家有这样的疑惑也是正常的。

很快，为了更好地支援哈军工建校，政务院（国务院前身，此名称使用时间为1949年10月至1954年9月）应陈赓请求召开了联席会议专门讨论军事工程学院的筹建问题。到会的人员都是新中国各个口子上的军政要员，可见党和国家领导人对建设军事工程学院一事的高度重视，这样大的阵仗在中国当代教育史上也是罕见的。党和国家领导人对军事工程学院的建设起到了关键的垂范作用，陈毅提议调动青年学生报考军事工程学院的积极性，使报考军工院校在青年学子中蔚成风气，让全社会都理解建设现代化国防的重大意义。

当时国家百废待兴，经济还十分困难，但军事工程学院的建设还是被列为第一个五年计划的重点工程。哈军工建校舍和实验室、工厂、训练场等建筑都需要投入大量的钱财和物资，这些都离不开中央与地方政府的支援。在联席会议上，国家相关部委领导表示会全力以赴支援这所军工学院，竭尽所能优先满足学院建设的物质需求。

四

哈军工筹建之初，极度缺少专家教授。在周总理关怀下，全国高等院校、科研单位及军队抽调了大批专家教授赴哈尔滨支援学院的建设。在请调专家教授方面，陈赓亦是求贤若渴，只要想到、听到哪里有军工、科研方面的专家教授，必定尽力去聘请他们。在1952年12月9日召开的全体党员干部会议上，针对学院建设的现实问题与组织情况，陈赓院长高屋建瓴，提出了生动有力的"两老办院"的倡议，"我们要办好军事工程学院，就既要依靠老教授，也要依靠老干部，要上上下下团结得像一个人一样"。

有的教授顾虑自己的出身和特殊经历会有不好的影响，陈赓则从自己的亲身经历出发，实事求是地指出，人不能决定自己的阶级出身，只要诚心诚意投身革命，对党和人民怀有一颗赤诚之心，总有自己的用武之地。

为了将各方面人才请入尚在筹建中的哈军工，陈赓四处奔波。他慧眼识才，力排众议，启用沈毅、唐凯等人的作为，至今为人们津津乐道。

沈毅，江苏武进人，抗战前曾在南京国民党航空摄影学校任教官等职，全面抗战爆发后，在周恩来的劝说下从长沙辗转来到延安，后曾任延安八路军炮兵团参谋长与炮兵教导营主教官等职。之后沈毅在政治运动中被波及，陈赓顶住压力，力保这位炮兵专家。

唐凯，湖北黄陂人，青年时参加工农红军，参加过长征、抗日战争和解放战争。新中国成立后，他历任军委民航局副局长、党委副书记等职，而后受到政治案件牵连，被停职调查，也是在陈赓的竭力斡旋下，调到了军事工程学院工作。

1952年10月，陈赓向中央军委呈送《关于聘请苏联顾问问题的报告》，请求聘请五十名苏联顾问到学院工作。在延请苏联专家、向苏联顾问学习方面，陈赓一直强调我们要保持不卑不亢的态度，既向苏联红军学习先进经验，也不要陷入教条主义的错误。到1952年11月底，摇篮中的军事工程学院已延请到近八十位国内外知名专家、教授。

五

1952年12月3日，陈赓一行坐在前往哈尔滨的火车上。

窗外漫天飞雪，天地一色，看上去冷极了，但冰雪也难掩盖人们心中的开疆拓土的热情。随着汽笛声响，火车进站，月台上，先一步抵达哈尔滨的徐立行、张述祖、李懋之等人早已恭候多时。陈赓远远望见他们，脸上泛起笑意。在亲切的握手与问候过后，大家一齐上了吉普车。

陈赓抵达哈尔滨的第四天，同李懋之拜访了松江省省委书记李常青、省主席强晓初等几位省市领导，希望他们能帮忙解决学校基础建设的一些困难，包括交通改建、家属安排和原医科大学搬迁等问题。听完陈赓的发言，省市领导纷纷做了肯定的答复。在当时的松江地区，还没有哪一位领导干部的资历和职位能同陈赓相比，然而面对省市领导的谦和与谨慎，陈赓则认真地表态道："学院虽受中革军委领导，但按照属地管理原则，松江省委领导也有权管我们，上下级关系可不能搞错了哟！"军政、军民、军地关系，被爽朗风趣的陈赓营造得十分和谐融洽。

新的一年不期而至，摆在陈赓面前的任务还很重，但从革命战争的风雨中走来的他，早已习惯了迎难而上，负重前行。1953年1月30日，中央军委总政治部批准军事工程学院成立党委会。党委会由11人组成，陈赓为书记，炮兵工程系主任赵唯刚为委员之一。纪律检查委员会由9人组成，张衍为书记，贺达为副书记，炮兵工程系副主任沙克为委员之一。1953年2月21日，中央人民政府人民革命军事委员会命令规定，军事工程学院下属六个部：政治部、干部部、科学教育部、技术部、队列部和物资保障部；五个系：空军工程系（一系）、炮兵工程系（二系）、海军工程系（三系）、装甲兵工程系（四系）、工程兵工程系（五系）和一个预科总队。

1953年3月，经多方努力，在苏联做了二十多年空军的唐铎终于返回祖国。唐铎，湖南益阳人，1920年5月赴法勤工俭学，后又在孙中山革命政府设立的航空局飞机制造厂中学习军事技术，1925年起远赴苏联学习，毕业于茹科夫斯基空军工程学院，飞行技术娴熟，理论功底扎实，与苏联的首席顾问奥列霍夫更是老相识。大名鼎鼎的唐铎回国效力，对哈军工来说，自是一桩不言而喻的大喜事。

1953年4月25日，校舍建筑群破土动工，陈赓院长铲下了第一锹土，"八一楼"正式开工。曾任哈军工副院长、院长的刘居英接受采访时回忆道："五个大楼，两年就建成四个教学楼，那是非常不容易的，那个楼是三米宽的走廊，墙厚六十五厘米。现在哪有那样宽敞结实的房子。"哈军工的五栋教学大楼在整体设计上浑然一体，但也各具特色，每栋大楼房檐上都设计有一组代表性的雕塑，如海军系大楼上是一位骑马的军官后面跟着一组舰艇，空军系是一位骑马的军官后面跟着一组飞机，炮兵系则是一位骑马的军官后面跟着一组大炮，等等。

早在兴建校舍之前，招生工作已经紧锣密鼓地开展起来。中央军委十分重视人才选拔，要培养高素质、高水平的军事工程师，首先要选好苗子，提高人才培养的起点。所招收的学员其政治、军事、学业、身体四个方面的素质都应优于一般的高中毕业生，因而哈军工的第一期学员全部都是从部队中招收的。成立军事工程学院最初的出发点，是培养军事工程师为朝鲜战场服务，为了防止敌人的轰炸或破坏，中央军委要求招生工作必须在严格保密的条件下进行。因为第一批学员要从部队中抽调，军委总干部部还特意到全国六大军区和特种兵部队以及军委直属部队进行了大专以上知识分子调查登记，对于预审合格的学员只说去上大学，但是上什么大学，大学在哪则不得而知。

这次在全军范围内选拔优秀学员，其规模之大、行动之快，是我军建军史上前所未有的。军委在指示中强调，凡被军事工程学院选中的知识分子干部，不论担任何种职务，各单位不准讲价钱，要谁给谁，并限于1952年12月底前考试完毕，录取的学员务必于1953年1月集中。到了1953年7月，学院举行了入学考试，最后合格升入本科的学员一共有六百七十九名。到了8月，这个数字已经增加到了一千七百三十八名。与此同时，哈军工还从全国各地选调各类干部两千多人。

在紧锣密鼓招收学员的同时，第一期十万平方米基建工程也按原计划竣工，各项筹备工作都井然有序地进行着，人们越来越期盼这所军事工程学院横空出世，希望她的出现能够提升中国的国防力量，使中国成为一个真正的现代化军事强国……

六

尽管有中央的大力支持和专家干部的无私奉献，摆在陈赓院长和筹委会众人面前的困难仍然不少：学院的建设工作千头万绪，各方专家总有意见不统一的时候；新中国刚刚从战火中走来，国民经济百废待兴，建校经费时有紧张；平地起高楼，工程进度与质量也需密切关注……

1953年5月29日，苏联顾问来到哈尔滨之后的第一个重要会议——建委会扩大会议召开，院部系领导、苏联顾问团和教授会主任以及建委会全体干部都参加了这次会议。陈赓和奥列霍夫讲话后，李懋之就基建总体方案展开介绍。连日来，他和副首席顾问叶果洛夫就建设方案商讨了多次，但始终没能统一意见。最后，还是首席顾问奥列霍夫提出了较为中肯的建议，平息了这场有关教学楼设计理念的争议。

建造方案敲定后，建委会的同志们立即着手去办，日夜兼程审核各系提出来的建设方案。当依据讨论后的建设方案而制作的哈军工建筑沙盘模型送到北京后，军委各总部、各军兵种的首长们，教育部、建工部领导及部属设计院的设计师、建筑师们都先后过来参观，大家都对哈军工的规模与设计表示高度肯定。

然而，当叶果洛夫在李懋之等人的陪同下检查基建施工进度时，却发现建设速度偏慢，若不提速必将影响当年正常开学。陈赓和奥列霍夫听后随即电请省市领导同志来学院开会，商讨如何加快施工进度。在施工期间，陈赓院长事必躬亲，曾多次来到工地检查督导施工进度，有时还拉着奥列霍夫一起登上工地检查。

打造一所军事高等学府，除了基础设施要建好，校风校纪建设也尤为重要。1953年年初，在全院开展正规化教育时，陈赓就曾前瞻性地说过："我们是军事技术院校，学校的校风校纪建设和全军的革命化、现代化、正规化建设密切相关。我们是培养军事工程师的场所，也是锻造军人作风，锤炼军人品德的熔炉，对贯彻条令、条例要求更高更严，人人要养成遵纪守法的自觉行动。我们必须强调，要养成有军工特点的校风校纪，因为它是学校的校魂，必须强调军人姓'军'，不能和地方院校攀比。"根据陈赓的指示精神，4月25日，全院召开了排以上干部会议，动员整顿纪律，加强行政管理，学习条令、条例，建立正规化军事生活秩序。

苏联顾问奥列霍夫也十分重视军队纪律问题，在日常内务检查时他总是以极高的标准要求所有人，并严肃地对学员们说："你们今后要当一名军事工程师，如果让你设计一个精密零部件，你制图时差了零点几毫米，就装配不到整机上，勉强装上也会出故障，甚至发生危险。你们中国有句成语，叫'差之毫厘，失之千里'，就是这个意思。所以必须在日常生活中养成严谨认真的作风，不能把内务要求整齐清洁，井井有条，说成吹毛求疵。"

尽管已有了中央的正确领导与全力支持，但在当时的经济条件下，学校的筹建经费仍然比较紧张。1953年7月，陈赓再次为筹建哈军工的困难回京求助。13日，黄克诚受命于中南海居仁堂主持军委例会，这次会议邀请了人事部、高教部和建工部三部门领导参加，以期帮助解决军事工程学院建设中的种种亟待解决的棘手问题。

在会上陈赓向各位领导提出了哈军工筹建中的主要难题，其中包括教师短缺，学生招生难，缺少干部，顾问不足，经费有限，等等。其实，这也是新中国成立初期，百废待兴，各行各业普遍存在的问题。国家要发展，但人才和资源都极为有限，沉稳大气的黄克诚部长听完陈赓的发言，紧接着表示全力支持，现有问题都要尽快落实下来。

中央高度重视哈军工的建设，自筹建以来就曾有多位中央领导莅临指导。1953年8月，刚从朝鲜战场回国的彭德怀来到学校视察，结合朝鲜战场的经验，为学员讲解了发展现代军工的必要性，督促军事工程学院师生一定要努力学习，不辜负党和人民的殷切期望。

七

经过一年的紧张筹备，1953年9月1日，举行了中国人民解放军军事工程学院成立暨第一期开学典礼，并进行了隆重的阅兵式。中国人民解放军历史上第一所高等军事工程学院，由此横空出世。在开学典礼上，陈赓院长兼政委接过中央军委授予的八一军旗，宣布中国历史上第一所诸兵种、多学科、综合性高等军事技术学院正式落成。军委代表、国防部副部长张宗逊宣读了毛主席为军事工程学院亲颁的《训词》。

《训词》强调了创办军工学院、发展现代化军事技术对新中国国防力量的重要作用。《训词》中所写内容，至今还深深地印刻在军工人的心中："中国人民解放军军事工程学院的创办，对于我国的国防事业具有极重大的意义。为了建设现代化的国防，我们的陆军、空军和海军都必须有充分的机械化的装备和设备，这一切都不能离开复杂的专门的技术。今天我们迫切需要的，就是要有大批能够掌握和驾驭技术的人，并使我们的技术能够得到不断的改善和进步。军事工程学院的创办，其目的就是为了解决这个迫切而光荣的任务。"

副部长张宗逊发表授旗讲话，他向哈军工的师生转达了中央军委对这所新生军工学院的热切期盼与厚望:"希望我军事工程学院全体同志,高举这面光辉的旗帜胜利前进,继承我军的光荣传统,老老实实地学习苏联先进的军事工程科学,发扬爱国主义、国际主义和革命英雄主义的精神,团结一致,克服困难,尊重顾问,刻苦钻研,提倡虚心诚恳,反对骄傲自满,完成毛主席和中央人民政府人民革命军事委员会给予你们的教学任务。"

在党中央的领导与支持以及全体师生职工的共同努力下,新中国第一所军事工程学院诞生了。由此,哈军工开始书写自己的光荣与传奇。在接续的数十年内,哈军工及源出军事工程学院的各大高校,为现代化国防事业培养了数以万计的英才,一位位将军、院士、博士生导师和省部级领导从哈军工走向了强军兴国的最前沿……

八

按照时代需求培养高素质军工技术人才,是军事高等院校的重大使命。1959 年 11 月 19 日,一份由中国人民解放军军事工程学院院长陈赓署名的报告作为"军委常委会议文件"呈送至中央军委。陈赓在报告中指出,建院初期的设计已不太适应现在的发展需求,有必要就军事工程学院的院系进行调整。不久,中央军委经研究后决定采纳陈赓提出的方案,着手准备调整哈军工院系的工作。

六年前，陈赓院长带领哈军工筹建组的干部与专家，在朝鲜战争的炮火声中建起了这所军事工程学院。时值新中国百废待兴之际，一年时间内平地建起这样一所综合性的大学，其中的艰难曲折自不必言。"人在光阴似箭流。"国家对现代化军事发展的需要也发生了很大的变化。尽管将好不容易创建起来的学校再行拆分，从感情上而言多少有些伤感，但哈军工人并没有犹疑，国家和人民的需要永远是摆在第一位的。

天下没有不散的筵席。自 1960 年起，哈军工进行了分建和改建。当时的空军、炮兵、海军、装甲兵、工程兵、导弹等六个系和防化兵的三个专业调整为五个系，保留空军工程系、海军工程系、导弹工程系，把附属于导弹工程系的原子武器科扩大为原子武器系，把空军、海军、炮兵三系中的雷达、无线电专业集中起来并加以扩大，建立电子工程系。其余炮兵工程系、装甲兵工程系、工程兵工程系和防化兵专业则移交给相关兵种，独立建院。

1960 年，哈军工炮兵工程系（二系）迁往武昌，与中国人民解放军武昌高级军械技术学校合并，成立中国人民解放军炮兵工程学院。1962 年又迁往南京，1966 年后先后易名华东工程学院、华东工学院，现为南京理工大学。

1961 年，装甲兵工程系（四系）迁至西安，扩建为装甲兵工程学院。1969 年迁至北京，改称为坦克技术学校，1978 年又改建成装甲兵技术学院。2017 年由原装甲兵工程学院、装甲兵学院、装甲兵技术学院调整成陆军装甲兵学院。

1961年，工程兵工程系（五系）迁至西安，成立工程兵工程学院。1969年迁至南京，改名为工程兵技术学校，1978年恢复为工程兵工程学院。1997年，与原通信工程学院、空军气象学院、总参第六十三研究所合并组建解放军理工大学，现更名为陆军工程大学。

1961年，原子化学防护系迁往长春，成立防化学兵工程学院，后迁北京，现为中国人民解放军防化指挥工程学院，是我军唯一一所培养核生化防护人才的专业院校，被誉为"防化兵摇篮"。

1966年，根据中央军委命令，"中国人民解放军军事工程学院"改名为"哈尔滨工程学院"，退出部队序列。1970年2月哈尔滨工程学院航空工程系（一系）西迁西安，整建制并入西北工业大学，成为西工大三大脉源之一。

1970年，在"哈军工"原址，以海军工程系（三系）全建制及其他各系（部）部分干部教师为基础，组建哈尔滨船舶工程学院，1994年，更名为哈尔滨工程大学。哈尔滨工程大学是首批"211工程"建设高校、国家"985工程"优势学科创新平台项目建设高校和国家"双一流"建设高校。

1970年，电子工程系、导弹工程系、计算机工程系、基础课部和院机关等部分迁往长沙，成立长沙工学院。1978年改建为中国人民解放军国防科学技术大学，简称"国防科技大学"。1999年4月，长沙炮兵学院、长沙工程兵学院和长沙政治学院并入原国防科学技术大学，组建新的国防科学技术大学，升格为大军区级单位，直属中央军委管辖。

韶华易逝，沧海桑田。从1953年建校到1966年退出部队序列，哈军工只存在了13年。虽然短暂，却如恒星般耀眼，由此走出的将星和英才熠熠生辉、光芒四射，由此合并重组的高校也同样光彩夺目、出类拔萃。时至今日，"哈军工"这个名字及其辉煌故事依旧为人们津津乐道，而"哈军工"的精神仍然在激励着与之有着血脉亲情的后辈师生……

虽然短暂　却是永远

有两所办学时间区区十年左右的大学，在我国高等教育史上虽惊鸿一现，却像夏花般绚烂，让人念兹在兹，感慨万端。

这两所学校，一所是抗战期间的西南联合大学，简称"西南联大"；另外一所就是中国人民解放军军事工程学院，简称"哈军工"。

西南联大，媒体宣传推介得甚多，国人对其不凡的办学经历和名人辈出的办学效果推崇有加，已远近闻名。人们对"哈军工"的追逐、眷恋和敬重，到底是因为什么呢？换句话说，哈军工哪些方面的办学成就令国人瞩目并心折首肯呢？

二十年前的2002年，为迎接南京理工大学建校五十周年，《南京理工大学学报》（哲社版）出了一本纪念论文专辑，当时，我还在南京理工大学校办担任副主任，同时兼任校庆筹备办公室常务副主任、南理工校友会秘书长和董事会秘书长。因工作关系，多次去过"哈军工"原址学校哈尔滨工程大学，也接待过数以百计的"哈军工"的老校友，特别是有幸拜访过陈赓院长夫人傅涯女士和儿子陈知建将军，对"哈军工"的历史和地位，有了一定程度的了解，撰写了一篇论文《哈军工——世界高等工程教育与军事教育完美结合的典范》。在南理工七十周年校庆即将来临之际，翻出这篇论文，略加修改，以飨广大南理工校友和在校师生。

一、世界近代史上高等工程教育与军事教育的关系

高等工程教育作为高等教育的一个分支，是以培养高级工程技术人才、为社会进步和经济发展提供技术支撑及服务为宗旨的专门教育。高等工程教育的承担者主要是高等学校中的理工类大学和专科学院。高等教育历史悠久，但高等工程教育却是近代的事，并有一个从低级到高级、从局部到全面的发展历程。十三世纪意大利波罗尼亚大学的成立，是公认的世界高等教育的开端，经院式的大学一直是神学、哲学、文学等人文与社会科学非世俗化的神圣殿堂。这种状况一直延续到十七世纪英国资产阶级革命的爆发，为培养适应大机器生产需要的劳动者，教育的内容从此既是被迫也是必然地扩充到工艺与技术领域，这为后来的高等工程教育的发展奠定了基础。十八世纪末

法国资产阶级革命之后建立的一批高等专门学校因在培养工程师和发展数理科学方面起到了重大作用，在工程教育史上被称为"欧洲工业大学最早的模范"，巴黎理工学校甚至被称为世界理工大学的鼻祖。十九世纪初，以汉诺威和柏林工业大学为代表的一批作为一种独立的大学形式的德国工科大学的成立，标志着工科大学的完善和被社会公认。受欧洲工科大学模式的影响，十九世纪末期和二十世纪初期在美国、日本、中国等世界各国建立的以麻省理工学院、东京帝国大学中的工业大学和北洋西学堂（北洋大学）为代表的理工大学使得高等工程教育在全球范围内如火如荼地开展起来。时至今日，高等工程教育已成为世界高等教育中的一根重要支柱。

通过对以往高等工程教育发展史的回顾，一个显而易见的结论是，高等工程教育是工业革命的产物。但如果进一步追溯工业革命的起源或者说动因，在众多复杂的社会动因中军事目的起着显著的作用并占有举足轻重的地位。巴黎理工学校的建立是因为拿破仑急需炮兵、工程兵和其他军事技术服务的人才，也正是凭借这些技术和工程学校培养出的人才辅助，拿破仑才能雄风出征，所向披靡；明治时期日本为平定内乱，策划海外扩张，总结出了德国先强兵后富国的经验，于是创办了为数众多的工部大学校、开成学校和技术职工学校，为后来在周边地区称王称霸提供了人才和技术后盾；目前美国理工科大学的规模与质量在世界上独占鳌头，但如果没有十九世纪六七十年代海军学院在专业技术方面的鼎力扶持和以瑟斯顿（Rebert H. Thurston）为代表的一大批海军技术精英的加盟，很难想象美国的高等工程教育会有今天；苏联能在二十世纪五十到八十年代成为唯一的可与美国抗衡的超级大国，没有其以卫星和核技术为代表的军工体系的领先以及大批军工科技精英的支撑则肯定是天方夜谭。总结近代世界社会和技术发展史，可以断言，寻求军事强大、强兵富国是工程教育发展的主要动因之一，因此可以说，高等工程教育最初在很多情况下是以军事工程教育为起点的。军事强大、强兵富国是目的，为达到这一目的而发展工程教育，特别是高等工程教育是重要手段和途径。

二、"哈军工"创建的直接动因与目标动因

1. 朝鲜战争——"哈军工"创建的直接动因

1950年解放战争硝烟未尽，以毛泽东为代表雄心勃勃"进京赶考"的共产党人刚刚走进"考场"，外边就响起了战机和炸弹声——以美国为首的盟国发动了对朝鲜的侵略战争。战争的真正目的路人皆知，美国欲通过控制朝鲜半岛，进而觊觎包括新中国在内的整个亚洲。朝鲜战争的爆发使中国名义上"志愿"实际上被迫卷入战争。可这次战争中我们面对的不再是国民党的"残兵败将"，而是摩托化步兵、坦克、战机甚至挟原子弹恫吓的"武装到牙齿"的现代化美军。与此对应，我

军采用的仍是"手榴弹、冲锋枪加土壕掩体"式的作战方式。由于"全军没有一个懂得新式武器构造又会维护修理的工程技术干部",以至于极少量从解放战争中得到的美式大炮出了故障就不能再用,苏联提供的新式"喀秋莎"火箭炮和战斗机出了问题,志愿军只能坐等苏联专家的到来。由于我军技术装备落后,朝鲜战争中所付出的人员伤亡的代价是巨大和惨痛的。对这一点的认识,志愿军负责人彭德怀、陈赓和邓华是十分清楚的,因为他们每次向中央的书面和口头汇报中都涉及这个问题。和他们一样看到问题严重性的还有当时的中央军委包括主席毛泽东,所以当1952年3月18日解放军代总长聂荣臻和副总长粟裕的《关于成立军事工程学院的报告》呈送后的短短8天时间,毛泽东就批准了报告并不惜调回当时任志愿军代司令员的陈赓担任院长兼政委。从1952年6月23日毛泽东、周恩来、朱德等召见陈赓并确定建院方针后,"哈军工"(中国人民解放军军事工程学院,因位于哈尔滨故简称"哈军工")的筹建就马不停蹄地开始了。"哈军工"筹建思路确定之快,决心和力度之大(战事正酣,却抽调称职司令回国办学),如果不是朝鲜战争而是在和平时期,是很难想象的。因此,朝鲜战争血与火的教训使创办一所高级军事技术学院的必要性、紧迫性更加凸显。可以说,朝鲜战争是"哈军工"创立的直接动因。

2."强兵—固国—富国"——"哈军工"创建的目标动因

众所周知,二十世纪五十年代的国内国际环境对一个如褪盖之婴的新中国来说极为严峻恶劣,一方面在经历十四年之久的抗日战争和后续四年覆盖全部国土的解放战争后，新政府接手的是经济崩溃、满目疮痍的"烂摊子"；另一方面，二战后社会主义和资本主义两大阵营雏形乍现，且社会主义阵营从实力上处于弱势，以美国为首的西方阵营不能容忍新中国的存在和成长，从而壮大对手的对抗实力，故通过各种途径千方百计扼杀中国共产党领导的新中国于摇篮之中。军事上以美国为首的16个国家组成的"联合国军"1950年7月侵入朝鲜，与此同时美国第七舰队进入台湾海峡夹击和胁逼中国。在经济上，受西方操控的联合国于1951年5月通过了对中国严格的禁运政策。在国内国外的这种大环境下，新中国的执政者面临的头等大事就是"固国"——稳固新政府的生存。而"固国"首要的、必需的手段就是要有一支强大的军队做后盾，这里所讲的"强大"不仅指数量，也指质量，不但指军事技术，也指军事人才，有关这一点，毛泽东在1953年8月26日写给哈军工的训词中有确切的阐述："为了建设现代化的国防，我们的陆军、空军和海军都必须有充分的机械化的装备和设备，这一切都不能离开复杂的专门的技术。今天我们迫切需要的，就是要有大批能够掌握和驾驭技术的人，并使我们的技术能够得到不断的改善和进步，军事工程学院的创办，其目的就是为了解决这个迫切而光荣的任务。"由此可以看出，"哈军工"创立于国家危难之秋，应保卫和稳固新中国政权而生。

对以毛泽东为核心的雄心勃勃的党中央而言，"固国"仅是基础、过渡和临时目标，而建设一个新民主主义并逐步迈向社会主义的富裕国家才是最终目的和任务。对"富国"可从两个角度来理解，首先，"富国"作为一个目的，现代化的军队和国防应该也必须是其重要的内容，古训"无兵不稳，无兵不富"就是最好的诠释；其次，"富国"作为一个过程，如果没有现代化军队的保障与辅佐，"富国"过程既不会顺利，也不会达到目的。新中国"富国"过程的实现，必将是对西方阵营的极大威胁，这是他们无论如何不愿看到的，因此对当时共产党领导的新中国政权，意识形态完全相对立的西方国家当然也必然会采取长期的排斥和封锁政策，有时甚至会出现军事对抗和战争，这就注定了一支现代化的军队，一支有现代技术和人才支撑的军队是必不可少的。毛泽东指出："没有文化的军队是愚蠢的军队，而愚蠢的军队是不能战胜敌人的。"而现代技术，尤其是研究、开发和掌握这些技术的人才的培养任务只有大学能够承担，因此一个培养现代军事技术高级人才学院的成立对军队的现代化，对"富国"过程实现的重要性、紧迫性不可回避地提了出来，当时的中央政府充分认识到了这一点，果断、及时地成立了"哈军工"。毛泽东在给"哈军工"的训词中非常明确地指出"中国人民解放军军事工程学院的创办，对于我国的国防事业具有极重大的意义"。

综上所述，"哈军工"的创建有其直接动因，更有其极为重要的目标动因。这个目标动因与前所述的法国、日本、美国和苏联相比并无特别，而是如出一辙，创建高等工程和技术教育与军事教育相结合的大学，从技术和人才上保证"强兵—固国—富国"之路的畅通。

三、"哈军工"办学模式——高等工程教育与军事教育相结合

"哈军工"创建以前或同期的军事教育一般可分为三种：第一种是纯指挥型或政治型院校，如抗战时毛泽东创立的抗日军政大学，新中国成立后刘伯承创建的军事学院和罗荣桓创建的政治学院；第二种是以军事管理与指挥为主，以工程技术为辅的院校，如宋时轮创建的高级步兵学校，国际上如美国陆军学校、西点军校和苏联伏龙芝军事学院；第三种是以工程技术教育为主，以军事素质与管理教育为辅的院校，如法国的巴黎理工学校，德国的汉堡国防大学。"哈军工"办学模式到底归属哪一类？在回答这个问题之前，我们先考察一下她的办学方针、学员来源和课程设置。

新中国成立后，当时的中央军委先后创建了直属的三大军事学府——军事学院、政治学院和"哈军工"。军事学院以培养指挥官为宗旨，政治学院以培养军政干部为目的，"哈军工"办学的目标显然不会与前两者相同，而必须是内涵完全不同的另一类学校。关于她的办学目标，不论是在1952年9月5日周恩来和陈毅主持召开的"哈军工"筹建联席会议或毛泽东把军事学院的院报定为"军学"而把"哈军工"的院报定为"工学"，以及毛泽东为"哈军工"开学所题写的训词都非常明确

地提出,"哈军工"是一所新型学校,是一所"各军兵种综合性的军事工程技术学校",这也就是说,"哈军工"教与学的主体是高等工程技术(特点是以军事为目的),当属高等工程教育范畴,而且她的高等工程技术不是学科单一,而是综合性的(当时世界上各个大国在设立这样的军事工程技术学校时都是按军兵种分建的)。

在探讨"哈军工"的学员来源和课程设置特点时,我们不妨以著名的美国西点军校与此对比来分析。西点军校四年制本科学员大约有30门必修课程,主要有数学、工程、英语、历史、社会科学与国家安全课题。科学文化课程主要学习大学的文理课程,学时占教育训练总学时的57%,其中理工科占34.2%,文科占22.8%。学习理工科的目的是使军官适应科学日新月异和武器迅速更新换代的需要,军事教育与训练占总学时的35%。另外,体育教学与训练占8%左右。西点军校录取的新生多数是当年的优秀高中毕业生,少数是部队推荐的军人及国会荣誉勋章获得者子弟。西点军校本科学员在四年期间的淘汰率有30%—40%,高淘汰率后能毕业者都是佼佼者,毕业生中如美国总统格兰特、艾森豪威尔以及著名将领麦克阿瑟、巴顿、史迪威等大部分都是以政治和军事指挥而出名。

"哈军工"四年的总学时数是5200—5400,每个专业在学制年限内平均要学32门课程,最多的要学40多门。"哈军工"所开设的课程中既有工程技术课,又有政治、军事、体育课,并注意处理各种课程的主次、轻重、先后间的关系。在第一、二期四年制教育计划中，工程技术课的比重为82.5%，政治、军事、体育课分别为 10.6%、4.7% 和 2.2%，在第三、四、五期的五年制教育计划中，工程技术课占总课时的 80.4%，政治、军事、体育课分别为 10.6%、6.0% 和 3.0%。与西点军校不同的是，"哈军工"淘汰学员有两个环节，一个是在预科阶段，最低 8.0%，最高 19.4%；本科阶段最低 17%，最高 36%。从两校对比来看，入学的学生有相同的背景，在校期间课程数目大致相同，淘汰率也相像。不同之处在于两校的课程结构，尤其是工程技术课的比重，"哈军工"高于 80%，而西点军校还不到 35%，但西点军校的军事、文科、训练和体育课却占到 75% 上，由此从课程结构上可以判定，"哈军工"和西点军校在办学模式上不是同类，西点军校属于第二类，而"哈军工"应属第三类。

"哈军工"办学的性质是以高等工程教育为主体的，教与学的基本内容与一般的理工科大学无本质区别。但"哈军工"的特殊点在于她的军事性，这一点，陈赓 1959 年在接见"哈军工"学员时，曾明确指出"哈军工"培养的"不是一般的工程师，是军事工程师"。这也就是说，"哈军工"除包括高等工程教育的基本内容外，军事教育的内容也不能忽视。在"哈军工"后来的办学方针的具体落实过程中，不管是以瓦·依·奥列霍夫（首席顾问）和依·依·叶果洛夫（副首席兼科学教育顾问）为首的苏联军事顾问和专家，还是以陈赓、刘居英为代表的中方领导，都一致认为，"哈军工"首先是军事学院，然后才是工科大学。因此，"哈军工"在办学指导思想、体制、教学内容和教学计划、学生考核制度上都与美国西点军校、苏联伏龙芝军事学院、日本海军士官生学校、法国巴黎理工学校等一样，制定了相关的军事课程和训练计划，以使学员掌握必要的军事知识，培养军人作风和纪律性以及军人应该具有的良好的心理素质和强健体魄。虽然"哈军工"的军事教育比重没有其他军事院校大，但效果却不比它们差，以至于"哈军工"毕业的学生在气质、风貌、纪律观念、团队意识、奉献精神、吃苦耐劳作风等方面"一看就与其他学校不一样"。一般学生严于律己，当时被称为"将门相国之后"在"哈军工"学习的一大批领导干部的子弟也不搞特殊。中国十大元帅中的七位、中国十位大将中的六位的子女在"哈军工"学习。

综上所述，"哈军工"的办学模式既不同于指挥与政治学院，也不同于其他军事学院。她是一所新型的、综合性的、专业上以高等工程教育为主体的工科大学，素质上以军事教育为培养途径的军事学府，是高等工程教育和军事教育珠联璧合的成功典范。这也正是后来由之分出的六所大学可军可民，或军民有机结合（如仍为部队院校的国防科技大学、解放军理工大学以及转为普通院校的南京理工大学、哈尔滨工程大学），而且每所学校都成为重点大学的内因所在。

四、"哈军工"内部管理模式——学术管理与行政（军事）管理相结合

在国际上，高等学校的内部管理模式影响较大的主要是德国的"以教授组织为中心的大学自治模式"（Selbstverwaltung durch Professoren）和美国的"董事会领导下的大学自治模式"（"外行支配"Layman control）。

德国模式起源于十九世纪著名教育家洪堡提出的"洪堡原则"，教学科研统一、教授享有充分的学术自由和大学应被赋予自我管理的权限是该原则的几项核心内容。"洪堡原则"通过柏林大学（洪堡1809年创建）的典范作用深深影响了德国大学的内部管理模式，形成了德国"国家给予大学充分的自治权，大学使用自治权实施自我管理时充分依赖教授"的传统，可以称之为"以教授组织为中心的大学自治模式"。在这种模式中，大学的自治权主要由以教授为中心组成的大学自治机构组织如评议会行使，"教授治校"是德国大学自治的本质所在。德国的大学自治模式被世界上许多国家采用，如日本的大学，尤其是国立大学。

与德国大学自治模式不同，美国大学采用的是"董事会领导下的自治"模式。董事会成员一般由学校外各行业代表人物组成，虽然这些人员作为个体对大学是"外行"，但一帮"外

行"组成的机构就变成了"内行",他们一方面是大学"产品"（毕业生和科研成果）的直接使用者,一方面又是大学服务对象——"市场"的主人,他们参与大学的管理,不但有利于大学了解学生培养目标设置和科研方向的确定,同时也为大学和"市场"间的沟通架设了桥梁。

大学自治模式无好坏之分。一所大学采用什么样的自治模式的关键在于要适应不同的社会背景、政治体制、文化观念和办学传统。"哈军工"内部管理模式归属上面的哪一种类型?可以说都不是。"哈军工"提出了一个依靠"两老"办学的指导思想,实际上是在高校内部管理模式上在当时的中国创新地提出了一个崭新的模式:学术管理与行政（军事）管理分负其责、相辅相成的"二元模式"。

陈赓提出的所谓"两老"办学,主要是指学院的管理和运行要依靠两类人员:一部分是有丰富军事管理和战争磨炼经验的将军和部队管理骨干（一般是正军职以上职务）;另一部分是专业技术知识和教学科研经验过硬的国内著名专家教授和从国外留学回国的知识分子（尽管他们当中的很多人很年轻,为表示重视和尊重,仍称他们为"老专家"）。"左膀是老将军,右臂是老教授"（陈赓）,"二元模式"的选择与确定,是后来"哈军工"内部体制能够良好运行的关键和基础。

"哈军工"是一所大学,且是一所综合性的以高等工程教育为主体的工科大学,这就决定了对其的管理必须遵循教育规律,遵守高等工程教育的特点、尊重学术、尊重人才并强化学术管理,这是任何一所学校都不能例外的。"哈军工"领导者认识到了在这样一所大学中以教授为主体进行学术管理的重要性，这可以从院长陈赓的"善之本在教，教之本在师"的名言中得以体现。在学院的帮助和支持下，"哈军工"不但给予学者教授充分的学术自主权，而且按不同的学科专业成立了"教授会"。"教授会"对"哈军工"教学计划的制定、教学内容的选取、培养目标的设定起到了关键性的决定作用。在工作生活待遇上，"哈军工"教授们享受的级别与从事管理的将军们等同，部分甚至高于他们。对苏联派来的教授专家，"哈军工"更是尊重有加，关怀备至（陈赓等管理者生活在条件简陋的小平房里，而教授专家们却住进洋楼别墅）。"哈军工"实行的这种类似德国大学的"教授治校"自我管理和教学科研运行机制，不但使所有当时在"哈军工"任教的外国专家、教授和留学回国教员以"主人翁"地位倍感振奋，而且使"哈军工"教学科研实力在短期内"以惊人的速度"发展并很快处于国内领先地位。

"哈军工"同时又是一所军事学府。学员们在校期间除接受高等工程教育的理论和技能外，还必须接受以军事知识、技能、体能和心理素质等为内容的科学系统的教学训练。这一部分教学计划的制定、实施和管理是当时像曹鹤荪、卢庆骏、孙本旺、任新民、曾石虞、庄逢甘、朱启鹤等知名教授学者也很难办到的。这就是说，"哈军工"不但需要教授学者学术"内行"，同时也需要没有办学和学术理论，但熟知"哈军工"培养出的人才和科研成果"市场"即"战场"的、具有军事和行政管理经验的"外行"。陈赓作为办学者意识到了这一点，他通过周恩来、陈毅、刘伯承等人的帮助，从当时的总参、总政、总后、空军、海军、炮兵、装甲兵、工程兵、志愿军司令部、驻外领馆武官处和苏联军事学院抽调和聘任了一大批将军和军事专家（如刘居英、徐立行、李懋之、张衍、张文峰、唐铎）来校从事行政管理工作。这些类似美国模式中校外"董事"管理人员的加盟，不但保证了"哈军工"办学的政治方向，也为"哈军工"后来能成为军事过硬、名副其实的军事学府奠定了基础，创造了条件。

五、"哈军工"在高等工程教育和军事教育史上历史地位的评价

"哈军工"从1953年9月创办到1966年4月退出军队序列，总共招收学员13期，培养毕业生10400名，由于学员选拔坚持优中选优的标准（1961年全国高校统一招生，当时入学平均成绩前三名的是清华83.7分，"哈军工"83.4分，北大83.4分），在校期间坚持全面发展、严格淘汰的培养方针，因此毕业生中涌现出了大批治国巨擘、科学巨才和兴业巨子。据"哈军工"校友会的不完全统计，"哈军工"校友中产生了26名两院院士，20名党和国家领导人和省部级以上领导干部，154名将军，65名大学校长、国家大型科研机构和重点企业的负责人。著名科学家钱学森对"哈军工"能在短短的几年时间

内建成为"远东最大的军事工程学院"和中国一流的高等学府曾感慨地评价："在我国现有条件下，这么短的时间办起这样一所完整的、综合性的军事技术学院，在世界上也是奇迹。"江泽民同志在一次讲话中也指出"要把大学办得像清华、北大和当年的'哈军工'一样"。

很多学者专家在研究"哈军工"现象时，重点关注的多是她的人才培养的质量和数量。如果仅从人才培养角度来评判"哈军工"的贡献，就实在低估了她的历史价值和地位。"哈军工"除为国家输送了大批杰出人才之外，也为高等工程教育和军事教育以及大学内部管理提供了宝贵的理论和模式财富。"哈军工"于国家危难之中产生，肩负强兵、固国、富国重任并逐项得以兑现，模范遵循高等工程教育和军事教育的办学规律，成功创造高等工程教育与军事教育相结合的办学模式，创新采用学术管理与行政军事相结合的"二元"内部管理模式，可以毫不夸张地定论，"哈军工"是世界近代史上高等工程教育与军事教育完美结合的典范。"哈军工"对近现代中国和世界高等教育办学理念和管理模式的巨大贡献，其意义绝不逊于她的优秀毕业生给国家安全、建设和发展所做出的卓越贡献。

南征北战老炮工

二十世纪五十年代，中央军委出于国防现代化的需要，筹建中国人民解放军军事工程学院。建院初期，哈军工的系和专业是按照我军兵种兵器、装备建设的需要设置的，主要任务是为各军兵种培养维护、修理现代技术兵器和装备的军事工程师。随着兵器、装备的更新、发展及新兵种的建立，学院的系与专业也逐步进行调整和充实，增加了一些按照学科设置的系与专业，学院的任务也逐渐改变为为国防建设培养国防尖端技术的研究、设计、制造人才和各兵种所需的技术干部。1960年，为了更好适应国防建设和国防科技不断更新发展的需要，中央军委决定，哈军工进行分建和改建。其中，炮兵工程系迁往武昌，成立炮兵工程学院，几经周折，最后落地南京。

炮兵工程学院赓续哈军工传统，肩负使命，砥砺奋进，延续辉煌，由此开始书写我国当代军工技术发展史上崭新的一页……

一

1960年初，开始筹建炮兵工程学院。

中央军委决定，拟以武昌高级军械技术学校和军事工程学院之炮兵工程系为基础，组建新型炮兵工程学院，其建制领导属军委炮兵，编制为兵团级。随后，成立以总后勤部政委李聚奎上将、炮兵司令员邱创成中将为首的筹委会，领导新学院的筹建工作。

武昌高级军械技术学校前身为1949年5月由沈阳迁入武汉的第四野战军后勤青年干部学校，1950年改名为第四军械学校，以培养初级军械技术干部为主，隶属中央军委炮兵领导。1953年1月，第四军械学校改组为高级炮兵技术学校，主要为国家培养军械领导干部。1956年，学校正式更名为武昌高级军械技术学校，归属中央军委总军械部，主要培养部队军师团军械业务领导干部，校址选定在武昌张之洞路。自办学以来，武昌高级军械技术学校曾培养过数千名初、中级军械管理与技术干部，为我国的军械装备工作贡献出了重要力量。

自1960年6月起，按照中央军委的决定，远在北国重镇哈尔滨的军事工程学院炮兵工程系师生开始分批南迁，与武昌高级军械技术学校合并建校。因武昌校区并无富裕用地扩建新校舍，筹委会拟在西安筹建校区的同时，让学院暂落脚武昌过渡一段时间。

据资料记载，1960年6—7月，军事工程学院炮兵工程系师生和2700多箱物资先后包乘专列南迁，与武昌高级军械技术学校在武昌汇合。并校人员中，军事工程学院炮兵工程系651人，武昌高级军械技术学校1222人，沈阳高级炮兵学校3人。

二

自中央军委决定分建炮兵工程学院起，上级部门即在思考院长一职的人选。1960年2月，中央军委电请孔从洲赴北京商议筹建炮兵工程学院事宜，此时他正担任沈阳高级炮兵学校校长一职。

孔从洲，何许人也？

出生于陕西西安的孔从洲是位"老兵"，1924年投身杨虎城靖国军安边教导队。国内革命战争时期，历任陕北国民军教导营上士班长，炮兵排长、连长，国民革命军新编十四师中校炮兵营长，十七路军上校团长等职。1936年任陕西警备第二旅少将旅长兼西安城防司令，参加了张学良、杨虎城扣押蒋介石的"西安事变"。抗战时期，参加了血战永济、坚守中条山、"三二九"等多次对日作战。

抗战胜利后，1946年5月于河南巩县率部起义，任中国人民解放军西北民主联军三十八军军长，同年加入中国共产党。1947年7月率部参加人民解放军战略反攻，南渡黄河，挺进豫西。1948年后历任豫西军区副司令员，郑州市警备司令部司令员，第二野战军特种兵纵队副司令员，随第二野战军解放郑州、南京并进军大西南。1955年，被授予中将军衔。

新中国成立后，历任西南军区炮兵司令员兼重庆第二炮兵学校校长，西南军区军械部部长，沈阳高级炮兵学校校长等职。1960年6月，由中央军委任命为解放军炮兵工程学院院长，兼学院临时党委代理书记。

当时担任沈阳高级炮校校长的孔从洲，倏然接到军委炮兵司令员邱创成的电话，丈二和尚摸不着头脑，但还是立即赶往北京。到了北京，他才知道邱创成司令员唤他进京的目的。在了解了实际情况与筹建炮兵工程学院的重要战略意义后，孔从洲欣然应诺并下定决心，一定要完成好中央交代的这项重要任务。

在那个百废待兴的年代，炮兵工程学院的建设依旧采取"边建边学"的方针。院领导决定，先将学校的师生安置于武昌高级军械技术学校，在学员学习和训练的同时，开展新学院的筹建工作。

自1960年3月起，孔从洲陪同邱创成先后考察了保定、成都、西安等城市，最后选定在西安建设新学院，院址拟定西安市以南秦岭山脚的花园村，同时也争取到了当地政府的大力支持。在西安准备建院的同时，远在北国重镇哈尔滨的哈军工炮兵工程系筹备南下，至1960年5月底，炮兵工程系的高年级学生和绝大部分教职工都已千里迢迢，迁至武昌。

1960年4月，邱创成等人北上哈尔滨，来到军事工程学院炮兵工程系，会见学院领导与炮兵工程系的各位教员、干部。5月，孔从洲赴武昌，前往高级军械技术学校了解合并建院的准备情况，随后便留在了武昌，以便准备下一阶段的工作。6月，邱创成与炮兵领导机关各部门的负责人来到武昌，在武昌成立了炮兵工程学院临时党委，孔从洲被任命为代理书记。过了不久，中央军委正式任命孔从洲为学院院长、廖成美为院党委书记。

廖成美，又是何许人也？

廖成美，1916年出生于福建龙岩，1935年加入中国工农红军，同年加入中国共产党。曾任闽西红军龙岩独立营连政治指导员，龙岩游击队政治委员。抗战时期，历任新四军第二支队四团一营政治教导员，江北游击纵队新编第七团副团长兼政治委员，新四军第二师六旅十八团政治委员。解放战争时期，任华中野战军第十纵队六旅旅长，华东野战军第十二纵队三十四旅旅长，江淮军区三十四旅政治委员，第三野战军三十四军一零二师政治委员。新中国成立后，历任华东军区特种兵纵队政治部副主任，华东军区炮兵副政治委员，高级炮兵技术学校政治委员，炮兵工程学院副政治委员、政治委员，炮兵第五十二基地司令员，中国人民解放军第二炮兵副司令员等职。1955年，被授予少将军衔。

回忆起这段既紧张又令人兴奋的筹建岁月，孔从洲在回忆录中写下了这样一段话："这几个月工作相当紧张，很劳累。

心情是既喜悦又感到有压力,想到学院的建立将对炮兵现代化建设作出贡献时,非常欣喜;面对建院的一大堆难题和考虑到今后如何办好学院时,又感到肩上的担子很重。"的确,在那个各项物资都很短缺、科研人才若荆山之玉的岁月,即便有中央的大力支持与各兄弟院校的极力配合,在短短一年时间里建起一座全新的高等学院也并非易事。

单独成立新学院,新的校舍暂时没有建成,旧有的住房却无法容纳扩建后的师生职工,营房的问题成了孔从洲首要解决的一大难题。武昌高级军械技术学校的营房原只够近两千人使用,可仅从哈军工的炮兵工程系迁来的人就将近四千。孔从洲只好向地方政府求助,最终得到了湖北省委和武汉军区的帮助,省委给学院批下了一万多平方米建房的材料指标,又临时借了两栋楼以供学院师生使用。

在筹建炮兵工程学院时,全校师生更是将"开源节流"的办法发挥到了极致。在建设新校舍的同时,采取"挤、建"并举的方法,一间屋子往往是多种用途,办公室即是宿舍,教员职工多人用一间办公室,学生则睡上下铺。就这样,学院硬是挤出了二千平方米的楼房,又突击建造了七千五百平方米的校舍,总算缓解了部分压力。

几经周折,学院的教学工作逐步得以正常进行。因武昌校区可用场地有限,炮兵工程学院筹备委员会决定在西安校舍建成前,将基础课教学暂时迁往沈阳炮兵政治干部学校。自1960年至1962年,炮兵工程学院经历了"西安基建、武昌落脚、沈阳上课"三地办学的艰难时期。

三

学院三地间周转虽非长久之计，但还是勉强维系着人才培养工作的运行。在此期间，远在西安的新学院慢慢建了起来。

正当广大师生翘首期盼西安新校区快点建成时，计划不如变化，一年多以后，西安的校区又遇到了变数。1961年6月，张爱萍副总长赴西安检查学院建设工作时，发现"院址和建院规划不大符合军委提出的'山、散、洞'的营建方针，没有进山，不够分散，建设规模偏大"。原定搬往西安的计划又按下了暂停键，新一期的学员马上就要入学了，可学校校舍的建设问题还没有落实，武昌学校的发展空间又小，孔从洲等人感到空前的紧张和担忧。

1961年6月底，学院正式接到上级停止于西安筹建学院的命令。好在没过多久，罗瑞卿总参谋长为炮兵工程学院的师生带来了希望。罗瑞卿来到武汉视察工作，孔从洲向他报告了学院建设的难题之后，罗瑞卿甚是同情和焦虑。后来，他想到了南京的高射炮兵学校，提出炮兵工程学院可与他们互换校舍，即在炮兵内部完成这次调整，既解决燃眉之急，也能为国家节约不少资源。

军委炮兵经研究后决定，炮兵工程学院迁往南京，与中山陵南麓的高射炮兵学校互换校址。在新中国成立初期经济条件较为艰苦的情况下，高射炮兵学校为支持炮兵工程学院建设做出了不小的牺牲，孔从洲对高射炮兵学校的帮助一直心存感谢。时隔多年之后，他在回忆录中满怀感激地写道："高射炮校的领导和全体同志，识大体，顾大局，从炮兵建设的整体出发，坚决执行上级决定，把优越的条件让出来，发扬了我军高度统一、一切行动听指挥和团结友爱的优良传统。"

炮兵工程学院筹建之时，适逢国内经济困难时期，人力物力都很紧张。即便是在物质条件优越的今天，在这样短的时间内办起一所高等学府也非易事，何况当年。在筹建学院的各项工作中，孔从洲事必躬亲，不畏困难，始终将帮助学院解决教员少、物质资源匮乏等问题放在首位。

二十世纪五六十年代正是新中国高等教育起步之时，可担任高校教学与科研任务的老师本就不多，军工方面的专业技术人才就更为稀缺。根据上级领导的计划，学院必须于1960年9月开学后即为新招收的四百名学生授课，这就需要有近百位教员参与备课、授课。如此庞大的需求，仅一味等待兄弟院校的援助显然是不够的。

据孔从洲回忆，院党委的同志们经商讨研究后决定自己想办法解决这个难题，即"从院内的教学力量调整，由专业教师和水平较高的实验员中抽调了七十名同志，连同已有的十九名，很快地组成了基础课教师队伍，建立了数、理、化、理论力学、材料力学、电工、无线电、外语等十二个基础课教研室"。

就这样，炮兵工程学院的教员们一边摸索、一边钻研，逐渐形成了自己的教学体系。除此之外，为了进一步扩大教师队伍，提高教学质量，孔从洲向上级请求，将1960年10月毕业的百余名学员全部留校任教。在学院领导和老教员的帮助指导下，他们很快就能够独立担负起教学、研究任务。到1961年5月，学院已有近六百名教员，能够有序地开展良好的教学与科研活动。

在二十世纪六十年代初期"突出政治"的大气候下，孔从洲始终坚持实事求是的态度，对学院的教员十分尊重，坚持贯彻落实党对知识分子"团结、教育、改造"的政策，并尽力保护他们免遭无妄之灾。

学院中青年教员相对较多，孔从洲总是提醒大家，要尊重老教员，向他们学习，努力向优秀的老教员看齐，在日常工作中充分发挥老教员的骨干作用。与此同时，督促各系加强对青年教员的培养，使他们能够尽快担负起独立教学的重任。

一次，在院党委召开的"老教师座谈会"上，有一位青年教员无意间流露出"缺了他们（老教员）一样办学校"的想法，孔从洲听到后耐心地说道："我们学院的各位老教员，学术造诣、教学经验自不必说，已都是各自专业领域内的专家，又是科研和教学的带头人，他们热爱党、热爱社会主义，也愿意投入国防科技教育事业，我们所有人都应该尊重老教员，虚心向他们学习请教，而不能怀有想法地去工作。"

为了保障教师有足够的时间进行教学与科研工作，孔从洲等院领导在教研室设有专门负责行政工作的副主任，并规定每日其他活动占用教学科研的时间不能超过一小时，让教师有足够的时间精力钻研业务。能做到这一点，在当时那个"政治可以冲击一切"的岁月中，是很不容易的。

据孔从洲回忆，当时学院内有一名教学水平很高、业务能力很强的助教，深受同学们喜爱。但当时受限于出身，被要求安排转业。孔从洲从学院的建设实际出发，向督察政治工作的同志解释，高度肯定这名助教的知识水准和教学水平，坚持将他留在教学岗位上。这名助教后来的工作表现，充分证明了孔院长决定的正确性。

四

1962年2月5日清晨，孔从洲醒来之时，晨光熹微，一切都寂然无声。他匆匆洗漱后，走出了军委炮兵大院的招待所。今天，他要去见一位很重要的人。按照原计划，他从沈阳往南京去准备炮兵工程学院的搬迁工作，本不会在北京停留太久。但毛泽东听说孔从洲路过北京，便邀他前往中南海一见。距离上一次见到毛主席，已经转眼过去了三年。那时正是儿子孔令华与毛主席的女儿李敏结婚典礼，婚礼后他与毛主席交谈了很久。

初次会见毛泽东时，孔从洲正在沈阳高级炮校做校长，在谈到未来的计划时，表示今后想把炮校建设好，为国家培养出优秀的炮兵人才。孔从洲后来回忆，毛泽东认为炮兵是军队火力骨干，在未来战争中炮兵占据相当重要的地位。孔从州决心把炮校办好，训练出大量优秀干部，为部队的建设、发展源不断地输送人才，毛泽东则对未来建立强大的空军、海军以及包括炮兵在内的陆军充满期待。

上一次面谈的情形犹在眼前，毛泽东的叮嘱还在耳边，再次接到见面邀请的孔从洲掩盖不住内心的喜悦，激动地出发了。自1960年2月起，孔从洲调离沈阳高级炮校，开始准备筹建炮兵工程学院的各项工作。此时，正值学院开展教学改革运动之际，在工作方面孔从洲还有一些难题，能够向毛主席当面汇报与请教，正是孔从洲求之不得的事情。孔从洲坐在开往中南海的汽车里，回想着炮兵工程学院从筹建到正式开始教学的过程，如辛勤播种的庄稼人一样，既欢喜有所收获又担忧那未知的风雨……我党向来十分重视炮兵队伍建设，红军时期创建的迫击炮连，就在黄洋界保卫战中发挥了重要作用；抗战时期建立的延安炮校，为后来的炮兵建设培养了大批技术骨干；解放战争中，毛主席也多次指示建立扩充炮兵队伍。到新中国成立时，我军的炮兵已逐步向现代化炮兵靠近。

早上八点，孔从洲在中南海游泳池见到了毛泽东。两人亲切握手问候以后，便坐下来谈话。毛泽东十分关切地询问了炮兵工程学院的建设情况，指出炮兵工程学院应该以培养具有现代化知识的炮兵技术人才作为学院的办学宗旨，科学技术处在不断发展的过程中，技术人才的培养一定要能跟上。中国人虽然发明了火药，但直到火药传到欧洲，才渐渐有了滑膛炮、线膛炮，等等。1907年法国人研制出了加农炮，从这时起，火炮技术迅速发展起来。现在有了核导弹，将来还会有更强大的武器。

毛主席回顾了中外火炮的发展历史后，担忧地表示，我军现在仍主要靠购买别国的火炮武器来装备自己，这样显然是存在很大隐患的；仿制别国的武器也不行，最终还是要靠自己研制。

谈到炮兵工程学院的教学情况时，毛泽东十分关心学院的师资力量与教学工作，强调了选教员对办学校的重要性，有了好教员，才能教好学生。过去有句话叫"师高弟子强"。没有教员能以己之昏昏使得学生昭昭的。孔从洲向毛泽东介绍了炮兵工程学院的教师情况，毛泽东听后向他强调了重视知识分子的重要性，在建设学院的过程中，一定要充分尊重知识分子，发挥他们建设社会主义的积极性。对于年龄较大的老知识分子，要注意关心他们的政治进步，改善他们的生活环境。

对于学院的科教工作情况和资料、器材配备情况，毛泽东也十分关心，向孔从洲了解了一些基本情况后，指出教书人的时间是很宝贵的，不要随便占用，要让教员有看资料、搞研究的时间。想迎头赶上先进国家，就要多看先进资料。毛泽东本人对教学方法也有着深刻而独到的见解，他对孔从洲说，学院的教学要注重方式方法，教员是教书育人的，要抓好教学工作，尽早为社会主义建设培养人才。针对学员学习和实习相结合的问题，毛主席强调，对学生的纸上测试不用过多，应多安排他们去部队和工厂实习，多将自己所学的理论知识与实际相联系，这样才能真正学有所得。

当谈到学院所用教学大纲与教材时，毛泽东主张刚开始教学时可以用老教材，但也要边使用边探索，逐步形成自己的教学体系。学院既要教学，也要搞科研，运用研究成果充实教材，相辅相成，用更为长远的眼光来看待教学、研究和实际运用三者的关系。

在这次近两小时的谈话中，毛泽东围绕炮兵建设与工程学院的教学情况深入细致地谈了许多问题，深入浅出地阐述了培养人才的重要性，阐述了对知识分子的政策，强调了办教育的方针和方法，使孔从洲增强了对党的政策和办校方针的理解。

坐在回去的车上，孔从洲依然在心里回想着毛泽东所说的话，思绪翩跹……

五

1962年8月，军委炮兵党委正式确定炮兵工程学院迁往南京。9月20日，学院全部迁至南京，终于结束了两年来的三地办学，迁至南京后学院的教学条件和师生职工的生活条件有了明显的改善，各项教学工作稳步开展起来。

1963年2月，炮兵司令员邱创成、政委陈仁麟对学院培养目标、学制、专业设置等问题作出重要指示，要求学院培养德智体全面发展、又红又专的国防技术人才；保留炮兵兵器（分地炮、高炮专门化）、动力传动、弹药、火箭弹、火箭发射装置、外弹道、火药、炸药、内弹道、光学仪器、指挥仪、雷达、红外仪器等13个专业，撤销和合并引信、火工品、自动控制、侦察干扰、引导、电视侦察、火箭弹体、飞行力学、侦察雷达和炮瞄雷达等专业；雷达、红外仪器、光学仪器专业的学制为6年，其余专业为5年；学员总定额为1500人。

1964年1月5日，学院召开第二次党代会。廖成美代表第一届党委作工作报告。会议认真检查与总结学院首届党代会以来的工作，研究确定今后的工作任务，选举产生学院第二届党的委员会，会议选举廖成美为党委第一书记，孔从洲为第二书记，林胜国为监委书记。最后，孔从洲作大会总结，他指出：学院第一次党代会以来，在上级党委的领导与关怀下，高举毛泽东思想伟大旗帜，在勤俭建院和边建边学思想的指导下，各方面建设都取得了显著成绩，下一阶段的主要任务是将学院建设推向一个新阶段。

1964年7月，中央军委任命李仲麟担任炮兵工程学院院长。

李仲麟，浙江省鄞县人。1938年3月进入延安抗大学习，同年7月加入中国共产党。抗日战争时期，历任八路军总参谋部爆破班班长，新四军第四师留守处副处长、军工部副部长。解放战争时期，历任华中军区军工部副部长兼第二总厂厂长、军械处处长，华东军区军工部副部长等职。新中国成立后，任东北军区军械部部长，曾到莫斯科炮兵工程学院学习，1961年7月回国后历任炮兵工程学院副院长、院长，1966年4月起任华东工程学院副院长、院长兼党委书记、顾问。1979年7月，出任华东工程学院党委副书记、副院长，1981年1月，再度担任华东工程学院院长。任职期间，李仲麟坚持贯彻党中央的教育方针，正确执行党的知识分子政策，认真组织学院的各项教学与科研工作，为开创炮兵工程学院炮兵教育工作与军工科研新局面，为培养兵工行业高科技人才做出了重要贡献。

自1965年7月起，为适应国家建设的实际需要，炮兵工程学院划归国防科委领导。同年9月，根据中央军委办公厅关于炮兵工程学院改制问题的文件精神，学院集体转业，正式退出部队序列。

时光荏苒，转眼已是数年风雨。孔从洲老人回想起投身于炮兵工程学院这段峥嵘岁月，又亲眼见证了她的一步步成长与变迁，不免感慨万千，他在回忆录中饱含深情地写道："我在炮兵工程学院工作了四年就调走了。但在以后的工作中，由于工作关系我与学院仍经常接触。在我离开的第二年（1966年），学院划归国防科委领导，集体转业到地方，改名为华东工程学院，以后又划归五机部（其后改称兵器工业部）领导。经过二十多年的发展，现在，华东工程学院已经成为兵器工业战线上一所重要的高等学府，肩负着培育人才和提供科技研究成果的重任，并作出了突出的贡献。"

在中央和有关部门的重视下，经过学院历任领导和全体同志的努力，孔从洲曾经梦寐以求的愿望变成了现实。在回忆录中，他对往昔的艰难情景仍记忆犹新，曾经动情地说道，令他特别难忘的是，当年参加领导建院工作的老同志。他们在革命战争年代为人民的解放事业建立过功勋，为了我军的现代化建设，不辜负党的委托，为培养科技人才而呕心沥血。由于历史的原因，他们的文化水平虽然不高，但是他们尊重知识，尊重人才，虚心向专家学习，成为专家的支持者和知心朋友，成为教学和科研的组织者,他们的贡献是不可磨灭的。

对现代化炮兵而言,如果说哈军工炮兵工程系是从无到有,炮兵工程学院则是从弱到强。

从哈军工炮兵工程系到炮兵工程学院,这是学院办学历史上又一次伟大的飞跃。

日出峰峦新华工

尼采说，对于平凡的人来说，平凡就是幸福。

有些事情，虽然平凡，但值得留恋和纪念。

有些时候，亲历平凡，也是一种幸福。

1995年3月29日，是一个平凡得不能再平凡的日子。但对刚从华东工学院更名为南京理工大学不久的学校而言，这平凡之中却有着别样的意义。当天中午12点40分左右，在华萃园刚用完午餐的人们匆匆赶来，原本容纳四五十人的紫麓宾馆活动室，塞满了足足六七十人。窗帘拉起，电灯关闭，室内顿时安静下来，人们的目光共同投向一块临时撑起的屏幕。此时，音乐缓起，屏幕上出现了画面——一轮红彤彤的朝日如同一只巨大的火球，穿越上升在高低远近各不同、枯荣陡缓千百态的峻岭山峰中，随着音乐的渐渐推升，屏幕上的红日迅速掠过一座座峰岭。当音乐进入高潮，红日已飞升至万山之上，就在此时，从红日的中心赫然迸放出四个大字：日出峰峦！

话，还得从头说起。

当时，为迎接中国兵器工业总公司组织的对学校申报"211工程"的部门预审，学校决定"剑走偏锋"，不用传统的纸质汇报模式，而是在南理工历史上第一次采用最新颖、最直观、最精彩的汇报方式——电视片，起到一鸣惊人、力压群雄的效果。对这部电视专题汇报片，校领导更是大胆且创新地决定，不外请编导和摄制，利用学校已建立电视台的条件，指定时任人事处师资办主任的我负责总编剧，宣传部电视台台长殷巧生负责总摄制。

摄制组从1994年10月开始构思、采访、阅档、创作、拍摄等一系列紧锣密鼓的行动，足迹遍布北京国防系统相关机关、上海港、酒泉卫星发射基地、江阴远望号测量船、大型军工企业、特种作战部队……电视专题片《日出峰峦》于1995年3月初"杀青"，3月下旬完成最后制作。

当时距离"211工程"部门预审还有不到一个月的时间，为了检验电视专题片是否能够全面展示学校（主要是1966—1984年的华东工程学院和1984—1993年的华东工学院时期）的办学成就、发展战略、目标和潜力，校办主任刘丽华特意选择在3月29日午饭后至下午上班前这段时间，组织邀请学校各方面专家、领导、代表，对《日出峰峦》这部在"211工程"部门预审中打头阵的电视专题片的汇报效果进行预研预判，参与审片的人员也从原定的45人左右增加至70人，集思广益，精益求精，以确保"211工程"部门预审实现开门红。

大约18分钟后,在一片高亢激昂的音乐声中,屏幕定格在万千气球和白鸽飞舞升腾中,室内恢复了明亮。有人在笔记本上写写画画,有人摘下眼镜若有所思地准备着说点什么,还有人低声浅谈电视片中的画面、人物、音乐、解说等细节……关于《日出峰峦》的讨论一直持续到下午3点。殷巧生和我,还有宣传部部长庞鸿军、副部长周荣华都在认真记录着大家的意见、建议和领导的总结要求。庞鸿军部长最后表态感谢大家放弃午休参加审片,尤其是对片名《日出峰峦》的一致肯定,接下来将采取精益求精的态度,进一步修改完善,将其打造成不负众望的经典之作。

说起《日出峰峦》这个名字,我在剧本动笔之初确实颇费周折,做足了一番功课。在"211工程"正式提出、我国高等教育即将迎来大发展之际,党委书记曲作家和校长李鸿志以特有的敏锐,在邓小平同志南方谈话精神的鼓舞下,果断坚毅带领全校师生投身"东方风来满眼春"的发展大潮,实现了学校跨越式发展。"八五"期间,学校教学、科研工作快速发展上新的台阶,从单一的教学体制到教学、科研齐头并进;从单纯的纵向科研到纵向、横向协调发展,在科研队伍、科研规模、科研能力及水平等方面,已具有相当的实力,成为我国科研,尤其是国防科研中不可缺少的"重镇"。"八五"前四年,共完成研究与发展项目765项;获得部省级以上奖励177项,其中国家级13项;科技经费从1991年的2000多万元增加到1995年的近7000万元。学校通过承担众多的、不同层次的科研任务,造就了一批在军工科技行业享有一定声誉的学术带头人,同时培养了一大批优秀的中青年科技骨干和接班人，科技队伍的研究能力得到了普遍的提高。

1993年，学校由华东工学院更名为南京理工大学。1994年，李鸿志校长成为学校首位中国工程院院士。这个时期学校的快速发展，如同旭日东升，冉冉向上，磅礴而出，横空出世，用《日出峰峦》作为电视片名，不仅是当时学校发展的真实写照，也是我这个工科毕业生尝试文学创作"吟安一个字，捻断数茎须"的必经之路啊。

时间很快来到了1995年4月24日上午8点30分，由中国兵器工业总公司组织的对学校申报"211工程"的部门预审在科技会堂正式拉开帷幕，两院院士、北京理工大学校长王越担任专家组组长，来自江苏省委、省政府、省人大、国家教委、国防科工委、中国兵器工业总公司等单位的上级领导和各位专家在主席台就座。简短的开幕式后，专家领导们移步科技处三楼会议室，在王越院士主持下，观看学校为迎接"211工程"预审制作的电视专题片《日出峰峦》。20分钟，校领导和学校相关部门负责同志凝神屏息，端视屏幕，充满自信和期待；我和殷巧生则坐在最后一排，延颈企踵，视线不敢须臾离开远处的屏幕，如同接受战前检阅……

随着袅袅余音，灯光亮起，窗帘拉开，王越院士揉了揉眼睛以适应光线的变化，微笑着说：南京理工大学用电视片汇报，形式独特，我还是第一次看到，时间不长，内容不少，实事求是，全面展示，好！很好！王越院士接连竖了两次大拇指，会场响起了热烈的掌声……我、殷巧生和宣传部的领导们相视致意，会心一笑，如释重负，半年多的紧绷和坚持，数十个不眠之夜和精益求精，今天终于有了圆满回应。学校的成就，就是我们的追求和荣幸啊！

《日出峰峦》的掌声刚落，校长李鸿志院士用右手推了推眼镜，淡定从容地作了《南京理工大学"211工程"建设总体规划》的汇报。

按照考察日程安排，24日下午，专家领导们先后参观考察了我校校史展览馆、新教学楼（致知楼）、主楼楼顶、图书馆、大学生公寓、体育馆、学生食堂、计算中心、机电总厂、计算机管理联网系统、大学物理实验室等，对我校的办学规模、基础设施等整体办学条件有了较深刻的印象。当晚，专家领导们兴致勃勃地来到校中心广场，欣赏了大型彩色喷泉和激光投影表演；在大礼堂，观看了校大学生艺术团和附小幼儿园表演的文艺节目，演出充分展示了校园文化风采。25日全天和26日上午，专家组一行考察了我校"211工程"核心——规划建设的七个国家级重点学科。在各重点学科点，专家们听取了各学院负责人和各学科学术带头人的汇报，了解了各学科整体情况和成就、优势特色及发展目标规划，观看了各学科的专题录像片，又参观考察了部分设备仪器的操作演示等。

激动人心的一刻终于来临。

4月26日下午2点30分，中国兵器工业总公司南京理工大学"211工程"预审会闭幕式在科技会堂隆重举行。专家组组长王越院士宣读评审意见。专家组一致认为：南京理工大学坚持社会主义办学方向，为国防尤其是兵器工业现代化和国民经济建设做出了重要贡献……学校具有较强的科学研究实力，成绩显著，取得了一批重要的研究成果。建立了一支整体素质较高、结构基本合理、相对稳定的师资队伍，对外交流与合作取得了积极的进展，办学条件及基础设施较好。学校素有重视党建和思想政治工作的传统，形成了"团结、献身、求是、创新"的优良校风。学校的凝聚力较强，师生员工有良好的精神面貌，校园环境整洁、文明，是一所发展速度快、潜力大、教学质量较高、办学效益较好的高等学校，为不断形成教育和科技两个中心创造了有利条件，具备了进入国内一流理工大学行列的整体水平和综合实力，可按照国家"211工程"的标准和目标进行重点建设。此时，会场中出现了意料之中的经久不息的热烈掌声！所有南理工人为此而振奋！

关于《日出峰峦》这一章节，本来写到这里就可以搁笔了，但细想之下，还觉得意犹未尽。在改革开放的春潮涌动中，华东工学院时期很多方面的发展都是敢为人先，走在前列的。其中，创办大学电视台就是鲜明一例。在和殷巧生创作、摄制《日出峰峦》的过程中，我对学校的这一创举有了更加深刻的认识。

时间追溯至1987年9月30日傍晚，华东工学院院办楼二楼最东头北面那间不足60平方米的会议室，两盏1500瓦的卤素大灯照得满屋通透，如同白昼；一台固定机位的摄像机早已就位，另一台移动摄像机和移动灯光也在认真选取最佳拍摄角度，一旁角落负责直播画面切换和技术支持的夏俊台长在不停地调试……人们陆续落座，虽然感觉灯光有些刺眼，但显然还是掩饰不住兴奋和好奇，每个人的脸上都散发着光芒。

当央视《新闻联播》结束后，室内马上安静下来，人们等待着见证新奇的时刻。"5—4—3—2—1，开播！"当时的宣传部部长赵忠令举起的右手果断切下！19点40分，"华东工学院电视台"以直播的方式正式开播，现场的画面和声音同时出现在学校近两千户教职工家中、上百处单位和集体宿舍公用的电视机屏幕上。院长冯缵刚首先讲话，他强调建立电视台是为了宣传途径和方式的现代化，加强社会主义精神文明建设；党委书记汪寅宾赞扬电视台的组建速度快、质量好，体现了学院军队优良作风的传承，是对国庆38周年的最好献礼；党委副书记何可人指出：电视台的三项任务是宣传社会主义精神文明、畅通民主渠道和活跃文化生活。随后，学校两千多教职工第一次从电视屏幕上看到了《华工新闻》，看到自己经历的身边事、熟悉的身边人、美丽的校园景跃然于银屏，无不激动，倍感亲切。

从那以后，老华工教职工多了一个选择。学校教职工每天晚上19点40分收看《华工新闻》似乎成了一种必选、时尚和习惯，教职工住宅区家家户户传出同样的片头音乐和新闻播报，第二天在上班路上遇见打招呼时经常会说"昨天在电视上看到你了""你们搞的活动很好啊""向你们学习，电视上都宣传了"……在当时电视机尚不普及、看电视需要经常转动天线、屏幕上仍然有许多"雪花"的年代，学校在一夜之间诞生了自己的电视台，而且拥有国家广电部颁发的许可证，每天播放校内新闻、专题采访、歌曲点播、教学节目，周末还播放电视录像、娱乐节目等，同时转播10多套中央、省、市电视台的清晰画面。这在当时全国高校中虽然不能说绝无仅有，但肯定是凤毛麟角、屈指可数，从这个角度来说，也是学校在另外一个层面上日出峰峦，足以令人兴奋和自豪！

学校电视台在其发展历程中，除了在开播仪式上校领导提到的功能和作用，起码还有两个方面值得称道。

一是助力学科和"211工程"建设。自从有了电视台，学校的很多科研成果在申报各级各类奖项时，大多采用电视专题片的形式汇报，这在二十世纪八九十年代是最先进、最直观、最集约的方式。电视台为此制作了大量科研成果专题片，李鸿志院士、王其祥教授、贺安之教授、闫大鹏教授、王泽山院士、李凤生教授、宣益民院士、芮筱亭院士等一批著名专家学者的领先科研成果，通过形象生动的电视专题片助力，登上了国家级、省部级科技获奖的光荣榜；还有前面提到的"211工程"预审时，《日出峰峦》播放取得热烈反响；"211工程"规划建设的七个国家级重点学科的专题录像和现场考察，也让专家组得出"学校具备了进入国内一流理工大学行列的整体水平和综合实力"的一致意见。

二是创建全国第一家大学生电视台。随着学校电视台开播以后各项功能的发挥及其带来的良好精神、社会效益，一个更有创意、更为人先、更进一步的计划逐步酝酿产生。1993年初春开学，党委副书记赵忠令来到宣传部，神情喜悦地向大家宣布，学校决定在每个学生宿舍安装一台电视机，让有线电视触及每位学生，让思政教育、教学科研、文化娱乐等合力发挥作用，丰富学生的课余精神文化生活。"如切如磋，如琢如磨。"大家惊讶中带着兴奋，说干就干，在当时的宣传部长朱玉明、副部长夏京宁带领下，几经周折反复压价采购电视机，集中人力物力大干快上进行外线施工，招聘培训学生播音主持、摄像制作等同步高效进行。经过6个多月的筹备，学校和全体学生又迎来了一个高光时刻！1993年10月《南京理工大学报》这样报道：10月16日晚7点，南京理工大学上万名大学生在宿舍里看上了他们喜爱的《新闻联播》节目。现在，每个学生宿舍里都配备有一台14英寸的彩色电视机。每天播出2小时节目，包括新闻板块、文化板块、综艺板块和教学板块，学生们自豪地说："我们是全国独一家！"原本面向教职工的南理工电视台经过半年的艰苦奋斗，终于完成了这一浩大繁杂的学生台的建设工程。

不以小事为轻，而后可以成大事。南理工电视台虽是个仅有6人的小台，但他们充分意识到在商品经济时代信息的重要性，而电视又是当时传媒中最直观、最具效率的传播手段。开通学生台，可使学生们更多地了解国内外大事、改革潮流及学校的最新决策，有线电视这种现代化的教学手段，将为学生们的英语口语和听力教学提供更加便利的条件。同时，一些形势与政策课乃至全校性的学生会议，都可利用有线电视来实现。大学生电视台的开播，在全国是一个创举，为学校电视台的发展开创了一个新模式，有线电视在学生教学、学生管理、丰富学生生活、启迪学生思维等方面发挥的作用，引起了人们极大的关注。

作家三毛曾经说过："平凡简单，安于平凡，真不简单。"时任学生电视台首任台长、机械学院大三年级学生张春斌后来回忆道：平凡中有坚守和收获。同学们边休息边看看自己身边的新闻，欣赏身边同学在电视荧屏上的表演和热点解说，在那个信息来源比较单调的年代确实是一种莫大的幸福，倍感新鲜，每天开播时间一到，几乎可以用万人空校来形容……时代的发展，技术的迭代，老华工的全国第一家大学生电视台一直与时俱进，2022年更名为"融媒体中心"，依然活跃在校园网络空间，向全世界传递南理工的最新形象！而一届届众多曾经在大学生电视台工作过的学子也会不无感慨："天空没有翅膀的痕迹，但我已经飞过！"

星移斗转，时光轮回。2001年6月，已经获得德国大学教育学博士学位的我，应邀回到学校办公室工作。巧合的是，6月18—19日，受国防科工委的委托，以北京理工大学原校长王越院士为组长的专家组，对我校"211工程""九五"期间建设项目进行了检查和验收。专家组听取了党委书记郑亚、校长徐复铭关于"211工程""九五"期间建设情况的汇报和国防科工委审计室的审计意见，审阅了项目建设的有关材料，实地考察了重点学科、教学实验基地、公共服务体系建设项目以及部分基础设施建设项目，检查了仪器设备购置与使用情况，分别召开了部分学科带头人和中青年骨干教师座谈会。专家们在认真评议后认为：南京理工大学自1998年6月经国家计委批准立项进行"211工程"重点建设以来，学校领导高度重视，全校教职工努力拼搏，高质量地全面完成了国家下达的

"211工程""九五"期间各项建设任务，取得了低温度系数发射药装药技术及其制造工艺、特种超细粉体制备技术等一批具有较大影响的标志性成果。学校学科水平和办学实力有较大提高，各项工作取得了快速发展，实现了预期的建设目标。南京理工大学"211工程""九五"期间建设工作成效显著，一致同意通过验收。

光阴寸隙流如电。时间过去了二十七年，回首往事，感慨万千。我想起了1996年9月李鸿志校长在校第七届八次全委（扩大）会议上的一段直击人心的讲话："如果以无所作为、任其自然和随波逐流的态度，学校在相当长的一段时间内完全具备悠闲、逍遥的条件和基础，但几代全心全意致力于学校发展的广大教职工，根本不可能允许我们去坐享其成。激烈的竞争和崇高的使命注定把我们这一批党员领导干部推到必须为学校长远发展而负重前行的风口浪尖之上，我们没有丝毫退缩的理由。"这是一种多么大的决心和担当啊！今天回想起来依然觉得铿锵有力，振聋发聩！

跋山涉水不改一往无前，山高路远但见风光无限。"八五""九五"期间学校的发展如梭日月，异军突起——成功更名为南京理工大学；继李鸿志教授之后，1999年王泽山教授当选中国工程院院士；取得"211工程"部门预审、国家立项、砥砺建设、通过验收等一系列标志性成果……学校不负时代、不负韶华，踔厉奋发，在跨世纪的征程中，大踏步走在了全国高等教育改革发展的前列，已然从"日出峰峦"跃升到"如日中天"！

如日中天南理工

弹指一挥，匆匆十年。

在历史的长河中，十年仅是短暂一瞬。但2012年以来的新时代十年，并非普普通通的十年，我国在各个方面取得的辉煌成就和重大突破，令国际瞩目，令国人振奋。南京理工大学在这十年间，上下一心，同舟共济，笃行不怠，奋楫争先，同样经历沧海桑田，取得了可观、可叹、可敬的变化。通过对原学校党委书记尹群教授、现任党委书记张骏教授、校长付梦印院士以及数十位南理工各级领导和师生的采访和交流，我尝试着写一段"南理工这十年"的文字，纪录从2012年到2022年的新时代十年，南理工在学科建设、人才培养、科技创新、师资队伍、国际交流和校区建设快速发展，取得丰硕成果的不平凡历程。

南理工这十年的变化，可以说是"苟日新、日日新、又日新"。从办学规模看，2022年，学校在校生34943人，较2012年增加11259人；研究生17660人，较2012年增加9560人；专任教师数为2290人，较2012年增加1010人；全职院士8人，较2012年增加6人；二级学院24个，较2012年增加11个；一级学科博士点22个，较2012年增加7个；科研活动经费22.25亿，较2012年增加11.47亿；校园面积7630亩，较2012年增加4430亩；校园建筑面积175万平方米，较2012年增加87万平方米。

十年巨变，可以总结成"六新"：学科建设迈入新征程、人才培养打造新品牌、科技创新迈上新台阶、师资队伍实现新突破、国际交流取得新成效、校区建设开创新格局。

经"六新"质变，南理工一片欣欣向荣。

十年光阴过，弹指一挥间，原来的日出峰峦，现在可谓如日中天。

一

俗话说，"龙头高高抬，好运自然来"。对一所大学而言，学科建设是发展的龙头，是高校核心竞争力的重要体现。近十年来，学校领导班子思想高度统一，牢牢抓住"龙头"开展其他各项工作。正因为学科龙头的作用发挥非常出色，学校的事业发展也跟着乘势而上行大运，"芝麻开花节节高"。十年来，学校瞄准未来高端武器装备的远程化、智能化、精确化、体系化发展趋势，围绕国防领域重大科学问题，以"兵器智能＋"为主线，突出学科交叉融合，加快推进兵器与装备、信息与控制、化工与材料三大优势学科群向一流学科群跃升。

经过十八大以来五年的积累，为了向党的十九大献礼，南理工的学科建设持续发力，建设热情高涨、建设成效亮眼。"只要功夫深，铁杵磨成针"，2017年9月，学校不负众望，成功入选"双一流"建设高校，兵器科学与技术学科入选"双一流"建设学科。在"双一流"首轮评价中，学校兵器学科建设总体情况在整体发展水平、可持续发展能力和成长提升程度方面均位列第一档，突破了一批制约国防科技工业和武器装备发展的技术瓶颈和"卡脖子"核心技术难题，获得列入"践行一流学科培优行动"的建议。

正所谓，"一个篱笆三个桩，一个好汉三个帮"。为了推进南理工向更高水平迈进，2018年12月，学校成为工信部、教育部、江苏省共建高校，开启在新时代扎根中国大地建设世界一流大学的新征程。

此外，南理工的兵器学科建设成效尤为显著。2022年，兵器科学与技术学科再次入选"双一流"建设学科。这是南理工人为迎接党的二十大献上的一份厚礼，同样也是学校办学实力和水平的充分彰显和有力佐证。

"无工不强，无文不远，无理不稳，无交不活"。十年来，学校持续优化学科布局结构，不断推进理、工、文融合发展以及各学科统筹协调发展，形成了以工为主，理、工、文、经、管、法、艺等多学科协调发展的学科布局。十年间，学校主动布局基础和新兴前沿领域并调整学院学科布局，开设人工智能学院、网络空间安全学院、工业互联网研究院、智能制造学院、新能源学院、化学与化工学院、数学与统计学院、微电子（集成电路）学院、知识产权学院（江苏国际知识产权学院）。学校通过强势工科、特色理科、精品文科和交叉学科的协调发展，学科发展态势良好。

"一花独放不是春，百花齐放春满园。"在学科建设这个"百花园"中，学校先后在兵器与装备、化学与化工材料、信息与控制方向上获批10个"十三五"国防特色学科，获批数量和经费总额居首批建设高校首位；此外，学校共入选"十四五"省重点学科12个，入选数量全省第一；在博士学位授权点上，十年间新增8个博士学位授权点，目前学校共有一级学科博士学位授权点20个、博士专业学位授权类别3个；获批省优势学科三期项目6个，周期验收优秀率全省第一。

"他山之石，可以攻玉。"南理工的学科建设是极具全球视野的，在世界上也算是异军突起，居于"头部"位置。2023年3月，学校ESI全球排名615位，较2012年提升了898个位次；工程学、化学、材料科学、计算机科学、环境与生态学、物理学6个学科进入ESI国际学科领域全球排名前1%，其中，工程学、材料科学进入前1‰。

二

人才培养是高校的根本任务。在人才培养上，学校坚持服务国家战略需求、争创世界一流的导向，超常规培养急需高层次人才，塑造"工程精英，社会中坚"的国防特色人才，为建设世界重要人才中心和创新高地提供有力支撑。

在招生入口期，精准招生，择国所需育栋梁；在人才培养锻造期，文化浸润，提升学生综合素养；在贯通提升期，本研一体，打造长线培养格局；在职业发展期，初心永铭，引导学生献身国防。一路走来、一以贯之，学校始终坚持将国防特色贯穿学生培养全过程，致力于培养工程精英、社会中坚。

在培养体系上，十年间，学校下足了功夫。一是做精军工专业专项计划。学校率先在全国提前批次招生，招收兵器类、特种能源技术与工程、武器发射工程为主的军工专业学生，选拔一批有志于服务国防的优秀生源，夯实国防人才培养基础。二是做优人才培养与科技创新合作共同体。其中以突破含能材料关键瓶颈问题，培养行业紧缺高层次人才为主要内容的"含能材料及毁伤关键技术创新"被列入教育部等七部委"长江教育创新带"人才培养与科技创新合作体工作方案，学校为该项目牵头单位。三是做强卓越工程师培养计划。中央提出进一步强化对重点急需专业领域开展高层次人才培养专项，加大卓越工程师培养力度。学校因拥有火炸药、兵器科学与技术等重点急需专业而成功入选试点单位。

托马斯·彼得斯说："距离已经消失，要么创新，要么死亡。"雨果说："我宁愿靠自己的力量，打开我的前途，而不愿求有力者垂青。"第一句话，说的是创新；第二句话，讲的则是创业。创新是第一动力，创业是人生最大的价值。可以说，没有创新，无论个人还是国家都寸步难行。某种意义上讲，人生其实就是一场创业。一个人如此，对于以培养创新和创业人才为己任的高等院校而言，自身的创新创业更是极其重要。近十年来，"大众创业，万众创新"的热潮席卷神州大地，南理工自然也不例外，形成了创新创业教育鲜明特色，可谓亮点频出，可圈可点。2019年，学校双创示范基地入选高校类国家级示范基地前十强，全国共18所高校获批高校类国家级示范基地，江苏省、工信部均只有2所。同时，学校也是全国仅有的6所获得双创示范基地、全国创新创业经典经验高校、全国高校实践育人创新创业基地、深化创新创业教育改革示范高校和中美青年创客交流中心这5项创新创业类国家级荣誉的高校之一，其余5所获得此类奖项的高校是北京大学、清华大学、复旦大学、上海交通大学和南京大学。

2015年，在"挑战杯"大赛中，学校与清华大学、上海交通大学并列全国第一，是第7所捧得"挑战杯"的高校。在第十一届全国大学生创新创业年会中，学校获奖数量居全国高校第2位。在"互联网＋"比赛中，学校共获9项金奖，并于2021年获"互联网＋""先进集体奖"和"国际项目优秀组织奖"。

就业是高校办学生命线，是落实以学生为中心的发展观的重要举措。近年来，南理工毕业生的就业呈现出"三高"特点。一是整体就业率高。学校2021年年终就业率为94.34%，在江苏高校排名第二，第一名为东南大学。二是本科生深造率高。学校本科生选择升入高等学府继续深造的比率为52.77%，在江苏高校排名第三，前两名分别是南京大学和东南大学，学校的本科生深造率已连续7年超过50%。三是对口高质量就业率高。以2021年为例，毕业生国防系统就业率达31.28%，进入世界500强企业比例达31.67%，学校毕业生广泛就业于新一代信息技术和软件、高端装备制造等战略性新兴产业。

"窥一斑而知全豹。"南理工的人才培养质量放眼全国也是非常令人艳羡的。在全国高校本科教育质量的横向对比中，学校在"双一流"建设高校本科教育质量百优榜排名第21位，评级为A+；在"双一流"高校就业质量排行榜中，学校排名第30位；在本省大学本科毕业生质量排行榜中学校排名第3位，并连续两年获评增值型高校。

三

创新为科技插上翅膀，科技为创新添加动力。在科技创新方面，学校聚焦"四个面向"，支撑高水平军工科技自立自强。早在1953年，学校的前身就是新中国第一所最高军工科技学府，一骑绝尘，超前发展，逐渐形成了现在"军工七子"之一的发展格局。1978年乘着改革开放的春风，学校成为全国重点大学建设高校，1998年，学校被列入"211工程"建设高校，2017年学校入选"双一流"建设高校。在学校发展历程中，科学研究从最初枪、炮、弹、箭常规兵器领域，到之后的察打一体化、立体攻防领域，逐渐向陆、海、空、天、信融合领域拓展。

"在科学的道路上没有平坦的大道，只有不畏劳苦沿着陡峭山路攀登的人，才有希望达到光辉的顶点。"在科技创新的征程上，南理工人深知其中艰难、尝尽个中滋味，聚焦科技创新，聚力"卡脖子"难题，发起一次次冲锋，在重大科研创新奖项获得方面取得了辉煌成就。从2012至2022年十年间，学校共获得20项国家奖，是全国唯一实现五大奖种全覆盖的高校。学校获得国际科学技术合作奖1项，国家技术发明奖一等奖1项、二等奖7项，国家自然科学奖二等奖2项，国家科学技术进步奖一等奖3项、二等奖5项。2018年，王泽山院士荣获国家最高科技奖。此外，学校是全国唯一连续两次入选国防科技十大进展的高校。

科技创新，永无止境，矢志不渝，共享荣光。在国庆七十周年大阅兵受阅武器装备方队中，镶嵌着刻有"南京理工大学研制"铭牌的装备经过天安门广场。在本次阅兵中，有24个武器装备系统的总师或副总师由南理工校友担任。同时，学校两次荣获六部委联合颁发的"高技术武器装备发展建设工程突出贡献奖"。

韩愈在《进学解》中告诫世人"业精于勤，荒于嬉"。爱迪生也曾说，成功是1%的灵感加99%的汗水。十年间，南理工人正是凭着这股子"勇于献身、永不言败"的拼命劲儿，在很多领域实现一批"0到1"的突破。难能可贵的是，在基础研究方面，学校首次以第一作者单位在 Science、Nature 等国际顶尖期刊发表研究成果；在科研平台建设方面，学校打造智能HS与防护技术JS科研重点实验室、复杂装备系统动力学前沿科学中心和先进微纳米材料及装备省部共建协同创新中心，并筹建江苏省唯一推荐打造的智能制造系统全国重点实验室。此外，2022年，学校"复杂环境下地面自主运动平台导航与控制"研究团队，获评基金委创新群体。

四

"所谓大学者，非谓有大楼之谓也，有大师之谓也。"习近平总书记指出，教师承担着最庄严、最神圣的使命。教师要时刻铭记教书育人的使命，甘当人梯，甘当铺路石，以人格魅力引导学生心灵，以学术造诣开启学生的智慧之门。可见，学校要发展，教师是关键。南理工深谙其理，围绕教师队伍建设动真碰硬，放大招，强激励。比如，学校对教师评价制度进行了改革，力破"五唯"，为各类人才建立快速发展通道，系统构建"四型七类"职称体系，新增重大（工程）项目、科技成果转化、教学为主、素质教育、思政教师、实验教师等晋升通道，有效激发教师队伍干事创业、奉献创新的活力，被国内主流媒体广泛宣传。

此外，学校培养新增4位院士，分别是2017年当选中国科学院院士的芮筱亭研究员、2021年当选中国科学院院士的陈光教授、2021年当选中国工程院院士的付梦印教授和2021年当选中国工程院院士的王明洋教授。同时，加大顶尖人才的引进力度，刘怡昕院士和杨秀敏院士也分别在2019年和2021年全职加盟学校，学校师资队伍尤其是大家、名家和高层次人才不断壮大。

团结就是力量，团队才能胜利。按照"大师＋团队"的建设思路，在教师团队建设上，学校新增国家级人才152人次，新增省部级及以上创新团队36个。其中创新争先奖5人次、长江特聘4人次、杰青10人次、万人领军16人次、卓青11人次、青年长江11人次、优青21人次、万人青拔21人次、国家级团队7人次。光电成像与信息处理教师团队、控制科学与工程教师团队获"全国高校黄大年式教师团队"称号。

五

在国际交流方面，学校创建南理工-门捷列夫大学国际创新实验班，首届23名学生整建制公派赴俄留学，培养"专业精、语言好"精英人才；同时学校成立中法工程师学院，培养具有国际视野、通晓国际规则的高层次、全科型工程技术人才。此外，学校开设工业设计"3+1"项目，与英国考文垂大学合作设立"工业设计"本科教育项目，且初具成效。近10年来，学校与27个国家与地区的114所高校与机构建立合作关系，共签署163份合作协议。

在海外师资建设方面，学校加大海外人才引进力度。学校聘任外国院士4人：格莱特院士、富克斯院士、哈恩院士、罗加乔夫院士，其中富克斯院士和罗加乔夫院士荣获"中国政府友谊奖"；学校会同国家外专局加强外专引智工作，曾邀请2012年诺贝尔化学奖得主Aaron Ciechanover博士、2013年诺贝尔生理学/医学奖得主Richard J. Roberts教授和2019年诺贝尔化学奖得主Michael Levitt教授等外国专家2100余人次来校开展学术交流与合作研究。此外，学校累计举办12届海外青年学者论坛，新引进教师具有一年以上海外经历的达51%，入选国家级高层次人才28人次。

近十年来，在世界风云变幻莫测、西方国家封锁围堵中国的大背景下，学校的国际学术话语权逐年提升。学校见招拆招，机智应对，发起成立了"国际机械系统动力学学会"，该学会为2022年我国成立的首个国际学会；在国际期刊建设方面，学校打造《材料研究快报》（英文）和《国际机械系统动力学学报》（英文），其中《材料研究快报》（英文）是SCI工程技术1区材料领域Top期刊，《国际机械系统动力学学报》（英文）是中国科技期刊卓越行动计划高起点新刊。此外，学校先后成立沙特研究中心、白俄罗斯研究中心、中东欧研究中心等三家国别研究中心以及欧亚研究院，其中沙特研究中心入选教育部国别研究中心。

六

为了主动聚焦国家重大战略，以创新人才培育和服务区域经济社会发展为目标，发挥产学研协同创新体系的枢纽作用，在校区建设上，学校高标准打造了"一校三区"的新格局。

顾名思义，南京理工大学"一校三区"的新格局包括南京校区（校本部）、南京校区汤山分部、盱眙校区（科研实验基地）和江阴校区。学校南京校区占地面积3200亩，十年间，南京校区本部新增建筑面积22.9万 m^2，打造了一流的教学科研条件和基础设施条件。完成了三致广场、银杏广场、谊园（东山片区整治）、校训广场（七号门区域整治）、校园绿地（原二、三食堂）的建设和整治工作，彻底完成校园内环境整治，打造出了优美宜人的一流校园环境。南京校区汤山分部占地面积873亩，近十年扩容214亩。"十四五"期间，学校新增投资建设项目主要集中在汤山分部，新增建筑面积约16万 m^2。江阴校区从无到有，占地面积1115亩，新增建筑面积32万 m^2。盱眙校区占地面积3100亩，包括产学研合作基地600亩，目前已开工建设；科研实验基地2000亩，目前在规划建设阶段；

水下科学实验中心500亩，目前已投入使用。可见，各校区有不同的功能定位，校本部发挥策源地作用，汤山分部更侧重国防领域一流学科建设，江阴校区具有服务制造和网络强国战略的功能，盱眙校区则支撑国防科研试验基地建设。

擘画发展新蓝图，打造校区新格局，开启强校新征程。学校正集聚一流队伍，打造一流平台，产出一流成果，争取一流资源，谋划一流发展，加强校地协同，高质量、高层次地推进"一校三区"发展。

"承圣贤之德，解天下之事。"纵观世界一流大学，"授业"和"传道"没有忽视其一者，且越是优秀的大学，越是具备历久弥新的文化，法国的巴黎大学、德国的洪堡大学、英国的牛津和剑桥、美国的威斯康星大学都是这样，我国的北京大学、西南联大也是如此。大学文化是大学赖以生存与发展的灵魂，文化传承与创新已成为大学核心竞争力的重要标志。一流的大学文化对"双一流"建设至关重要。南理工这十年来，通过上下齐心协力，学校形成了以使命文化、军工文化、奉献文化、暖心文化为特色的一流大学文化。"四种文化"浸润和引领学校改革和建设，呈现出良好的发展态势。比如，强大国防、繁荣祖国、创业不息的使命文化在"两弹一星元勋"任新民院士身上有着突出的体现；学校连续七年围绕军工文化为本科生讲授入学第一课，体现了南理工执着坚毅、追求卓越、勇于担当的军工文化；王泽山院士对科研事业的付出与追求体现了献身教育、科学至上、孜孜耕耘的奉献文化；相互理解、相互认可、相互支持的暖心文化也在"暖心饭卡"等工作举措中体现,并被《人民日报》头版报道。

踔厉奋发十年路,砥砺前行续华章。回望南理工这十年,学校始终擦亮献身国防的办学底色,提纯瞄准国家战略需求和世界科技前沿,锐意进取、守正创新的成色,在推进国防现代化和"两个强国"战略建设中继续贡献硬核力量、续写新的辉煌。

凡是过往,皆为序章。新时代召唤新使命,新征程催生新梦想。学校正着力构建校友与母校的命运共同体,营造协同发展的成长生态,形成合力,实现共赢发展。一代人有一代人的使命,一代人有一代人的担当。我们期待在建设社会主义现代化强国的伟大征程中展示更多"南理工担当"、贡献更多"南理工力量",以"咬定青山不放松"的使命感,"不弃功于寸阴"的紧迫感,"功成不必在我,功成必定有我"的荣誉感,向建成特色鲜明世界一流大学的"南理工梦"阔步前行。

璀璨明珠

如果您是南理工人，您一定知道学校有一座兵器博物馆；

如果您到南理工做客，东道主一定会邀请您参观学校的兵器博物馆；

如果您不曾到过南理工，一定也会从媒体上看到或听到过南理工有座兵器博物馆。

"北有军博，南有兵博！"

现如今，兵器博物馆已经成为南理工的一张耀眼名片，一颗璀璨明珠。

南理工兵器博物馆坐落在孝陵卫主校区南大门喷泉广场的东侧，位于兵器教学楼内。兵器教学楼开建于2003年南理工五十周年校庆之时，并于2005年投入使用，是一栋外形设计别具特色的四层建筑物。北侧采用横平竖直的现代楼房样式，南侧设计有半弧形长廊，顶部是类似于卢浮宫样式的圆形采光玻璃顶，具有很高的辨识度。内部建筑面积达一万一千余平方米，是机械工程学院兵器相关专业的教学科研场所，一楼和二楼就是著名的兵器博物馆，其中一楼是火炮展厅，二楼是枪械展厅和引信、弹药展厅；一楼、四楼的北侧还设置了火炮、引信、火箭弹等7个专业教室。

南理工兵器博物馆以"典藏、传承、励学、致用"为馆训，集收藏、传承、教学、科研、陈列、展示、宣传、教育等多种功能于一体，以珍贵展品、丰富内涵和独特视角帮助参观者了解兵器发展史，增加军事知识，增强国防意识，促进我国兵器研究和国防人才培养，是学校几十年军工文化和专业文化建设的重要成果。

罗马不是一天建成的。被称为"高校最牛兵器博物馆"的南理工兵博，拥有自第一次世界大战以来世界多个国家不同历史时期的各类现代兵器装备，包括火炮类、轻武器类、弹药类、引信类和光学器材类等几千件珍贵的藏品。一路走来，既有筚路蓝缕的艰辛历程，也有硕果累累的辉煌成就，下面就跟随我一起回溯一下历史吧。

兵器一词最早见于《周礼·地官·小司徒》："及大比六乡四郊之吏，平教治，正政事，考夫屋，及其众寡、六畜、兵器，以待政令。"兵器泛指军事斗争中具有杀伤力、破坏力的器械装置。古代有刀、枪、箭、戟等冷兵器，之后随着科学技术的发展，逐渐推陈出新，发展出枪支、火炮等热兵器，到了现代，还出现了原子弹、氢弹、军舰、航母等现代化武器装备。

所谓兵博，顾名思义，它的展品当然以退役兵器为主。即使是退役兵器，仍然具有重要的历史价值，同时因其仍有重大毁伤力，受到严格管控，故收集起来非常困难。

国人最喜欢凡事寻根溯源，沿着这样的逻辑理路进行追溯，南理工的前身之一是始建于1953年的"哈军工"炮兵工程系，1960年演变为中国人民解放军炮兵工程学院，秉持了军队院校所独有的军工文化精神。军工文化不仅包括精神层面的，也包括物质和制度层面的。精神层面是最核心、最根本的，决定着物质层面和制度层面，而物质又是精神的载体，是军工精神的外在表现。所以，不管是军工精神也好，还是军工文化也好，都需要依附于物质实体而存在。作为一所炮兵工程学院，老师教的与学生学的都是火炮知识，研究的是火炮理论和火炮实体，如果学生不能接触兵器，不能对兵器进行解构，教师就只能局限于纸上谈兵式的教学与科研了，因此建设兵器博物馆就成为当务之急。

办学伊始，学校领导和老师就着手搜集全国各处的退役火炮作教具，几年时间逐渐形成了一定规模。但学校随后从哈尔滨搬到了武汉，又从武汉搬到了南京，小而轻的部件，包括迫击炮、无后坐力炮等，可以肩扛马驮，能轻易运走，别说是转移三个地方，就是转移五六个地方也不在话下。可这些大炮，那是实实在在的铁疙瘩啊，每一门动辄就是几吨、十几吨甚至几十吨重，整个过程颠沛流离，异常艰辛，能够保存下来着实不易。

事实上，不仅搬迁困难，大炮如何摆放也是一个大问题。

1962年9月，学校刚从武汉搬过来的时候条件很差，在四号门和五号门之间，靠南围墙盖有两排平房，是机械工程系老师办公以及学生上课的地方。火炮就被露天摆在了教室的外面，一排排昂首挺立，看起来很是威武，但很快也成了小孩子们的玩具，他们在这些大炮上爬上爬下，坐在炮手的位置上，上下摇晃，左右移动，嘴巴里还不停地模仿着开炮时"Duang、Duang"的声音。

"十年动乱"期间，大院内的孩子们整日在校园里游荡，放置于室外的大炮也便成了他们的玩具和"摇钱树"，他们经常拆卸掉火炮上的零部件，然后拿到孝陵卫的街上，到小卖部的门口去换糖豆冰棍。所以，很多火炮上面的雷达、瞄准仪等配套零部件的缺失，大多应该是他们的"功劳"。

再后来包括下乡扶贫工作队，不少人曾打过这批火炮的主意。据《孝陵卫营房夜话》作者王虹铈讲，二十世纪九十年代初，学校的扶贫人员将扶贫社队的人带到学校，将仓库里唯一一门苏式85 mm自行火炮进行了切割，卖废铁扶贫了。就这样，学校损失了一件珍贵的藏品，实在是令人扼腕叹息！毫不夸张地说，现在再想弄来这种火炮，简直比登天还难。好在六十周年校庆时，北方工业公司给学校捐赠了两门PLZ45和PLZ52自行火炮，P是炮的意思，L指榴弹炮，Z是具备自行走功能的意思，45和52指的是身管口径比，它们的口径都达到了世界先进的155毫米大口径，这两门大炮占据着火炮展厅的重要位置，为学校的教学科研和展览提供了重要支撑。若非如此，我们很难再近距离观看这种自行火炮了。

进入二十世纪八十年代后,很多火炮已经被损毁非常严重了。有一次听一位老教授讲,当时八一电影制片厂正在拍摄电影《风雨下钟山》,剧组听说学校有很多火炮,就安排人来借炮,但到实地一看,这个缺东,那个少西,没有一门炮是真正完好无缺的。他们摇摇头,无奈地失望而去。

也许是受到这个事件的刺激,老师们意识到不能再让这些火炮继续在室外风吹日晒雨淋了,必须加以保护,早一天保护就可以少一点损毁。他们利用有限的空间,能够移入室内的就千方百计移进去,实在不能移的只好找东西盖一下。但是,表面的简单覆盖又怎能挡住那些活泼好动,"敢上九天揽月,敢下五洋捉鳖"的"熊孩子"们呢!

我是1984年9月来到南理工学习的,把一切入校手续办理妥当之后,一位计算系和一位机械工程系的学长老乡热情地带着我在校园里四处逛一逛,熟悉一下情况。走着晃着,就逛到了学校的最南端。

"大炮!"当这些以前只在电影里看到过的大家伙出现在眼前的时候,我兴奋地惊呼了起来。彼时,我还是懵懂的愣头小伙,对南理工的过往一无所知,很是惊奇为啥学校里会有这么多大炮。学长就趁机给我普及了一下南理工的发展史,使我了解了一点"哈军工"以及陈赓、孔从洲等学校领导的情况。

虽然对这里居然摆放着大炮感到惊奇,但我并没有对大炮放在室外感到意外,电影里炮声怒吼的场景让我在脑海里认定,大炮就应该是放在室外的。对于"孤陋寡闻"的我来说,在家住的房子本来就不大,学校的宿舍更不用说,连学生都是八个人挤在一间屋子里，如果这么多、这么大的火炮统统放在屋子里，那该占用多少房子啊！

事隔多年，现在回想起来，当时激动的心情还是难以言表。当时的我围着那门堪称巨物的大炮（后来知道是 100 mm 高射炮）转了足足三圈，然后，我小心翼翼地靠向前，手心里紧张得冒汗，抓着摇轮开始向右摇动，炮管居然一下子往上抬升起来，再往回摇，炮管又降了下来。而那位学机械工程的学长则爬上大炮，坐在炮兵坐的小铁椅子上，也抓着摇轮摇动。奇怪，他的摇轮一动，炮管就开始左右移动。我不明就里，就问他这是咋回事儿。

学长一脸骄傲地说："恁问俺算是问对人了，俺就是火炮专业的。"

他开始滔滔不绝起来，这种高射炮最高射程达到一万二至一万四千米，是专门对付高空飞机的。过去打仗，高炮不是单独作战，而是团队作战。一个高炮连有八九门高炮，统一使用一部雷达和指挥仪。当飞机来袭的时候，高炮首先布置好阵地，雷达探知飞机飞来的方向、高度、角度等诸元，把这些数据传达给指挥仪，指挥仪再把数据传递给高炮炮手，由炮手上下左右调节好高炮，在合适的时机，随着一声令下，高炮接二连三进行发射，形成弹幕，这样击中飞机的概率就高很多……他眉飞色舞、口沫飞溅地说了半天，冷不丁抬头问道："俺这样讲，中不中？"

"中！中！"听得入迷的我忙不迭地竖起大拇指，说真是听君一席话，胜读十年书啊。过去，我一直以为高炮是单独作战的，常常感叹，那些炮兵真是神炮手，一炮出去就有一架飞机拖着大黑尾巴向下栽去，太神奇了。听了他的讲解才明白，原来打中一架飞机并非易事，与此同时有很多炮弹被白白浪费掉了。

抬眼望去，100 mm 高炮的旁边还有几个管子比较细的炮，我赶忙问学长那是什么炮，他说也是高炮，只不过是小口径高炮。他继续介绍说枪炮的最大区别就在于口径，一般口径20 mm以下的就叫枪，20 mm之上的就叫炮。枪和炮又分为不同的口径。比如高炮，又分 25 mm、37 mm、57 mm、85 mm 等。一般大口径对付高空侵袭，小口径则对付低空飞行物。

那是我第一次近距离接触火炮，不仅亲自动手操作了火炮，而且了解了不少火炮的知识。从那之后，我就像着了迷一样，经常到那里去转悠，有时候还把我们班的同学带过去，给他们讲一点火炮知识，当然是鹦鹉学舌，现学现卖了。每每看到男女同学脸上露出崇拜的目光，更激发了我对兵器的爱好，以致后来我主动加入了学校武装部牵头组织的"兵器爱好者协会"。

不知什么时候，又一次去转悠时，我在一栋平房的门口发现了一块简陋的牌子，上面写着"兵器博物馆"。我很好奇，这是什么机构？是什么时候成立的？正当我迷惑不解的时候，碰到了一位老师，大约有四十多岁的样子，他自我介绍姓王，叫王宗支，是自动武器教研室的老师。王老师看我有兴趣，就给我作了详细讲解。

他无比自豪地说学校有各种火炮一两百门，还有各种枪支上千支，更有各种炮弹、引信几千个等，完全可以布置成一个兵器博物馆。只是苦于学校没有房子，放不下这些东西，只能委屈它们在仓库里睡大觉了。王老师说这些东西都是很珍贵的，再过几十年上百年，它们就是价值连城的文物了，所以，建成一个兵器博物馆，把这些东西保存好并展示给大家看，是我们老师共同的梦想。他停在那个小木牌前动情地说，别看现在它只是一个简陋的小木牌，相信总有一天，它会变成一块大铜牌，让全校师生为之瞩目和自豪。

王老师人很豪爽，也很自信，不由得让人相信，这个目标绝不是痴人说梦。我觉得，他既然能和我说这些，肯定也会向校领导反映的。果不其然，后来我留校工作，就听到了学校要规划建设兵器博物馆的消息。

1993年，时值学校成立四十周年，并更名为南京理工大学，学校提前两年就着手启动各项庆祝工作，其中一项重要内容就是开始筹划建设兵器博物馆。曾任国务院副总理、国防部部长的张爱萍将军题写了"兵器博物馆"馆名；曾任军委副主席、被称为"现代海军之父"和"中国航母之父"的刘华清将军题写"弘扬民族科学，文化振兴中华"；曾任军委炮兵司令员的陈锡联将军题写"建设兵器博物馆，为国防现代化服务"；曾任军委炮兵司令员的宋承志将军题写"继承光荣传统，发展军事科学"，还有其他有关领导如王平、李懋之、刘居英、来金烈等都对建设兵器博物馆非常关心和支持，纷纷题字留念。

寒来暑往，一晃又是十个春秋。在2003年五十周年校庆之际，学校开始启动建设一个高水平的兵器博物馆，把原来南围墙边的老平房拆除，在五号门附近建设了一座新的兵器教学楼。兵器博物馆位于兵器教学楼的一楼和二楼，三楼是校史馆，四楼是教室。这样一种布置形式，一方面说明学校认识到兵器博物馆的基础性作用，把她设计到了校史馆下方，象征着学校持续发展的牢固基石；另一方面证明学校重视人才培养工作。2005年落成投入使用的焕然一新的兵器博物馆总建筑面积达到11000平方米，这样就把兵器博物馆作为火炮、枪械、引信等兵器专业的教学实践平台，使理论知识学习与教学实践密切结合起来。记得有一次我带一群大学老师在参观时见到这样的一个场景：教师在教室上完课之后，为了强化学生对某个知识点的理解，就把学生直接带到兵器博物馆内，现场讲解，甚至让学生亲自动手操作，去感受一下那些设计精巧、充满力量与沧桑的"老古董"，引得当时参观的老师们纷纷感叹：这才是真正的教学实践平台。

说起那些老古董，也就是博物馆的展品，很多人都很好奇。接下来，就让我们见识一下那些老古董级的宝贝疙瘩吧。

展品是一个博物馆的灵魂。要想建成一个兵器博物馆可不是一件容易的事，它与社会上其他历史类的博物馆有很大区别，因为社会历史博物馆中的展品可以通过遗存、考古、交换、仿制等方式获得，而兵器博物馆中的展品受到国家严格管控，甚至仿制都不被允许，想得到真实的兵器展品，是一件非常困难的事。

可能有人会说，社会上不是也有不少博物馆里有刀、枪、箭、戟等兵器展出吗，这有啥稀奇的？其实不然，这些兵器大都属于冷兵器，其中的枪也大多限于红缨枪之类。在二十一世纪的今天，这些冷兵器可以相对比较容易得到，但谁能轻易弄到一些旧的枪支、坦克、大炮之类的热兵器？我想大多数人是不敢有这个奢望的。

更为难能可贵的是，南理工兵器博物馆的兵器展品都是个顶个的热兵器，是实打实的真家伙。

可能有人好奇，那么南理工兵博的兵器展品又是怎么得到的呢？这就要从南理工的前身"哈军工"慢慢说起。

1952年的一天，党中央一封电报召回了正在朝鲜战场指挥作战的中国人民志愿军副司令员陈赓。他怀着忐忑的心情回到了北京。直到见了周恩来总理才知道让他回来是要办军校。原来，经过解放战争的辽沈、平津、淮海三大战役，以及正在进行的抗美援朝战争，毛主席意识到，没有先进的武器不行，没有高级军事人才更不行，从而萌生了办军事科技院校的想法。

说干就干。在国家领导人支持下，中国人民解放军军事工程学院在哈尔滨成立，"哈军工"应运而生。陈赓有尚方宝剑在手，在全国范围内广为搜罗需要的人、财、物。炮兵工程系是二系，赵唯刚任系主任。没有老师，他们就先拟定名单，交给陈赓院长，由陈院长找周恩来或邓小平，经他们批示之后，拿着这个批示到全国各地去要人，从全国高等院校、科研单位及军队选调出张述祖、任新民、沈正功、鲍廷钰等一大批大名鼎鼎的教授、专家。

陈赓院长非常重视教学工作，他对赵唯刚说，一定要"以教学为中心"。没有火炮、坦克等教具，年轻的学子们很多没有摸过枪炮，那怎么学习，怎么做研究，将来怎么上战场？李懋之是陈赓的三大得力助手之一，所以赵唯刚就盯上了李懋之，他那时除了被任命为副教育长外，还兼任队列部、物质保障部和技术器材部三个部的部长，他成了哈军工的"大管家"。赵唯刚通过关系得知某部队有退役火炮，就赶紧向李懋之打报告，李懋之能搞定的就爽快答应，如果不能搞定，就上报陈赓，由陈赓出面找部队要，基本上一要一个准。当然，这些都是基本上无法用于作战的武器，能用的都到朝鲜战场上去了。

现在攒下的这点家底，尤其是保存下来的很多老旧火炮就是他们通过各种渠道搜罗来的。如果没有他们的努力，我们今天就不可能看到这么多的火炮遗存，也许，在那个全民大炼钢铁的年代，它们早就被小钢炉吞噬了。

兵器发展演进的历程映照着战争的历史面貌。比如被大家称为"镇馆之宝"的晋造 150 mm 榴弹炮。这门火炮是山西太原兵工厂制造的。1930 年，汪精卫联合冯玉祥、阎锡山、李宗仁、张发奎等军阀，发起了对蒋介石南京政府的新军阀混战，史称"中原大战"。这场战争以蒋介石的胜利而告终。阎锡山兵败后，蛰居于大连，期间不停地反思，认识到兵败的原因在于装备太差。不久他复出后，提出"自强救国""造产救国"的口号，创办了西北实业公司，全力以赴搞经济建设，资产一度达到两亿银圆。阎锡山钱袋子鼓了之后，开始自己制造武器以装备部队，太原兵工厂也因此成为国内最具实力的兵工厂之一。

真是有钱能使鬼推磨。他花了一万大洋从德国克虏伯工厂购买了六七张火炮设计图纸，又花了五十万大洋买了全套的火炮生产设备以及优质钢材，聘请了专业的技术人员，于1935年开始在山西太原兵工厂试制火炮。经过一系列艰苦的过程，期间仅制成了两门150 mm口径的榴弹炮，该炮带有鲜明的德奥火炮的特征，但又与德国火炮有一定区别，是当时国内非常罕见的自制榴弹炮。之所以没有定型，是因为火炮造好后，需要进行很长一段时间试射，直到各项指标都达到要求才能定型。日军侵略中国进攻太行山，破坏了阎锡山的造炮计划。他下令把兵工厂的设备拆除后向大山里转移。无奈这些设备太重了，难以运送，而日本军队已经兵临城下。最终，只有百分之二十的轻型设备被运走，而可惜又可恨的是百分之八十的设备被日本人抢走，被运到中国东北、日本大阪等地的兵工厂，去造他们的炮了。日寇的掠夺使我们的兵器工业损失惨重，假如这种150 mm口径的大炮能够批量生产装备部队，将大大提高军队的作战能力，抗日战争也许会是另外一种样子。铭文显示，南理工兵博所藏的晋造150 mm火炮为"第一号"，"第二号"火炮至今没有找到，估计在战争年代已经被损毁。该炮作为中国近代兵器工业发展史的见证，具有十分重要的历史意义和研究价值。

在兵博的百年老炮展区，有一门105 mm榴弹炮，已经有百年历史了，是由法国施耐德公司制造的。至于怎么进入中国的，已经无从考证，也许是购入的，也许是八国联军侵略中国时带入遗留下来的。有意思的是，我国改革开放的总设计师邓小平同志与这个公司有着渊源。他1920年赴法国学习，因缴不起学费而失学，过起了勤工俭学的日子，到各个工厂里去打工。1997年5月，时任法国总理希拉克访华时向江泽民主席赠送了一件国礼，那就是"邓小平1921年留法勤工俭学时期的工卡"（复制件）。据说，邓小平当时的工作任务就是负责做炮管，施耐德火炮成为老一辈无产阶级革命家艰苦奋斗的见证者。所以，这张证明也成为中法友谊的象征，至今仍保存在四川广安的邓小平故居。

如果你参观过兵器博物馆，一定对迫击炮展区印象深刻。迫击炮是一种炮身短、射角大，弹道弧线高，以座钣承受后坐力，大多采用炮口装填、发射带尾翼弹的曲射滑膛火炮。早期的迫击炮是从臼炮演变来的，发射球形弹丸，用于对隐蔽目标曲射。1904—1905年日俄战争中，俄军使用了舰炮改制的迫击炮，是现代意义的第一种迫击炮。

南理工兵器博物馆有大约二十门各种不同型号的迫击炮，每门炮上都有各自的故事呢。看那门二十世纪二十年代的82 mm迫击炮，由金陵兵工厂制造，在反"围剿"战斗中被我军缴获。虽然外形不怎么起眼，但就是这种型号的炮，在红军强渡大渡河战斗中发挥了重要作用。南理工王虹铈老师在《火炮历史的见证》中有这样的描述：1935年5月，中央红军抵大渡河，一军团仅剩下1个迫击炮连，且仅有4门"金陵兵工厂的82毫米迫击炮"和31发炮弹，十八勇士强渡大渡河，掩护过河消耗28发炮弹。携炮迅速过河的赵章成，手扶裸炮再次发炮，用仅剩的3发炮弹打退反扑援军，抢占并巩固强渡河岸阵地。

有一次，我到四川成都出差，工作之余，特意去参观了成都建川博物馆，其中就有对 82 mm 迫击炮与炮手李二喜的介绍。那是在 1939 年 11 月 7 日下午，时任团长的陈正湘在黄土岭附近执行伏击任务，他举着望远镜观察敌情，猛然看到黄土岭一个山包上站着几个挎日本军刀的指挥人员，他们也正在向我方阵地观望。在山包下面依稀可以看到一个小院，院子里有军官模样的日军走进走出，一副紧张而繁忙的样子。凭着军人的职业敏感，陈正湘判断，山包上应该是敌人的瞭望所，而这个小院很有可能是敌军指挥所。他当机立断，火速调派迫击炮连到前沿阵地。扛着 82 mm 迫击炮过来的是一个看上去年龄很小的年轻人，叫李二喜，当时刚刚十八岁。李二喜在平型关大捷中参加了驿马岭阻击战。在几次战斗中，部队缴获了不少的日本山炮、迫击炮等。由于当时他所在的部队正在组建炮兵连，李二喜随即被调往炮兵连。他训练时非常刻苦，没事就扛着炮练习瞄准。在这节骨眼上，可是到了真正考验他的时候。陈正湘团长一声令下，接连几声炮响，远处山包及下面的小院子腾起阵阵烟雾。陈正湘看到，山包附近的日军慌慌张张、跑进跑出，抬着伤员和尸体急急忙忙往山下赶。看样子，肯定炸死了一些日军，但炸死的人是谁当时并不知晓，直到后来通过报纸才知道，炸死的竟然是在日军中被称为"名将之花"的阿部规秀中将！惊闻他被炸死，日本《朝日新闻》报道："自从皇军成立以来，中将级将官的牺牲，是没有这样例子的，名将之花凋谢在太行山上！"

这些红色记忆，让我们心底升腾起对抗击敌人的革命先烈们的崇敬和缅怀之情。

在这些迫击炮的族群中，还有一门三三一式 120 mm 口径的迫击炮，根据炮上的铭文可以断定，炮是由 21 兵工厂生产，也就是原金陵兵工厂。由于日军攻打南京，金陵兵工厂西迁重庆后更名为 21 兵工厂，开设重迫击炮厂。新中国成立后回迁南京，改名为晨光机械厂。南理工兵器博物馆建成后，有晨光机械厂的客人来馆参观，才发现居然有他们厂制造的迫击炮，而他们厂的产品当时全部售出，没有留存。后来他们搞厂庆，来人协商想把这门炮买回或者换回，怎奈南理工兵器博物馆也只有唯一一门此型号的迫击炮，又怎能忍痛割爱呢！

还有一种杀伤力十分强大的火炮，却有一个十分柔情的名字。

苏联著名的"喀秋莎"火箭炮是第二次世界大战中苏联研制装备的一型轮式车载火箭炮。据说苏联人最早使用这种炮是在 1941 年，当时德军正在进攻苏联，某天上午德军正在装卸军用物资，突然，伴随着一连串"咻、咻"的响声，一阵炮弹雨接二连三地落下，随即传来了轰隆隆的爆炸声，瞬间把德军炸得晕头转向。他们心想：乖乖，真是见鬼了，这是啥子炮啊，怎么会有这么快的发射速度？大为恐惧的德军就叫这种炮为"鬼炮"。后来，更多的德军见识过这种炮之后，因其接连不断地发出的"咻、咻"声又叫它"斯大林的管风琴"。相反地，苏联红军却非常喜欢这种炮，他们亲昵地称这种炮为"喀秋莎"，喀秋莎在俄语里释义原为一个传说中的美丽女人，有清纯美丽的意思。另外二战时期有一首苏联爱情歌曲《喀秋莎》，描绘的是苏联春回大地时的美丽景色和一个名叫喀秋莎的姑娘对离开故乡去保卫边疆的情人的思念。红军战士闲暇时唱着《喀秋莎》，战场上陪着"喀秋莎"，足见红军战士对火炮的一片深情。爱到极致，直至与火炮同存亡。就在那年秋天十月，在乌格拉河附近，一个炮兵连被德军猛烈的炮火压制在泥泞的沼泽地中，眼见脱身无望，在打完全部炮弹后，为了不让火炮落入德军之手，连长弗廖罗夫·伊万·安德烈耶维奇下令炸毁炮车，连长与八台火箭炮还有全连四分之三的士兵壮烈殉国。

据统计，在整个二战期间，苏军总共装备了6800门"喀秋莎"火箭炮。这种炮就是把火箭炮发射架与汽车架组装在一起而成的一种车载火箭炮。火箭炮发射架有导轨式、筒式、笼式三种，现在大多采取筒式。而"喀秋莎"采用的是导轨式发射架，八根工字型导轨，每根导轨可挂载两枚火箭弹，共可以挂十六发炮弹。这种炮不像普通枪械以单一目标为准，而特别适合打击暴露的敌密集有生力量集结地、野战工事及集群坦克。它的发射速度极快，能够在七至十秒之内把十六发炮弹全部发射出去。当然，它也可以单次发射，或部分连射。

值得自豪的是，"喀秋莎"火箭炮也是兵器博物馆的珍藏之一。这门炮是从朝鲜战场上退役下来的。回顾战史，大名鼎鼎的、曾秘密来到朝鲜战场的"喀秋莎"火箭炮，在战争中发挥了巨大的作用。尤其是上甘岭战役期间，为了死守住"三八线"以北地区，面对美军的重火力武器，志愿军的损失巨大。而正是"喀秋莎"火箭炮帮了志愿军大忙。根据战后的数据统计，12800余名美军官兵死在了"喀秋莎"的炮火之下。

俗话说，枪炮不分家。枪炮就是武器的代名词。刚才说了炮，再来聊聊枪。南理工兵器博物馆的枪械展厅，由于管控严格，鲜少对外开放，一般人很难一睹其风采。里面展出有三百支左右的各类枪支以及几百种枪弹，其中不乏珍品。

盒子炮，大家都听说过吧？这是我们中国人的一种习惯称呼，因为其枪套是一个木盒，也有称匣枪、驳壳枪的。其正式名称是毛瑟军用手枪。

之所以我们习惯称它为盒子炮，主要还是受电影和小说的影响。革命历史题材小说《红岩》以及电视剧《双枪老太婆传奇》给我们塑造了一个神奇的双枪老太婆的形象，她手持的就是盒子炮；那时最令小朋友迷恋的当然还有著名电影《平原游击队》，讲述的是游击队接到牵制日军任务后，与敌人巧妙周旋，最终取得胜利的抗战故事。游击队长李向阳手持双盒子炮，百发百中的枪法和潇洒的身姿，把儿时的我们迷得神魂颠倒。一时之间，《平原游击队》成为那个时代大受欢迎的电影，百看不厌，也成为至今回味无穷的经典之作。

南理工的兵器博物馆里就有不少这样的盒子炮。史料记载，它是由德国毛瑟厂中的菲德勒三兄弟设计的，但最后申请专利的却是毛瑟兵工厂的老板毛瑟，所以，驳壳枪也叫毛瑟手枪。我们姑且不论是谁设计的，只需知道它设计简单、修造方便、可靠耐用就行。

二十世纪前半叶，日本侵略中国，限制西方国家向中国出售军火，但盒子炮作为手枪却不在此列。仅三十年代，中国就大量进口了许多盒子炮。其中最著名的德国毛瑟原厂"二十响快慢机"这一种，就累计买了 102000 支之多。盒子炮经由洋行进口流入我国后，受到了各方武装队伍的喜爱。据记载，当年打响南昌起义第一枪的起义部队总指挥贺龙用的就是盒子炮；还有我曾创作过获得河南省"五个一工程奖"的长篇小说《山河传》，主人公东北抗联英雄、河南驻马店确山人杨靖宇将军牺牲时，身上携带了三把盒子炮，一把 9 mm 长身管，一把 9 mm 标准身管，还有一把 7.63 mm 短身管。冯玉祥将军甚至用盒子炮装备了一个闻名遐迩的手枪旅，该旅每人配备两把盒子炮，一把大刀。

盒子炮之所以受到喜爱，得益于它设计简单，拆卸方便，火力较之于手枪更猛。据专业人士说拆解一支盒子炮基本不需要其他工具，只要有一颗子弹就可以把枪分解。国人仿制能力强是闻名已久，后来中国各地兵工厂、随军修械队、私人游动修枪造枪的商贩等，在合适的条件下都能造出一把盒子炮。在前后四十年的历史中，造出了很多仿品，这也就解释了南理工兵器博物馆能收藏这么多的盒子炮的原因。有的人以为盒子炮装弹量只有十发，这是不正确的，事实上，六发、十发、二十发都有，前两者用的是固定弹匣，后者多为插入式。

在枪展厅的步枪展柜里，还有一支珍贵的步枪，叫温彻斯特 M70 步枪，是 1936 年至 1980 年之间，由美国温彻斯特连发武器公司研制及生产的手动枪机操作式运动步枪。它被使用者高度评价，赢得了"步枪兵的步枪"的绰号。

温切斯特的武器大家都不会陌生，喜欢浏览杂志的人会知道，名枪名弹《美国步枪手》杂志曾对国际著名打猎步枪进行评比，列出前十名排行榜，温彻斯特M70步枪就名列榜首，更在1999年被《射击年代》杂志命名为"世纪手动枪机步枪"。

温彻斯特另一种著名的步枪是杠杆式步枪，是美国内战之后牛仔的标配武器，经常出现在牛仔、枪手、执法人员乃至不法分子手中，并与那些旧型号单动式转轮手枪一起并存，在游戏里或者影视作品里经常可以看到。尤其是《终结者》里阿诺德·施瓦辛格手持的正是温彻斯特M1887的道具版。

此外，温彻斯特步枪也曾获得部分外国军队的采用，并曾多次投入过实战。比较著名的是发生于1877年的俄奥战争。当时的奥斯曼帝国军队装备了一定数量的温彻斯特1866型步枪，并以压倒性的优势重创了当时装备旧式单发步枪的沙俄军队。美国海军陆战队一度将温彻斯特M70步枪作为狙击步枪使用。

兵器博物馆所藏的这把温彻斯特M70是比较有价值的。人都有恋旧情节，据博物馆的资深教师讲，二十世纪九十年代有一个美国人来校访问，参观兵博时看到了这把枪，经过仔细查看，认出这把枪是经由他的手设计制造的，当即提出可以出五万美金，再加十台计算机，来交换这杆枪。校方最终没有同意。那个时候，这个价格已经很高了，但我们老师抵挡住了诱惑，留下了这杆宝贵的枪，使我们后来的师生能够有机会一睹其"芳容"。

说了外国的枪，我们再表一表中国造的枪。

稍懂军事常识的人，都对"汉阳造"不陌生。兵器博物馆馆藏了不少88式步枪，由汉阳兵工厂生产，因此，这种枪还有个大家耳熟能详的名字——"汉阳造"。88式步枪的原型为德国1888式委员会步枪，由于该枪存在着装弹退弹困难、抽壳可靠性差、容易炸膛等问题，在西方并不怎么受欢迎。基于清廷洋务派对"毛瑟"品牌的迷信，德国商人谎称1888式步枪为毛瑟步枪，成功地将设计资料和生产机械卖给了清政府。一直到1944年，此型步枪在中国前后生产了将近50年，为当时中国生产时间最长的一种轻武器，也是自清政府的新军到抗日战争时期，国内各个武装部队的轻武器装备的主要枪型。在解放战争的辽沈、平津、淮海战役中，解放军从国民党军手中缴获了大量的"汉阳造"。它的身影遍布全国各地战场，甚至跨过鸭绿江，在长津湖畔，在金刚川上，陪伴着我们的志愿军战士。

新中国成立后，在苏联的帮助下，我国的军工行业开始起步发展。大家听说过56式半自动步枪吧？全称是中国1956年式半自动步枪，是我国于1956年仿制苏联SKS半自动步枪制造的武器。根据苏联提供的SKS半自动步枪的全套技术资料，并在苏联工程师的指导下开始进行生产，1956年它被仿制生产了出来，仿制型号被定名为"1956年式7.62 mm半自动步枪"。定型后，大量装备部队，成为中国人民解放军的制式步兵武器。

在展品的旁边，有一张毛主席端枪瞄准射击的照片，经专家辨认，毛主席手里拿着的这杆枪就是56式半自动步枪，据说这是毛主席唯一一次摸枪的照片。

花开两朵，各表一枝。下面我们就聊聊与南理工相关的炮和枪。

诚如前述，"哈军工"炮兵工程系经多次变迁，成为中国人民解放军炮兵工程学院，1966年脱军装后转为地方院校，改名华东工程学院，之后是华东工学院，1993年更名为南京理工大学。在此过程中，南理工不断发展壮大，学科专业激增，但是兵器科学与技术学科一直是学校的一流学科。火炮工程系的师生们瞄准火炮发展的时代需求，一直致力于火炮的革故鼎新，几十年来时有不同型号的火炮推陈出新。

二十世纪七十年代，经第五机械工业部（1982年改名兵器工业部）批准，学校成立了机械加工厂及光电厂，开始着手攻坚以无后坐力炮、单兵火箭空炸钢珠弹、地炮指挥仪为重点的科研项目并进行开发研制。直至2015年，在学校南区学生宿舍的南边，有一片空地叫南炮厂，一直用于科研试验，当年南炮厂里每天都能听到几声"轰隆"声，那就是研制小组在试炮。

营78式82 mm无后坐力炮就是学校早期的科研成果。在炮兵工程学院归属地方之后，国防科委下达任务，学院组织"科八二分队"60余人，于1971年造出两门样炮，经过多次国家靶场定型试验，陆军部队试用，以及热区寒区测试，于1979年批准定型。它是一种射击时炮身不后移的反坦克火炮，使用一种主要靠金属射流破甲的弹药，射流穿透装甲后，以剩余射流、装甲破片和爆轰产物毁伤人员和设备，对付坦克有很好的效果，可用来打击坦克、轻型装甲车辆、碉堡、钢筋混凝土工事等目标，填补了我军营级反坦克武器系统的空白。

1978年，营78式82 mm无后坐力炮及火箭增程破甲弹系统获全国科学大会重大科技成果奖，在1979年—1980年对越自卫反击战中扮演了重要的角色。我现在单位江苏省社科联办公室的转业干部廖锦标同志给我讲述了他所知道的一件真人真事——原1军1师2团1营炮兵连战士高建国，现已退休定居南京。在老山"168"高地拔点出击作战中，他扛着78式82 mm无后坐力炮，一炮就端掉了越军一个连指挥所，歼敌15名。对这段人生的高光时刻，老高后来逢人就讲："82 mm无后坐力炮摆得不得了，摆得不得了啊，让我戴上了大红花，还当上了国家干部，吃上了皇粮！"

南理工兵器博物馆所藏的营78式82 mm无后坐力炮是2003年学校五十周年校庆时，由国营137厂捐赠，它旁边就摆放着适用的破甲弹，以及做试验时被穿透的厚钢板，足以看出其威力巨大。因其质量轻，体积小，结构简单，操作方便等优点，曾一度成为伴随步兵反坦克作战的有力武器，但随着单兵火箭筒、反坦克导弹装备的发展，无后坐力炮的地位和作用日渐衰落，并逐渐退出世界各国军队装备序列，我国一线部队也已撤装。

战争的需要是兵器发展的强大推动力。在1979年爆发的对越自卫反击战中，早期的63式60 mm迫击炮表现出山地作战射程不够的问题。针对该问题，1983年6月兵器工业部下达"W1983年式迫击炮"研发任务，由华东工程学院、9607厂、9613厂联合研制迫击炮。1987年完成设计定型，装备南疆部队，后根据实际使用情况进行改进，于1989年命名为PP89式60 mm迫击炮，正式装备全军。PP是迫击炮的代称，PP89式迫击炮主要用来杀伤敌有生力量，为步兵战斗提供火力支援。它的主要设计者是我校炮兵工程学院时期毕业留校工作的唐治老师。应前线指挥部电请，唐治老师曾亲自到云南老山前线，冒着酷暑现场指导培训战士。通过四个团的试用，显现出方便、灵活、准确、射速高的特点，尤其在人员不足时，可以一人独立射击，能够实现快速火力机动。这种位列中国"第二代半"的迫击炮，1990年获得国家科技进步二等奖。

在这里我要特别插上一句，二十世纪九十年代，上映过一部轰动一时、家喻户晓的电影《高山下的花环》。在这部反映对越自卫反击战的影片中，多处展现了"W1983年式迫击炮"的威力。看完我这篇文章后，作为南理工人，你如果再次观看电影，内心一定该是自豪得心潮难平。

虽然PP89式迫击炮的诞生为我军轻型迫击炮装备注入了活力，但这一时期，世界上迫击炮的发展也异常活跃。尤其是在应用新技术、新材料以及减轻重量、提高射程等方面尤显突出，新的品质、新的型号不断涌现。比如法国的60 mm迫击炮，在质量相当的情况下，射程能达到5000米，而PP89式60迫击炮的最大射程才2672米，几乎相差一倍。有鉴于此，唐老师带领课题组攻坚克难，向世界顶尖水平发起了冲击。经过不懈努力，终于研制出了有效杀伤半径、射程、重量比等方面均达到世界一流水平的PP93式60迫击炮。

从射距上看，PP93式迫击炮属于超远程迫击炮，是目前世界上同类口径中射程最远的迫击炮。主要装备山地步兵、空降兵、海军陆战队等军兵种营级单位，具有结构简单、重量轻、火力大、射程远、机动性好、生存能力强等优点。它的射程增加到了5532米，比PP89式60迫击炮多了两千多米，比法国的60迫击炮迫还多532米。它的炮弹形状也有了很大变化，呈流线型，对提高射程和命中率有极大帮助；炮弹采取了新材料、新结构，威力更强，增大了杀伤范围和杀伤效果；而且使用的炮弹种类也增加了不少。它具有优良的战术性能，能够实现360度圆周射击，单人单炮射击相当简单，紧急情况下不必构筑座钣坑即可射击。它使用的炮弹引信性能相当好，在山地、乱石、水面和鹅卵石滩地发火率均为100%。

苏格拉底说，未经审视的人生是不值得过的。唐治教授在迫击炮研制领域无疑是善于思考的，而且人生过得很值得、很充实。他在同一领域设计出两门世界水平的迫击炮，并且都装备部队投入实战，在整个兵器工业系统内无人能出其右，就是放眼当下中国恐怕也难找第二人。2020年11月份，唐治教授到南理工给军迷们上了生动的一课。在长达两个多小时的讲座中，唐治教授围绕PP89式迫击炮和PP93式远程迫击炮的研制过程，为师生讲述了他在日寇占领区的童年立志、新中国成立后的青年军校报国以及矢志不渝献身军工的人生历程，讲解深入浅出、声情并茂，中间还不时亲自举起沉重的迫击炮座钣为同学们讲解示范，完全看不出他已经是一位83岁高龄的老人。他不仅给同学们讲解研制迫击炮的经验，而且谈学习、谈人生，主张"战士是使用武器的专家，加强与战士的密切关系，是兵器设计师该走的必由之路",并鼓励师生按照习近平总书记提出的要求,"眼睛往下看、身子往下沉、劲头往下使",努力学习、深入实践,为国防事业做出自己的贡献。

"良久惊兼喜,殷勤卷更开。"谈了这么多小炮,再来谈谈学校研制的大炮吧,那就是车载自行火炮。

在2013年至2019年七年时间里,兵器博物馆的火炮主展厅一直展示着一门我校"现代火炮高效发射技术国防科技创新团队带头人"钱林方教授团队研制的122 mm车载自行火炮,是北方工业总公司在学校六十周年校庆时捐赠的。因为它与别的老炮相比外形更加独特,受到参观者的普遍关注和喜爱。但2019年暑假之后它突然就不见了,因为涉及军产,转移手续非常困难,在展览了几年之后又被收了回去,令人颇为遗憾。由此可见,办一个兵器博物馆难度之大,是一般单位和个人无法想象的。幸好在2019年国庆七十周年天安门广场阅兵式上,大家又欣喜地看到了那熟悉的身影,原来它就是由我校出任总师单位,钱林方教授担任该系统的总设计师,陈龙淼教授、徐亚栋研究员担任副总设计师承研的某火炮系统。

从专业的角度看,车载火炮武器系统是一类采用火药能源的超强功率高机动武器系统,是我军火力打击武器的主战装备。车载火炮武器系统装备数量大,研制难度高,工作时内部瞬态温度可达3000 ℃,压力在300 MPa以上,瞬态冲击载荷可达15吨甚至50吨,是一个涉及多学科领域的大型复杂系统。钱林方教授团队成功开展和完成了3型国内重点车载火炮武器系统和3型外贸火炮武器系统型号的研制工作。尤其是在某大口径车载火炮研制过程中,他们从优化系统整体性能、减轻系统重量、提高系统机动性和可靠性的角度出发,创新性地提出了车炮一体化综合优化设计思想,实现了全炮优化匹配设计与结构布置、能源动力、电气信息一体化优化设计。为突破驾驶室防护高温高压冲击波技术瓶颈,提出了等刚度框架加蒙皮结构的设计理念,解决了传统车载炮车炮简单结合设计带来的火线过高、射击稳定性差、人员不能地面操作等技术难题,成为世界上首门具备前向零度直射功能的大口径车载压制火炮。

关于炮的故事说得颇多了,限于篇幅,也就按下不再续表。接下来,说说南理工参研的枪。

新中国第一代自主研制的步枪"1963 式 7.62 mm 自动步枪"就是由华东工程学院时任系主任的毕业于法国里昂大学的留法教授于道文研制的。他是中国自动武器学科的主要创始人之一,著名的轻武器专家,长期从事自动武器的研究与教学工作,主编有《步兵自动武器及弹药设计手册》等。1958 年,全国掀起了"我国自动武器学科发展的第一次高潮"。经军工部门与军械部门领导机关的同意,学校与工厂、部队合作,由于道文、陆家鹏和朵英贤分别带一组师生进行"步冲合一"通用枪、"三无"冲锋枪和"轻重合一"两用机枪等的研制工作。于道文根据"减少品种、补缺配套"的精神,提出将 56 式半自动步枪和 56 式冲锋枪加以综合,形成一种"步冲合一"步枪,新步枪的有效射程和射击精度不弱于 56 式半自动步枪,火力强度不弱于 56 式冲锋枪。经过几年的努力,终于在 1963

年，完成该枪的设计定型并命名为1963式7.62 mm自动步枪。

令人扼腕叹息的是，该枪定型后，却落得"命途多舛"的结局。

1967年中央军委批准将该枪列入军队装备体系，取代56式半自动步枪，并下达了生产指标。但那时正处于一段特殊时期，生产设备、技术、工艺以及工人的能力和责任心等都不完全"在线"，而生产指标又很高，生产能力与之不匹配，导致生产的63式自动步枪装备到部队后，表现出射击精度差、故障多等问题，甚至出现了向后喷火、膛外炸壳等危险事故。另外一个问题是稳定性差，需频繁校枪等，有的战士说这种枪"坐不得车，过不得夜"，意思是校枪后放一段时间或取枪打靶坐车等外部震动都可能会引起变化。1977年，中央军委决定，63式自动步枪停止生产，部队恢复装备56式半自动步枪。

恩格斯在《自然辩证法》中说："由矛盾引起的发展或否定的否定——发展的螺旋形式。"这告诉我们，事物螺旋式上升的基本特点和特征是前进性、曲折性。事物前进的道路不是直线，而是迂回曲折的，会出现向出发点回复现象。科技发展也有其艰难曲折的过程，兵器工业也是一样，正是一次次这样的"命途多舛"后的奋发图强，才成就了现在装备精良的强大的人民解放军。

"回以愚故专，首得一宗旨。"对素有"兵器技术人才摇篮"美誉的南京理工大学而言，最重要的使命还是人才培养。这里再来说一说南理工和枪看似关系不大实则紧密相关的"题外话"。

从渊源上看，南理工的自动武器专业与火炮专业一母同胞，齐头并进。1971年，太原机械学院（现中北大学）轻武器专业调入南理工，使南理工的轻武器专业如虎添翼。不仅科学研究蒸蒸日上，培养出的学生也成为军工行业的抢手人才。

被人们誉为军中"女枪王"的黄雪鹰就是从这里走出去的。她1991年从南理工毕业，来到科尔沁草原深处的中国白城兵器试验中心，从一名普通的枪械试验员做起，直至成长为一名枪械专家，先后承担起了国家和军队重点科研课题12项，为7种枪械颁发了"准生证"。新中国成立60周年国庆阅兵，三军受阅将士所有配枪全部由她主持试验定型，荣膺一等功和全国"巾帼建功"标兵荣誉称号。她运用所学知识，发扬一不怕苦二不怕死的精神，一直坚持在高低温、淋雨、扬尘等模拟环境中参加全程试验。长年战斗在轻武器试验一线，强烈的噪声冲击使她耳膜下陷、听力受损，有毒的火药气体使她失去了嗅觉，这些都不能动摇她的信念，阻挡她为国家打造最好枪的脚步。

总装备部2009年"践行当代革命军人核心价值观模范"评选委员会给黄雪鹰的颁奖词是这样说的："一身火药味，一手真功夫。一股英雄气，一腔女儿情。20年与枪为伴，巾帼不让须眉，在枪林弹雨的洗礼中，她用如花的年华书写了女'枪王'的精彩人生，成就了中国枪族的辉煌传奇。"

无独有偶。除黄雪鹰外，1987年毕业于南理工的范方梅是另外一位赫赫有名的"女枪王"。2009年，在一次国际武器装备竞赛中，我国选手因枪支精度不够遗憾落选。"拥有百万军队的祖国，却仍在使用仿制的狙击步枪，这是何等的悲情！"被选为我国 7.62 毫米高精狙击步枪项目负责人的范方梅，发誓为国家造出最好的狙击步枪。功夫不负有心人，2012 年 7 月，中国代表队第一次带着国产 7.62 毫米高精狙击步枪，在哈萨克斯坦参加了国际特种狙击手比赛，获得 17 个比赛科目 14 个领先的优异成绩，两个小组以绝对优势分获总分第一名、第二名。范方梅的枪不仅赢得了比赛，更重要的是，彰显了中国军工制造水平的巨大进步。

这，就是我们的毕业生，我们的杰出校友，我们的杰出女校友。

三十多年过去，弹指一挥间。一路走来，南京理工大学兵器博物馆积极配合及满足学校的教学、科研工作，发挥兵工学科方面的特色和优势，彰显兵工精神，在对全校师生及外来参观者进行爱国主义教育和国防教育方面做出了突出贡献，获得殊荣无数。2009 年南理工兵器博物馆获批为全国军工行业首批 22 个"国防科技工业军工文化教育基地"之一，同年被中国科协命名为"国家级科普教育基地"。如今富含红色基因的南理工兵博是玄武区中小学生素质教育基地，是"党员教育实境课堂"，是"江苏省高校统一战线同心教育实践基地"，也是校园内行走的"思政课堂"十景之一。

兵博，是无数南理工人日夜魂牵梦萦、赓续红色血脉的精神家园，更是我们校友返校必须要去打卡的校园"圣地"，不为别的，只为看看那些记忆中的枪炮。铁打的营盘，流水的兵。莘莘学子，别时满头乌发，意气风发，归来已是华发满头，却心中仍是少年。

再来摸一摸那门我曾经攀爬过的 100 mm 高炮，真想问问它，你可曾记得当年那个淘气十足却对您痴迷挚爱的学子？世事在变，校园在变，师生也在变，唯有这些老炮，仍然无言胜有声地静静矗立在那里，守望着，等待着，讲述着……

衷心希望，待到耄耋之年，再一次走进母校，我们的兵器博物馆能变得更好！衷心希望，我们的老炮老枪老弹世世代代永远传承下去，与此一同传承的还有南理工的红色基因和军工精神。

五朵金花

看到这个题目时,您一定满心好奇。

是第二届亚非电影节最佳导演银鹰奖得主王家乙导演执导的电影代表作《五朵金花》吗?

是南理工一个女生宿舍的"五朵金花"吗?同一个宿舍里,五个女孩子不仅热心学习,而且积极参加各种社团活动,且同时考上了著名高校的研究生,令同学们啧啧称奇。

是史学界的"五朵金花"吗?说的是中国古代史分期问题、中国封建土地所有制形式问题、中国封建社会农民战争问题、中国资本主义萌芽问题和汉民族形成问题?

非也!

这里所写的"五朵金花",是南理工的五种事物,是我们南理工人、南理工校友心灵深处五种永恒的共同经历和集体记忆!

No.1　数字门和数字路

1984年9月初,是新生报到的日子。

我与发小王四新一起,怀揣激动的心情,提前两天从河南老家出发,乘汽车,转火车,到了郑州火车站。接着是排长队买票,经过种种困难,终于从火车车窗爬进了绿皮火车。我们两个被弄得蓬头垢面,灰头土脸。特别是我,更加狼狈。当时由于人太多,从窗口爬上火车的时候,裤子太紧,只听"滋啦"一声,屁股后面裤子开缝了。当时就把我臊了个大红脸。没有办法,我只好把上衣脱了,两只袖子一挽,系在了腰间。就这样,带着一身窘迫的装扮,来到了我向往已久的大城市南京。等我们挤上1路车转乘5路公共汽车,辗转下了5路车时,已经是三十多个小时之后的事了。与今天便捷的高铁比起来,这些经历对当代大学生来说,简直是天方夜谭。

由于三十多个小时没有好好吃饭、睡觉,精神已经疲惫到了极点。下了5路车,问了路人,才晓得了新生报到要从二号门进。于是俩人各提着一个大皮革箱,肩上扛着被子卷,斜挎着一个草绿色书包,跌跌撞撞地向二号门蹒跚而去。当时,提前报到时学校还没有安排接站,不像现在的大学生,绝大部分还要父母陪着,行李和日常用品都挂在父母的身上;家不太远的,甚至父母用小汽车送到学校。那时的我们,什么事都得自力更生，能有个考到同校的同学一起同行互相照应已是万幸之事了。

远途无轻担。不大的箱子越拎越沉，我不知道那时的箱子为啥都没有轮子，不像现在的行李箱，四角有四个万向轮，想怎么拖就怎么拖。想来就像人猿进化时的循序渐进，在二十世纪八十年代的时候，行李箱还没有进化到有轮子的时候吧。

5路车站离二号门并不太远，大概在大门西侧一百米左右的地方。当我累得满头大汗一路捱到二号门口的时候，还是激动得热泪盈眶。埋头苦读了十多年的书，终于要进入梦寐以求的大学校门了，此时的心情相信大多数的校友们都有同感。

首先映入眼帘的是，当时学校的正门——二号门。说实在的，大门倒没有特别华丽，只是一个简单常见的四槛三洞门。中间宽道是汽车通行道，大立柱两边窄道走人和自行车。后来熟悉了才知道，学校有一、二、三、四、五，共五个门，还有一、二、三号路。二号门是学校的主大门，面朝北，门口的大路那时叫宁杭公路。

我俩在二号门停下来，一来是歇歇喘口气，二来好好看看学校大门。这一看不得了，大门没有让我惊奇，倒是门里面的那条大路，让我叹为观止。

那就是南理工人俗称的二号路了。

怎么形容呢？就是笔直笔直的，一眼望不到头的感觉。因为大门口地势北高南低，从大门口俯视望去就是一个大下坡，且坡度还不小。笔直的道路两边，是枝干参天、绿荫如盖的法国梧桐。我第一次见到如此高大和茂密的路边"哨兵"，震撼之情难于言表。

二号门内的坡道，让我至今印象深刻。现在的二号路经过几次整修，北端已经做了降坡处理，使得二号路纵向设计发生改变，主要是将坡度降低，也就是将比较陡的坡降缓一些。那时的二号路虽然很直，但它的坡度却让人望而生畏。二号门外是老的宁杭公路，由西向东，在卫岗处有一大下坡，二号门外和大栅门各有一个忽上忽下的坡。感觉要从卫岗坡上开车下来，真如开过山车一样。或许有不少人对此持怀疑态度，说好像没有你说的这么玄乎吧？不信，你可以去问问年长一点的南理工人。现在之所以坡度没有那么大了，也是因为在修整门外这条"中山门大街"时把二号门外和大栅门的坡度都降低了许多。

大学二年级时，我们宿舍来自海安的同学顾世和曾试着骑自行车从二号路转盘处骑到二号门口，终因坡度太陡没有成功，一度受到同学们的"冷嘲热讽"。直到我们班一位卢姓同学的故事发生之后，世和才从大家的嘲笑中解脱出来。

年少轻狂，形容卢姓同学太贴切了。他在与同学们一起嘲笑顾世和的同时，放出话来给大家表演骑自行车上坡下坡。那时的穷学生，骑的自行车大都是破破烂烂，除了铃铛不响其他都响。我们劝他，自行车闸不灵就不要逞能。他自信地说自有绝招，可以把脚和鞋子抵在前轮上，权当刹车皮用。我们听得直咋舌，这要从坡上冲下去，估计等会儿就能直接看到他的脚趾头。

既然劝不住他，我们只好叮嘱他慢一点，注意安全。

见证奇迹的时候到了。卢同学长得高高大大，还是我们学院足球队的主力，浑身一股子蛮劲，从下骑上去还比较容易，在大家热烈的掌声中，卢同学红光满面，双手抱拳，绕场致谢。表演下坡时，大家列队分站自行车两边，只等他出发后，我们也准备跟着自行车追。开始时，还有人拉着后车座，不知谁喊了一声"出发"，个别同学还故意推了一把，自行车如离弦的箭一样发射了出去。后面的人跟着跑，瞬间就被甩得老远。那时的路面上没有装减速带，除了摩擦力，没有什么能阻挡车子的行进，几分钟后我们就看不到他人影了。

　　大家一边感叹"太快了"，一边加油往下跑。等我们气喘吁吁地跑到转盘时，只看到破自行车扔在一边，前轮子已经撞变了形，卢同学却不见了。我吓得立马出了一头冷汗，这要是出了人命，那可不得了了。我当时是班长，这种危险的活动不及时阻止，还跟着凑热闹，要出了"命案"，非得把我开除不可。恐慌之余，我立即招呼大家赶快找人。

　　当时二号路的转盘也与现在不同，花坛没有现在高，中间的雪松还是原样，只不过树杈比现在又低又密，四周种满了龙柏树，因为龙柏树被修剪截头，去掉顶端华盖后向四周横生，生出许多的枝杈来，密密麻麻，把内部遮得比较密实。不知谁想的主意，在雪松和龙柏枝杈上缠上了彩灯，过节的时候打开，小灯泡在密密的树枝中一闪一闪亮晶晶，营造出一派神秘的气氛，以致后来我女儿总喜欢让我带她去那里看童话世界，愣说那里树上住着小仙女。

　　密密的树丛外面找不到人，我们开始到树丛里去扒拉。我看到有一处树枝被砸断了，就从树缝钻进去，果然看到卢同学正躺在那里哼哼。我们喊他，他也不回应，估计是被吓傻了。最后我们把他抬到医院，诊断结果是全身多处软组织挫伤。他后来说，车子一直向下冲，惯性太大了，鞋底刹车力道根本不够。他还没来得及后悔，转盘已经在眼前了。还好，当自行车撞上去的时候他反应还算机灵，来了个抱头的动作，就一头扎进了树丛里。所幸，撞的是树丛，要是撞墙或树干上，估计他小命都要交代了。

三号路、一号路与二号路是南北纵向平行的三条路，相距直线距离各约 200 米。之所以都以数字命名，这也是军事院校的特色。在 1966 年之前，这里还叫炮兵工程学院，师生都是穿军装的，以军人的行事风格，事情越简单越好，所以，路就叫一、二、三号路，门当然也是一、二、三号门了。

说起为什么要开这么多的门，师生们最有发言权。众所周知，南理工的校园特别大，当初规划的时候，以友谊河为界，北区被规划为住宅区，南区是教学区。校区南北长约三里地，东西长约二里半，学校面积之大，据说当时在全国高校中占前三位，显然开一两个门是不够用的。所以一号门面对罗汉巷，方便东侧师生到孝陵卫镇去买菜、乘车，少走弯路；三号门通往宁杭公路，现在叫中山门大街，方便西侧师生出入。这也是学校领导想出的便民、利民措施吧。

一、二、三号门从东到西一路排过去，二号门位于中间。只有二号门位于坡上，一、三号门都没有坡度，所以从门口往里看，一号路和三号路也都是一条笔直的大道，道路两边种的都是法国梧桐，只不过两条路都没有二号路宽，也没有二号路看起来那么有气势。

在我上大学的四年间，三号路给我的最深印象就是长。因为我住在六舍，每次放假返校，拖着笨重的行李走在三号路上，总有走不到尽头的感觉。二十世纪八十年代中期，三号路两边没有多少房子，进了三号门不久，左边是幼儿园，右边是被称作一百二十户的房子，房前一大片的树林，是总务处绿化办把暂时不用的空地都种上了树。

三号路经过横跨友谊河的三号桥，桥的一头担着三号门，一头直通四号门。而一号路也一样，北端是一号门，南端拐了个弯，通向五号门。现如今经过改造直接把一号路拉直，出入也更加方便了。

随着经济社会发展的不断变化，学校及周边持续开发，南理工的门也在变化。2003年，南理工规划建设南部区域，陆续建设了第四教学楼、兵器博物馆、逸夫教学楼等建筑群，形成了喷泉广场，南大门也应运而生。按照历史传承，自然而然被大家称为六号门。六六大顺，与喷泉广场上的腾飞雕塑相互呼应，预示着南理工蒸蒸日上，蓬勃发展，一飞冲天。

同一时期，南理工的西边也开发了银城东苑、钟山花园城等小区，很多老师在小区置业安家。为了方便教职工出入，西边围墙破墙开路，增加了西大门，顺理成章被叫作七号门。围墙外向西与后标营路直通，南北为胜利村路，为南理工打开了又一扇与外界连接的大门。

几十年来，我走南闯北，游历国内国外众多高校，还从来没有见过有第二所高校如南理工一样，直接用数字命名大门和校内道路的。二十世纪九十年代初，学校有关部门也曾尝试给一、二、三号路改名，还立了路名牌，无奈难以推广，未能正式启用，人们还是习惯用一、二、三号路。

如今，随着互联网的飞速发展，社会已经迈入了数字化时代，各种数字化的表述层出不穷，比如，数字政府、数字城市、数字媒体、数字展厅等，似乎冠上数字二字就显得特别时髦特别现代化。

如此说来，南理工还是很有先见之明的，用老百姓的话说"坐着不动，就赶上了时髦！"

数字门，数字路，也算是南理工的一大特色吧！简单，直接，好记，令人难忘！

No.2 二道门

"咔嚓！咔嚓！咔嚓！"

毕业季，一群群男女学生正在二道门那里不停地拍照留念。他们或穿着学士服，或硕士博士服，笑着、闹着，开心地与二道门一起留个影，再把这一切深深地刻入印记里。

不只是他们，每年校友返校聚会，这里也是他们必来的打卡地。校园现代化气息越来越浓，保留下来的老物件却越来越少，只有二道门，成为校友们心中共同的记忆，仍然敦实地屹立着，上面"团结　献身　求是　创新"八字校风在阳光的照耀下熠熠生辉。

记得我们宿舍八位舍友在毕业那年，专门在二道门口拍了一张合照留作纪念。2018年，毕业三十周年那年，我们班级返校聚会，大家一起约好再去二道门拍一张三十年后再聚首的照片。两张照片对比，不变的是背后高大的二道门，已变的是照片上的八个人。当初高高兴兴拿到毕业证，即将意气风发奔赴全国各地的有为青年，三十年后变成了一个个身材走样的中年大叔。

当时不知谁问了一声："有谁清楚二道门的历史吗？"问得大家都愣住了。还是陈希贤接话说："要说与南理工的渊源，做过校办主任的张新科应该有发言权。"我只得临时抱佛脚，回忆了一段关于南理工二道门的介绍——历经高射炮兵学校、炮兵工程学院、华东工程学院、华东工学院、南京理工大学等阶段数十载，栉风沐雨，安然如故。二十世纪八十年代，学校将"团结　献身　求是　创新"八字校风铭于其上，鼓励全校师生励精图治，团结奋进。

说完，我还故弄玄虚地指着那几个字说："你们看，'团结　献身　求是　创新'是我校校风，其中'献身'二字是不是比别的字占地宽，知道为什么吗？因为啊，我校的军工背景和国防特色，所以'献身'精神是八字校风的精髓。"

其实，这话不是我说的，是来自校史馆的介绍。但经过我这么一强调，同学们一个个瞪大了眼睛仔细瞧，果真从这几个字里面看出了南理工人的精神风骨。

说说笑笑，我用这一段话简单带过，但我心里知道，历史远比这一段概括的话要精彩丰富深沉得多。

记得从我上大学入校起，二道门就已经站在那里了。我问过化工学院我的导师陈魁先教授，他说自己也不知道这道门是什么时候建的，反正从他进入学校时，每天上班就与它打照面。我想大多数人可能都和我一样，不会深究这个问题，但对南理工校史有研究的人就不一样了，非要刨根问底不行。

王虹铈老师就是这样一个人。几年前，看到他写的《孝陵卫营房漫话》一书，觉得很有价值也很有趣，主要写孝陵卫营房的变迁史，其中就提到了二道门。原来最早南理工这片地界就是一片营房，自然二道门的建设也与此地营房的变迁发展分不开。

历史上，南理工原址上人马更迭频繁，真如唱戏一般，你方唱罢我登场，应了一句老话，"铁打的营盘流水的兵"。最早在明清时期，这里是朱元璋陵寝警卫部队的驻扎之地，也是孝陵卫地名的由来。在民国时期这里成为陆军的驻扎营房。日军侵入南京后盘踞在此，此处成为日军战地士官学校兼后勤基地。从抗战胜利到南京解放之前的几年时间，这里成为国民党中央训练团所在地，后陆军大学从重庆回迁南京也借住在此。期间，孝陵卫西南一带因被确定为国家陆海空最高军事教育区，陆军大学、陆军参谋学校等军事机构进行营舍建设，使面积不断扩大，向北扩至宁杭公路，形成多家军事机构共同驻扎、区域范围更为广大的营区。南京解放后，先后有二野军政大学、华东军事政治大学、总高级步兵学校、高射炮兵学校等多家单位在此更迭。直到1960年，哈军工分建兵种学院，炮兵工程系合并解放军武昌高级军械技术学校，成立炮兵工程学院，校址暂定在武汉。1962年9月，在多方努力下，学院得以迁移此地落户，为南理工发展奠定了基础。

至于这个二道门，实际上是1947年8月落成的柱廊式营门。抗日战争结束之后，国民党中央训练团入住，在日军兵营大门原址上兴建了这座新的营门，作为中央训练团的主要出入口，称之为"大营门"。门左右两边外侧设置值班岗亭，有人日夜站岗值守，显示了兵营不可侵犯的威严。营门形状横平竖直，宽厚端庄，隐约有似法兰西凯旋门风格，故后来有人戏称为"凯旋门"，寓几年抗战胜利，"国度"光复之意。

营门紧邻营房路沟（即现在的友谊河）而建，扼守营房南北区域主要通道，南北朝向，三门四楹，上部中空无盖，从西侧楹柱内攀爬可至横额顶。营门早期曾装饰具有民族特色的花卷纹饰，门楹配置宫灯状照明设施，后经过多次演变，返璞归真，现在大家看到的是一个保持原貌，简洁大方的、没有任何装饰物的厚重敦实、庄严肃穆的门楼。

营门上的题字也随着时代的变迁而变化，充分体现了各个时期的时代特色。查询各时期的照片，可以看出，刚建成的时候，营门横额正面书写"中央训练团"，落款为蒋中正，内侧有"亲爱精诚"四字。

南京解放后，二野军政大学入驻此地，这道营门上的字换为"中国人民解放军第二野战军军政大学"字样。华东军大时期，上面的字改作"华东军区军事政治大学第二总队"，内侧四个字改为"实事求是"。军政大学时期，横额上的字是"保卫伟大祖国　维护世界和平"，字的中间是一颗鲜红的五角星。

1953年，中国人民解放军总高级步兵学校（简称总高）在此办学，学校在最北端临宁杭公路处又建设了新的大门，即大家口称的二号门。而原来的营门成为进出营区南北的第二道营门，从此有"二道门"之称。"总高"前期，二道门横额上仍旧是"保卫伟大祖国　维护世界和平"字样。后来，学校沿用"抗大"校风作为自己的校风，门横额正面刷上毛体"团结　紧张　严肃　活泼"八字校风，这八个大字一直保持到华东工程学院时期。

炮兵工程学院成立后，二道门内侧横额上是毛主席手书的"为建设强大的人民炮兵而奋斗"。待1966年学校军转民后，改为华东工程学院，为顺应时代潮流，承继献身精神，二十世纪八十年代，二道门横额上八字校风也改成了"团结　献身　求是　创新"。如果仔细看，认真想，书法爱好者们能够看出校风题字是鲁南八路军出身的书法家武中奇的手迹。时至今日，二道门两侧的高大树木已被移走，更加凸显出二道门的敦实、厚重，八字校风被刻于门楣内外两侧，也更加醒目。

八字校风刻于二道门楣之上，同样也深深刻入每一个教职员工和学子的心中。在长期的办学过程中，南理工形成了以"献身"为核心的南理工精神。在2003年建校五十周年之际，学校将校风中的"献身"二字诠释为"是奉献，是追求，是执着进取的精神境界"。"献身"精神已然成为一代代南理工人的人格标识和精神品质，成为学校文化建设的重要内容。

在人才培养中,学校围绕着"培养什么样的人,如何培养人,为谁培养人",立足办学传统,锚定人才培养目标,大力弘扬学校传统的"献身"精神,以大学生党员"百时奉新"活动和青年志愿服务活动为主体,努力构建以"奉献、服务、互助"为特征的奉献文化,努力为国防事业输送更多优秀人才。在教科研及管理工作中,更是在教职工中提倡"献身"精神。一栋栋教研楼里通宵明亮的灯光,映照出老师们伏案思索的身影;二号门和二道门下,自新冠疫情突发以来,由青年教工党员组成的"兰杉先锋突击队"一直坚守在抗疫前线。师生们的默默付出,正是南理工"献身"精神的具体体现。

风雨沧桑二道门。几十年来,围绕二道门的变迁的故事还真是丰富多彩。但很多人不知道的是,这个如今已成为南理工标志性建筑的二道门,据说某一天差点儿灰飞烟灭。这个故事在姚军先生之《浅斟低吟南理工》、方可先生的《也说挽救门楼的故事》、王虹钸先生的《孝陵卫营房漫话》等资料中都有过叙述。

我记得在我大三的时候,也就是从 1987 年起,某一天,我们从学生宿舍出来往东走,沿原大操场北侧的路穿过去,到化工系平房教室上课,突然就看到很多工人在做围挡,据说由于学校发展需要,需拆毁原日军金陵部队办公楼和原中央训练团之复兴台,在其旧址上建设一幢高层楼房,那就是现如今的行政办公大楼——致远楼。此后的五六年时间里,那一带都处于围挡状态,再也走不通。直到 1992 年,大楼建成,四周围挡拆除,开始进行环境绿化美化。

"讵知变故起仓卒，不悟人迷楼不迷。"有关炸掉二道门一说，也就是那时候突然就发生的事情。据说理由是新楼建成，有碍观瞻。为了不遮挡视线，有人提议要炸掉二道门。工程队在门楣横额等各处钻了很多孔，状如蜂窝，即将埋入炸药。有些老教授看到了，当即觉得不妥，找到领导理论，放言谁炸了二道门就是南理工的败家子，致使大家顿然醒悟，最终保全了二道门没有损毁。

今日看来，这的确是做了一件有益于南理工的好事，虽然无法考证出顶风谏言者的真实姓名，但我们也应该真心感谢他们。这也给了我们一个教训：保护历史文化遗产，守护共同精神家园。

二道门至今屹立在那里，已然成为南京理工大学标志性建筑，见证着南理工的风风雨雨、飞速发展与辉煌成就。它不但见证南理工的过去，也必将见证南理工的现在与未来！

No.3 友谊河

南理工师生和校友都知道，南理工校外有一条友谊河路，校内有一条穿校而过的友谊河。

友谊河发源于南京紫金山南麓，穿过玄武区孝陵卫、南京理工大学、长巷200号小区东侧，从银城东苑毓秀园和紫荆园之间经过，再流经秦淮区的行知中学西侧、光华路和苜蓿园等区域，最终汇入外秦淮河。它实际上是一条山体泄洪沟，也是一条重要的城市排涝河。

按说，一条小河，应该寂寂无名才对，毕竟与长江、黄河比起来，渺小得可以忽略不计。可是，在过去很多年的夏天，它却经常登上南京各大报纸、媒体的头条，使南京人无不知晓"友谊河"的大名。南理工人对它也是爱恨交加。

"友谊河"，到底是怎样的一条河呢？

"快，快，把这几个课桌抬进去，把床和其他家具都架上去。"

在南理工 235 栋平房的一间屋子里，当时还是人事处处长的姜建中（后来担任江苏科技大学党委书记、南京财经大学党委书记）正在指挥我和几个小伙子忙乎着。房子外面的路面上，水正在一毫米一毫米地往上涨，眼看就涨到门口台阶上了。

这是 1991 年 7 月中旬的一天，在我的宿舍。我刚工作三年，排了好长时间队，好不容易在这个平房申请了一间宿舍。据说这栋房子是过去日军驻扎时期的营房马棚，由于校内住房紧张，这栋房子就被隔开成一小间一小间，分配给年轻教师结婚用。

大雨已经下了三天，外面还在淅淅沥沥，丝毫没有停止的迹象。学校位于紫金山南面，从紫金山汹涌而下的积水顺着沟渠倾泻入校园里，大量的积水不能及时排出，便在校园里肆意横流，简直就是一片汪洋泽国。

我是第一次经历发大水，听年纪大的同事们说，这对于南理工校园来说已经不稀罕了。待把家具等都安置在高处,姜建中处长抹了一把脸上的汗水,叮嘱大家说,这几天一定要注意安全,从友谊河桥上过的时候,千万要小心再小心。水已经完全把友谊河淹没,非必要就别从那经过了。

处长是好心,但架不住我们好奇心重,很多小伙伴都喊着到校园里去"看海",我也忍不住跟了上去。

水已经填满友谊河,暴涨的河水已淹没路面。三号路两边的水塘也灌满了水,高高漫了出来,路上的水深到小腿处还在往上涨。路东水塘里养的鱼也游到了三号路上,惹得过往的行人纷纷在看不到的路面上当起了渔民。

等蹚着水回到办公室里,与张彦博处长和阳继成科长聊天,我忍不住发起了牢骚:"学校里有这么宽的一条友谊河,从东贯穿到西,占了这么多地方,怎么不管用呢?"

阳科长摆摆手,板脸说道:"小张,话不能这么说。还多亏有这条友谊河,它可是我们师生们辛苦奋战个把月才扩大疏通出来的。如果没有它,我们学校还不知道要被淹成什么样子呢。"

扯出了这个话题,我便追根究底,非要两位前辈讲讲关于友谊河的事情。两位领导也就不吝赐教,很高兴地给我解惑了。

从他们口中,我第一次知道,南理工的校址最早驻扎明孝陵的卫戍部队,后驻扎过日本人的部队,做过国民党部队的兵营。新中国成立后,解放军多家单位曾先后在此轮番进驻。此处北靠紫金山,地势北高南低,下雨时水从高向低处流,汇聚于兵营,让各方人马饱受洪灾之苦。

因此,当兵的人就顺着低洼处开始挖排水沟,形成了东西两条水道,向外疏导水流,只不过当时挖的沟比较窄而浅罢了。据记载,紫金山上的水从两条水道流入学校院内。东面一条水道经大、小两道水闸,沿院墙向南,在小靶场北侧拐进校园。另一条流经西山脚,在孝陵卫镇西穿过宁杭公路,向南进校园。民国时期曾经修整这些水道,作为护卫营房的路沟。"总高"时期,在水道进入营区处都修筑院墙,下设铁制栅栏,拦截上游杂物。

话说1971年7月,连续下了几天的倾盆大雨,从紫金山上顺流而下的洪水淹没了孝陵卫镇的民房和土地。排水沟渠窄而浅,根本来不及泄洪,校外的居民拿洋镐锄头砸开了学校的院墙,大水涌入了学校院内,菜地被淹,粮油店关门,几乎到了断粮断炊的地步。洪水过后,学校院内泥土淤积,树枝当道,满目疮痍,惨不忍睹。

水灾过后,学校领导痛定思痛,觉得不能好了伤疤忘了疼,必须亡羊补牢,防止此类事件再发生。于是,命专人负责调研并疏通排水渠一事。他们查看现场发现排水沟渠也就一米多宽,沟底淤泥堵塞,两侧杂草丛生,难怪水排不出去呢。

学校外面孝陵卫的居民、紫金山公社的农民与学校院内的师生一起都遭遇了水灾,他们也迫切希望能整修水道。于是,学校与紫金山公社商议,决定共同开挖排水渠。学校负责开挖学校院墙以内的沟渠,紫金山公社负责加宽加深院墙之外的水道。

转眼来到1976年初,正是天寒地冻的时候,沟渠处于枯水期,学校在放寒假,修渠工程正式启动。因为这是利国利民的大事好事,受过洪灾之苦的男女老少都不用怎么动员,积极出动,大家一起上阵,连小学生都被组织起来了。

"那不就是我们老家的所谓上河工吗?"我忍不住插嘴。

来自广西桂林的阳科长不了解我家乡的习俗,不解地问道:"什么上河工?"

我向他解释,上河工是我们那里的一个专用名词,就是到河堤上去干挖淤泥筑堤坝的活。我老家上蔡县城外围有两条河,杨岗河和洪河,每年冬季农闲的时候,公社就组织生产大队去挖河泥。一到那时,各生产队的青壮年农民,就被上级抽调组成河工队,到达指定区域安营扎寨投入治河工程,疏通河道,加固堤坝,以防河床抬高,洪水泛滥。

"修渠管饭吗?"我知道,干这种活又苦又累,离家又远,所以,生产队上河工会派人专门负责在现场做饭。

阳科长说,工地就在大院内,离家近,管啥饭啊。再说,大家都是为了自己,没有任何报酬照样干得热火朝天。寒冬清晨,天还没亮,就有人出动参加排水,挑河泥,运石块,大人小孩都是头上一头汗,身上一身泥,没有一个人有怨言,全都高高兴兴,不时还能听到大家朗朗的笑声和欢快的交谈声。

"画栋朝飞南浦云,珠帘暮卷西山雨。"经过一个多月的艰苦奋斗,排水渠道很快修筑一新,由原来的一米多加宽加深了三倍。为防止滑坡,有的地方还垒砌了石头护坡。

工程结束后,统计了一下,仅学校每天大约就有1700多人参加劳动,有16个单位326人受到了表彰。为了体现校地友谊,经学校与紫金山公社商定,这条排水沟渠命名为"友谊河",成为师生、居民携手同行、共筑友谊的象征。

友谊河虽然修浚一新,但是并不是一劳永逸的,还需要不断地维护。每次下雨从紫金山上下来的雨水,源源不断地带来泥土,不断地沉积到河道里,因此,每过几年就必须清淤一次。石砌的堤岸,经过河水长时间的浸泡,经常坍塌,也要定期修复。

二十世纪八九十年代,友谊河水逐渐发臭,泛出令人头昏恶心的气味,每次上下班恨不得绕着它走。每到暴雨季节,更是看到友谊河中大量黑色污水翻滚着流入外秦淮河。它成了一条让沿河居民反感的黑臭河。

友谊河病了。

友谊河中这些黑色污水到底从何而来?

后来派人去查,发现上游有一个养猪场,他们每日冲洗猪圈的水直接流入河里,污染了河水。另外,孝陵卫镇临河两边新开了许多商户,有零售商,有小饭店业主,他们为了方便,把脏水、垃圾肆无忌惮地排进或者扔进河里。在社会主义市场经济初期,各行各业无不以经济效益为首要目标,大家环保意识比较薄弱,长此以往,友谊河就变成了一条脏河、臭河。

有一次,我到孝陵卫菜场去买菜,出了一号门向右拐,走过横跨在友谊河上的一座桥,专门站在桥上看了一会儿,发现河里的水乌黑乌黑的,根本看不到底部,只可以看到上游的水不停地汩汩向下游流淌。河道的两边长满了南京人叫作水花生的植物，吸收着污水中大量的营养，生长得枝肥叶茂。由于是春夏交替的季节，天气已经比较热了，污水中泛出的味道阵阵钻入鼻孔，让我不得不捂着口鼻逃之夭夭。此后好长时间，再经过此地，我就加快步伐一掠而过。

长期处于这样的环境里，每天看着满眼的污水，闻着刺鼻的臭味，师生们心里很不是滋味。终于在某一天，几位义愤填膺的老教授忍受不了了，联名写信投递到了区环保局，这才引起了他们的关注。他们找到上游的污染源，进行了罚款并且责令他们关停，禁止沿途商家向河中倾倒垃圾。虽然款也罚了，河道也派人清理了一次，但那个时候，人们还普遍没有环保意识，一部分人甚至素质低下，唯利是图，外加不可能天天派人督查，时间一长又故态复萌。

到了二十一世纪，不知道从哪年哪月开始，某一天我在七号门外的友谊河道上忽然看到了一块牌子，上面公示了地段和人名，才知道南京的大小河道都实行了河长制。不仅管校外的河道，也管校内的河道。由于有河长监督，友谊河水逐渐变得清亮起来。

2007年，我调到了扬州工作，之后接触友谊河的机会也少了，但每次相逢都给我留下深刻记忆。一次回母校办事，经过二道门时，看到友谊河水被抽干了，几个工人穿着带胶靴的下水裤站在河底部，拿着水带正在由东向西冲洗河底的淤泥。再往远处看，原来在河道中间打了一道坝，把上游的水先堵起来。而工人手中水带里的水，正是用抽水机从那里抽出来的，肉眼可见的非常清亮，鼻子闻起来没有一点异味。

经过向朋友了解才知道，学校马上要进行六十周年校庆，正在进行校园环境整治，师生们都希望有一个干净、整洁、清水淙淙流淌的友谊河。于是，学校与政府磋商，双方再"友谊"一次，学校配合政府部门把流经校园的友谊河彻底清洗一次。

友谊河又恢复了健康的模样。河水清了，亮了，大家可以沿着河边散步，再不会遭受刺鼻气味的侵袭。

但是，友谊河发源于紫金山，在南京这座湿热、潮闷且多雨的城市，它天生就是不平凡的，每隔几年就能带领南理工冲上各大媒体的头条。

"一川烟草，满城风絮，梅子黄时雨。"每年六至八月份是南方的梅雨季节，2016年7月，大雨又一次不期而至，在南京的上空徘徊了三四天。暴雨过后，友谊河水又溢出了河面，南理工艺文馆周边一片汪洋，第二天南理工又自动"上头条"了。"雨后南理工映现一片'奇幻森林'""雨后的南京理工大学又'看海'了""南理工开启'看海'模式橡皮艇接驳学生""雨后南理工变身'奇幻森林'美不胜收"等标题刷爆各大媒体。一组与众不同的"雨后南理工"照片获得了别样的"存在感"。一位拍摄者意外发现，水面竟然产生了镜面效果，倒映出两旁的梧桐树显得格外奇幻，暴雨刷出了雨后南理工的"爆表"新颜值。

当我们为南理工好不容易能霸屏一次而"欣喜"时，更多的还应该是反思：为什么年年都要"看海"呢？

学校通过官方微信做出了回应：当我们用戏谑的眼光来南理工"看海"时，不应忘记，这是南理工几万师生为了紫金山周边几十万南京市民的安全做出的又一次牺牲。

"牺牲"一说,就是源自这条"友谊河"。原因我已经前述,经过多次整修,友谊河并没有根本解决排涝问题。因为整个附近地区排水能力不佳,当大量洪水从紫金山上涌入友谊河中,这条窄窄的河道怎能肩负整个区域排水的重任?

学校在官方微信中曾坦陈:"虽然学校做了很多努力,也于2015年对学生一小区排水管网进行了整修,但南京市将友谊河作为紫金山雨季泄洪通道的安排未作变化。当秦淮河水位涨高时,友谊河的洪水无法外排,就倒灌到学生一小区来。用一个小区承接一座山的雨水,任它多好的排水系统,也招架不住啊!"

要说"牺牲",一点也不夸大其词。每当紫金山泻下的洪水来袭,南京理工大学宿舍生活区多处被淹,淹水最严重的是南理工学生二、三食堂位置(现为18舍学生宿舍)和对面学生一小区的6栋宿舍楼,积水最深处达1.5米,齐腰深的水常常没过了书桌。我大学四年都住在学生6舍,一到雨季,深受其苦。我住在二楼还好,最苦的是住在一楼的同学,有时夜间一觉醒来,床边上都是水,鞋子、水盆、垃圾漂浮一地。这样的时间段基本都是断电的,只好打着手电筒,趁着微弱的光线收拾东西并匆匆逃离。

学生们出行十分困难。此时,学校临时调动在校内施工的工人们,在受淹严重的6栋宿舍楼之间紧急搭建临时木桥,并将学生们从一楼转移到二楼宿舍去。留在宿舍的同学们,吃饭成了最大的问题,好在学校后勤集团饮食服务公司考虑周到,还给那里的同学们准备了爱心餐,划着船送进了学生宿舍,逐一送到同学们手中。工人们还在老图书馆门口用脚手架和木板搭起一条长约30米、宽约1.2米的人行栈道,以方便师生进出。幸好有些年份的"海景时节",大部分学生已经放暑假回家,对于留校学生,保卫处校卫队会出动皮划艇,将被水困住的学生逐一护送到安全地带。

每年的梅雨季节,南理工学生一小区的同学们一边进行游泳、蹚水表演赛和吐槽大会,一边"苦中作乐",涉水、游泳、划船……因友谊河而起的"海景"也成了南理工小鲜肉们颇为期待的"校园一景"。

其实,在南理工"看海"也不是每年都能看到,也需要"天时、地利"。学校的"海景区"大多只在学生第一小区及其周边,偶尔出现在兰杉园和艺文馆附近,因为学生第一小区是整个南理工校园地势最低的地方,并且濒临友谊河南侧。除此之外的南理工校园大部分区域受暴雨的影响都不大,没有遭受洪涝之忧。

而2016年7月这场大水,不只是南理工受到影响,沿友谊河附近的区域都不容乐观。因为友谊河过石杨路后汇入外秦淮河,秦淮河又连通长江,长江上游凶猛的洪峰来袭,滚滚而来,水位上涨一度超过历史警戒线,倒灌入秦淮河,致使溃黄的水冲破了友谊河堤岸外溢,在城市间左冲右突,到处宣泄。七号门外钟山花园城、银城东苑、紫金南苑等小区以及周边道路全都积满了到大腿处的水,更别说校内紧临友谊河的学生第一小区了。

说千道万，城市发生内涝，考验的是城市的地下管网建设。在网上看到，那年遭受洪涝时，住在银城东苑的江苏电视台著名主持人孟非在小区门口查看水情后，曾激进发言："我家小区，四周全淹，坐困愁城，等待救援，每年如此，市长该死。"孟非的批评是正确的，多年市政管道、给排水系统的落后让城东每到夏天就开始抓狂、忧伤。总之，一句话，城东就是紫金山下面的洗脚盆。

是耶？非耶？我们姑且不妄加评论，但是加快城东地下管网建设，切实提高防治内涝能力确实非常必要。

《大禹治水》有文曰："尧舜时，九河不治，洪水泛滥。尧用鲧治水，鲧用雍堵之法，九年而无功。后舜用禹治水，禹开九州，通九道，陂九泽，度九山。疏通河道，因势利导，十三年终克水患。"

说得多好！治理洪水，必须靠疏通和因势利导。据新闻媒体报道，2016年7月的洪涝过后，政府下大力度整改地下管网，实行雨污分流，再也不允许私自把污水排入友谊河。友谊河上游紫金山的排水实行东西向分流、长江及秦淮河的河道整修工作也同步进行，确保上游洪峰肆虐时不再倒灌入城市。近几年来，友谊河两岸再没出现2016年那样失控的大水。一次和孟非一起吃饭，谈起此事，我说批评也是生产力，他笑着点了点头。

"清泉石上流。"经过治理的友谊河变清了，也变美了，让大家不但能近水，更能亲水。

友谊河，流淌着南理工人复杂的情感，希望将来变得更美，永远护卫南理工，为南理工带来福祉。

No.4　兰杉园—和平园

"真漂亮!"

"太美了!"

一群男女嘉宾站在兰杉园的入口处,远眺那一大片水杉林和林下的花海,赞叹不已。

2022年3月,应友人要求,要去南理工看二月兰。于是,在一个周末的上午,我抽空陪同他们去一睹兰杉园的风采。

进入学校大门,沿着主干道走下去,老远就看到一大片密密的水杉,像小型的森林一般。如果不是亲眼所见,真不敢相信在大学的校园里还会有这样一整片的树林。

树林共分三块。二号路转盘西南有一块,西北有一块,另一块在紫麓宾馆的南面,加起来算有两百多亩的样子。里面全部清一色的水杉树,下面铺满了盛开的二月兰。放眼望去,一株株水杉树像笔直站立的哨兵,威武挺拔。水杉林下面开满了一尺多高蓝紫相间、摇曳多姿的二月兰。

初春时节,正是二月兰盛开的季节。天气晴朗,阳光普照,微风和煦,空气中氤氲着梅花、樱花、二月兰、白玉兰等各种花的混合香味,沁人心脾,舒适惬意。

转盘的西南角是花园的一个入口,一块大石矗立路边,上面三个红色的大字"和平园"异常醒目。入口是一个彩色拱门,上书"第十四届二月兰文化节"。二月兰文化节已然成为南理工的一项文化传统活动了。

走入花丛,里面是石板铺就的小路,曲曲弯弯萦绕于花间。置身其中,如果蹲下身来,就如置身在花的海洋中。淡紫色的小花在花杆上节节攀升,引来众多的蝴蝶在花丛中飞舞,二者好似在媲美一般。蝴蝶偶尔停驻在花杆上,不仔细看,还真看不出哪儿是花,哪儿是蝶。

花间放置了圆桌和石凳,走累了,就坐下来小憩。上面是嫩芽初发的杉林,脚下是簇簇花丛。坐在这里,静静地欣赏这迷人的风景,能感觉到心神安宁和岁月静好的安逸。此时,如果能有一壶香茶品茗,岂不快哉!

由于疫情原因,校园出入实行常态化管控,来看花的人真不算多,与疫情前比起来可说是寥寥了,所以才有了这么宽松惬意的赏花环境。花丛中,孩子们欢声笑语,女士们尽情翩翩起舞,给了热爱拍照的人们大好机会。眼前,一个摄影爱好者完全沉醉于美景之中,根本没有注意到我在看他,这倒应了那句话,你在看风景,看风景的人在看你,真是"乱花渐欲迷人眼"。

犹记2019年春天,二月兰文化节我也来转过一趟。那天刚好是周六,只见二号路上人山人海,汽车和人挤在一起,走路都极为困难,花间更是游人如织,真可以用摩肩接踵来形容了。一个人举起相机,有好几个摆着POSE的人来入镜。更有爱美的女士,全然不顾路边的提示牌,直接跨入花丛中,各种扭腰摆胯,忽略了花儿在她们的脚下呻吟。

"一花一草皆生命，一枝一叶总关情。"这个时候，也是那些穿着红马甲的"护花使者"们最忙碌的时候。他们招呼着，劝说着，力所能及地保护着这些花儿不受伤害，因为一脚下去，花杆倒了，摊在了地上，再也站不起来。

说起来，二月兰真算不上什么珍贵的品种，也不是什么名花，在南京的中山陵、玄武湖等各大景点的林下，都能看到它的身影。但时光倒流三十年，情况却不是这样子，它能与水杉林相映成景，成为南理工的一大特色，其中还有一段故事呢。

记得二十世纪八十年代我刚入校的时候，就知道这里有一大片树林。水杉树密密麻麻，下面杂树丛生，看进去黑咕隆咚的，就是白天看也看不出个所以然，更别说晚上了。可以说，树林高大有余，美感不足。那时的路灯少且幽暗，到了晚上，树影婆娑，我和同学们根本不敢从这条黑暗的小道上走，唯恐突然从里面窜出个黑影或者动物什么的。

那时的校园归总务办校园管理科（惯称花房）负责。记得科长是一个很能干的，名叫李菁的女同志。李科长是一个很有想法的人，并且也是一个实干家。二十世纪从八十年代末开始她就带领手下人致力于校园的环境改造，所以今天我们有这么美丽的校园，可以说她功不可没。

由于校园面积很大，约有三千亩地，但建筑物不多，所以在二十世纪五六十年代那个特殊年代，师生们在校内种下了大片大片的水杉树林。水杉树是速生树种，树形高大挺拔，早些年，成才后的水杉树干可用作房梁、椽子、门窗等，经济效益不错。估计当初大面积种植水杉树木也是出于经济原因吧。

由于树木密集，水杉树为了争夺阳光就可劲疯长，下层长满了拉拉藤和横七竖八的杂树，这几片水杉林根本进不了人。到了夏天，更是各种蚊虫、老鼠和蛇的天下。

在李科长带领下，校园管理科不为外撼，不以物移，在这几片树林上下足了功夫。曾经有几年时间，校园管理科要砍伐掉一些水杉，便于人们进入赏景。但要掌握住火候，因为树太密，长得细而高，如果砍伐太多，留下空隙太大，树木经不住风雨就会折断。

二月兰也是那个时候在南理工落户的。

早先学校里以种植绿色乔木、灌木为主，很少种花，主要是好打理。那时，二月兰在中山陵、玄武湖的林下有少量种植，但不像现在这样随处可见。李科长带人去东善桥林场买苗木，发现那里长了不少这种紫色的小花，早春开成一片，与黄色的油菜花相映成趣，就萌生了引种二月兰的念头，当年就向东善桥林场订购了五斤二月兰种子。

"春风桃李又轻寒，满眼清新二月兰。昔日军中诸葛菜，而今烂漫谓奇观。"二月兰学名诸葛菜，是十字花科诸葛菜属的一年或二年生的草本花卉。论名字的话，其实应该叫二月蓝，蓝色的蓝，因其农历二月前后开始开蓝紫色花，故称二月蓝。有人说相传诸葛亮率军出征时曾采其嫩叶为菜，故得名，但这种说法查无实据，我觉得纯属臆想吧。

这种花适应性强，耐寒耐旱，少有病虫害，对土壤光照等条件要求较低，在肥沃、湿润、阳光充足的环境下生长健壮，在阴湿环境中也表现出良好的性状。可以用作花径栽培，更是理想的园林荫处或林下地被植物。

刚开始的时候，学校只在花圃中试种，一两年之后，才在校园里普遍种植。兰杉园也是校园管理科经过多年的改造才逐步成型的。水杉树的高大与二月兰的低矮形成了强烈的对比，一枯一荣、一刚一柔、一树一花、亦庄亦谐，上方是含苞的绿芽，下方是成片的花海，相映成趣，颇有"高下相倾，音声相和"的特色。

二月兰虽然皮实，耐糙，但它怕水淹。2016年7月连续几天的暴雨，使得承担紫金山泄洪任务的友谊河泛滥成灾，南理工校园又成了"看海"之地，兰杉园地势较低，受到殃及。水杉林中深达近一米的洪水经过个把星期才退去。水杉林下二月兰的宿根和幼苗部分漂浮四散而去，部分缺氧窒息而死，导致二月兰几乎全军覆没。学校后勤服务中心紧急从校外购回了一大批花苗补栽，可冬季寒冷花苗扎根不稳被冻死了大半，致使来年早春二月兰稀、疏、矮、瘦，长势不尽如人意，令不少赏花人乘兴而来，败兴而归。待到花谢枝枯之后，学校提前布局花海重振工作，及早完成花种采购、水杉林翻土整地、施肥、播种等程序。功夫不负有心人，当年的二月兰长势喜人，初春时节，学校一年一度的二月兰文化节准时开幕，灿烂的二月兰迎来了一批又一批的客人，流动的人群挟裹着春天的气息及氤氲的花香使校园变得活力四射、朝气蓬勃。

有人问："二月兰在南京的很多地方都有，为什么只有南理工的与众不同？"

那我要告诉你，南理工的二月兰，不仅仅是因为她开得声势浩大、盛开时的浪漫而成为南京十大春景之一,更是因为兰杉园也叫和平园,美丽的二月兰盛开在和平园,承载着和平的文化。

二月兰,还有一个和平的称谓叫"紫金草"。战争总是残酷无情的。学生时代曾到过南京的山口诚太郎,在日军入侵南京后的1939年,作为侵华日军卫生材料厂长兼军医重返南京。过去繁华的南京在日军的蹂躏之下已变得满目疮痍。山口诚太郎心底里厌恶和反对战争,他是无奈之下被迫参战的。后来由于发表反战言论被军国主义顽固好战分子遣返回国。他喜欢紫金山下开着的这种紫色小花,坚韧,顽强,生生不息,他认为每一朵紫色的小花后面都隐含着一个无辜中国人的冤魂。出于和平的心愿,临走时,他就带走了这种花的种子。回去之后仔细培养,因其生长在紫金山下,故将其命名为紫金草。

历史不容忘记,真相不容篡改,罪孽必须深刻反省。年复一年,紫金草代表着山口诚太郎这个老兵对战争的忏悔与反省,对和平的祈望。他把花赠送给他的邻居和当地的学校、社区、公园,希望紫金草作为和平的象征开遍日本的大地。1998年日本的词作家大门高子创作了合唱组曲《紫金草的故事》,以此纪念他。

每年,二月兰都以紫色的惊艳把南理工的春天推向高潮。紫花盛开的时候,日本热爱和平的老年朋友们成立的"紫金草合唱团"多次来南京理工大学献唱,把他们祈愿和平的表演献给在场的所有观众们。合唱团的第十二次访华活动,既是南理工二月兰文化节的一个组成部分,也是中日文化友好交流的一个见证。

日本友人合唱的《紫金草的故事》，传递着紫金草合唱团的宗旨——"热爱鲜花，热爱歌唱，热爱和平"。

"参天杉林，傲立风霜雨雪；二月兰花，唱响青春礼赞"，师生唱响了校歌《使命》，在兰杉园里久久回荡，以祝愿学校的明天更加辉煌灿烂！

日本的"紫金草合唱团"与我校的学子和老年艺术团的老师们一起共同合唱的《茉莉花》《和平的花紫金草》《大海啊，故乡》三首歌曲，歌声婉转悠扬、洋洋盈耳，赢得了观众们热烈的掌声，共同祈盼一衣带水的中日和平友谊之花永开不谢。

美妙的歌声在和平园的上空萦绕，白色的和平鸽在兰杉园的上空盘旋。紫金草，一个很有意义的名字。记得《紫金草》歌曲里这么写道："和平鸽公开告诉我，因为我们是紫金山的孩子啊，必须叫响一个新名字——紫金草。"南理工正好位于紫金山下，冥冥之中担负起了历史赋予的责任，这片热土以这样的花海吸引着成千上万的市民，讲述着和平故事，同时也提醒着每一个人不忘国耻、保卫和平。

"百花芳树红将歇，二月兰皋绿未还。"写下这些文字的时候，忽然想起，马上又到紫金草盛开的季节了。来吧，朋友们，校友们，一定要抽空去走一走，看一看，不要辜负了我们南理工的这幅美景图，正是：若待上林花似锦，出门俱是看花人。

水杉林、二月兰，教万千离校的游子如何不想她！

No.5 一校三区

南京坊间流传着一句诙谐的话："东贵西富，南奢北朴。"南理工校园地处东郊，绿树成海，鲜花四季，开车十分钟步行半小时就能跑到中山陵、灵谷寺和明孝陵，如此位置，不"贵"才怪！

南理工校园，不但"贵"，而且大。

1984年我刚来上学那会儿，对校园的第一印象就是大。当时宣传材料中说南理工孝陵卫主校区2800亩，相当于我老家上蔡的大半个县城，况且千年古城上蔡的县城相比其他地方，还算比较大的。做学生时，从西到东我没有完整地走过一遍，但从北向南，从三号门走到四号门却没有少走，每次都有走不到尽头的感觉。

经过七十年的建设发展，南理工已然成为国家首批"211工程"重点建设高校，获批建设"985工程优势学科创新平台"和"双一流"建设高校。在办学实力和水平提升的同时，学校主校区占地面积更是进一步扩大，达到了3200亩，校舍建筑总面积110.9万平方米，固定资产总值52.3亿元，各类基础设施齐全，后勤服务系统完善，现有教学科研仪器设备21.7亿元，其中图书馆收藏280余万件印刷型文献、1100余万册各类电子型及数字型文献信息资源，是学校传承办学文化、筑牢发展根基、扩大办学影响的主阵地，是学校人才培养、科学研究等事业的核心支撑平台。

南理工主校区北依紫金山，西临明城墙，地处孝陵卫的一块辽阔平坦的大院内，最早有着"孝陵卫营房"之称。在明清时期，这里是朱元璋陵寝警卫部队的驻扎之地，现在学校外西面小卫街处还有下马坊遗址。在太平天国时期，是清军江南大营的驻扎之地。在民国时期成为陆军的驻扎营房。日军侵入南京，盘踞在此的是日军战地士官学校兼后勤基地。

很多校友肯定都有印象，过去学校内部有不少大屋顶平房，据说是兵营的马棚。二十世纪八九十年代，原来大操场西面的234栋、235栋改成了青年教工宿舍，我毕业后留校，结婚后还在那里住了三四年，经历了1991年的洪灾，女儿也在那里出生，可以说是记忆深刻。十几年后，为建学生宿舍拆掉了，变成了现在漂亮的楼房宿舍，再也不复当年的一丝踪影。也有不少平房改成了教室、教研室，比如现在第二教学楼（俗称二工）东边的347栋、366栋、367栋、368栋平房，还有友谊河与一号路交汇处的359栋以及345栋老政治讲堂，算起来是南理工目前最老的建筑了。

从抗战胜利到南京解放之前的几年时间内，这里成为国民党中央训练团所在地，后陆军大学从重庆回迁也借住在中央训练团营舍。其间，孝陵卫西南一带因被确定为中华民国陆海空最高军事教育区，陆军大学、陆军参谋学校等军事机构进行营舍建设，使得面积不断扩大，向北扩至宁杭公路，形成多家军事机构共同驻扎、区域范围更为广大的营区。

南京解放后，先后有二野军政大学、华东军事政治大学、总高级步兵学校、高射炮兵学校等多家单位在此轮番进驻。直到1962年，炮兵工程学院迁移此地落户，铁打的"营盘"终于来了一帮稳如泰山的扎根之辈。

纵深四华里的校园以友谊河为界，分为南北两部分。北部是家属区，南部是教学区。二道门是教学区的主要出入口，一号路、三号路上，皆有桥横跨友谊河，为师生学习生活提供了便利。

我刚上学那会儿，校园里树多草茂，植被好，绿化好，光合作用足，又背靠中山陵绿色海洋，是座于繁华都市之中但又十分静谧的天然氧吧。硬币皆有两面。校园大归大，但囿于时代和经济局限，谈不上美。校园里成片的水杉林像哨兵一样笔直耸立，威武挺拔，但林木下杂树丛生，晚上黑黢黢阴森森，没有人陪伴，估计大部分女同学是不敢单独夜行的。

面对自然环境优美，但外观粗放的校园，学校总务办成立了校园管理科，对校园环境进行整治和改造。

如果把校园拟人化，那么高楼大厦、道路阡陌就是他的骨架。基建处是负责骨架搭建工作的，工程结束之后，周边的绿化美化工作就交给了校园管理科。当时的科长李菁非常能干，常常看到她亲自带领工人们砍树、翻地、种树、种草。

印象最为深刻的有两件事，一是对水杉林的改造。校园管理科间伐树木，让密不透风的水杉林透进了阳光，清除了杂树，引种了二月兰，为建成现在南京市闻名的"和平园"奠定了基础。二是绿化建设喷泉广场。在当时楼宇比较少的情况下，校园里第一次建成这么高的综合大楼，上至学校领导，下至师生员工，内心都充满了激动和期待。大家建言献策，都想把楼前一块平地建成一个高大上标志性的广场。巨型喷泉建好后，辛勤的园丁们像蜜蜂采蜜一样，每天在这块土地上耕耘，一天天过去，树种上了，草皮铺上了，广场变得越来越美。

经过十年努力，学校不仅大，而且变美了。来南理工的各级领导、同行和校友深深感受到了这一变化，1994年，学校获得"全国绿化三百佳"荣誉称号。现在想想，全国九百六十万平方千米的土地上，该有多少家行政管理部门和企事业单位，仅评出了300个绿化好的单位，南理工就位列其中，难道不值得我们自豪吗？

时光荏苒，一年又一年，校园年年都有新变化。和平园建成了，每年春天吸引数以万计的南京市民来赏花观景；时间广场重新修整，成了退休职工和孩子们的乐园；紫霞湖两岸桃红柳绿，波光潋滟，吸引过往人们驻足观赏，连水中的鱼儿有时也会游到岸边，与岸上的人默默对视几眼。

还有我们众多校友记忆深刻的大操场，曾经赛场上的呐喊声犹在耳，也由于学校发展规划需要，将之搬迁到了原二、三食堂的南边靠围墙处。原来的大操场所在地建起了高大的新图书馆，前面的银杏林广场上，学子们三三两两，或捧书阅读，或低头沉思，金黄的银杏叶在秋日的暖阳里也闪烁着智慧之光，或许是在知识的殿堂里浸润久了的缘故吧。

学校南广场，周边环绕着兵器博物馆、三号教学楼、四号教学楼和逸夫楼，已然成为学子们学习、生活的重要场所。每年的"5·20",学子们在这里举行活动,马路对面学生宿舍楼上,硕大的"5·20"霓虹灯与逸夫楼上的"吾爱理"遥相呼应,注定成为学子们青葱岁月里最美好的记忆。

近几年,变化最大的当属一号路东侧。早先,除了靠路边有化工学院、机械工程学院的几栋教学楼外,再往上走可以说那里是南理工的"棚户区",据说里面有野兔、有毒蛇,有没有野猪不知道,总之几乎很少有人进去侦察过。经过学校的规划,东南侧靠围墙盖起了教学楼,电光学院、计算机学院、理学院、自动化学院得以进驻,原来的东山仓库也拆除了,变成了机械工程学院的教学楼。

再往北,原来的小靶场,以前常听到有"咚、咚、咚"的声音,那是师生们做试验的枪炮声,鉴于生产安全的严格要求,涉危涉爆试验全部移到了汤山试验中心进行。小靶场那里建起了兵器学科楼,相关科研团队进驻,将助力学校"兵器科学与技术"一流学科更加名副其实。

校园变化大矣!罗列再多也不能穷尽。

其实,我调离南理工已经十几年时间。作为南理工的校友,一直关注着母校的发展变化,有时间也会到校园里走一走。但不在其中工作,得到的信息总是碎片化的。2021年获赠由南理工张骏书记、付梦印校长作为总主编编写的《南理工记忆》一书,看后惊叹不已,用翻天覆地可能有点夸张,但绝对是焕然一新、日新月异。我当学生时,还没有高校异地办学之说。到了大三,才陆续知道还有一个汤山试验靶场和一个陶吴试验基地,但面积都很小,算不上分校区。进入二十一世纪,特别是近十几年来,在历届校领导的推动下,学校由原来单一的孝陵卫主校区,增加了江阴和盱眙两个校区,形成了"一校三区"的办学格局。

南京校区汤山分部

南京校区分为校本部(孝陵卫主校区)和汤山分部。

上大学期间,我就听说学校有一个汤山试验靶场,因当时我的专业是环境监测,不涉及易燃易爆的危险试验,所以没有机会到这个试验场一睹芳容,平时也只是从其他专业的同学那里道听途说罢了。工作之后,在学校安排学习培训时去过汤山试验场几次,听试验场主任讲,那里主要用于火炮、枪械打靶试验以及部分危化品实验,因此师生们都习惯称其为汤山靶场。

汤山试验场位于南京市江宁区汤山街道汤龙路200号,距学校本部孝陵卫约22千米。1972年,学校在汤山征地209亩进行建设,初始设施非常简单,在进入西大门北侧建造了一栋小楼作为招待所和办公室,小楼西边不远处有两处平房作为食堂,是为了方便来此做试验的师生们就餐。后山半山腰建了几个暂时储存药品的暂存库,山坳里是做试验的场地。除了供做试验的师生放置试验器材及临时躲藏场所,其他建筑物很少。这种状况一直保持到二十世纪末。

进入新世纪,随着国家经济社会发展及高等教育改革的深入,学校发展进入新阶段。在学校"立足国防,服务社会,争创国内一流、国际知名理工大学"的办学思路与理念的指导下,"十五"期间学校提出了建设汤山科研试验中心的项目申请。申请得到了国防科工委的批复,学校于2004年12月启动了汤山科研试验中心的建设。

学校对汤山科研试验中心的建设特别重视,校第十次党代会提出了"建设好汤山科研试验中心,使其成为设施先进、资源共享的科研试验场所"的要求。在这样的大目标下,原来的209亩地面积太小,已不能满足发展要求。2004年,学校在原址南侧再次征地450亩,汤山试验场也升级为汤山科研试验中心,拥有了659亩土地,规划为动态试验区、静态试验区、科研区、试验辅助区,拟增设动态试验场所、装配工房、库房等设施,开始向国防科工委申请条件保障建设项目。2008年底,汤山科研试验中心正式举行揭牌仪式,其时,批准在汤山科研试验中心进行建设的项目已有12项,总经费计4.45亿元。

"十二五"和"十三五"期间,学校进一步加大汤山科研试验中心的建设力度。在2019年11月召开的学校第十二次党代会上,学校党委高瞻远瞩,对标"双一流"建设,高位谋划未来发展资源和空间,确立了"一校三区"发展战略布局,将汤山分部与孝陵卫本部全面融合,一体化打造南京理工大学南京校区,服务国家战略需求,建设国家兵器科研创新基地,构建服务国防科技重大创新和人才培养的重要平台。2020年3月,成立南京校区汤山分部建设管理委员会,全面负责汤山分部的规划建设工作。

2021年底,我在汤山分部建设管理委员会办公室主任、老友殷巧生的陪同下,又去了一趟那里。时隔二十九年,原来的汤山试验场已经发生了翻天覆地的变化，建起了一幢幢实验楼和试验工房，室外试验场地也进行了整修，安全措施增加不少，安全度得到有效提升。内部道路贯通了，路两边种上了行道树、草坪、灌木等，软化了试验场空旷、寂寥的氛围，为在那里做试验的师生提供一个优美舒畅的环境。

殷巧生进一步向我介绍，为实现建设特色鲜明世界一流大学的目标，学校正开疆拓土，再征用周边约214亩土地，将汤山分部建设规模扩大到873亩，保障优势学科强劲增长需要的物理空间，打造人才培养和国防科研高地。2020年10月，学校与南京市人民政府签订共建"长三角智能制造与装备创新港"战略合作协议。创新港聚焦智能制造技术和先进装备研发，定位于国家级军民一体化人才培养、科教创新和产业开发高地，服务国家重大战略需求，建设国防科技和先进装备全国创新中心，支撑装备产业高端化发展，打造区域一体化发展新格局、高质量发展新样板。创新港由"一港三区"组成，包括科技创新区（873亩）、装备研发区（2000亩）和制造产能区（1500亩）。汤山分部承载创新港科技创新区功能，聚焦高端制造装备、先进制造技术等方向，构建涵盖基础研究和应用基础研究、支撑高层次人才引聚和高层次人才培养的创新平台，是创新港高水平创新的动力源。

通过殷巧生主任，我还了解到，学校与南京市在汤山共建创新港，是一项重大战略举措，可充分利用地方存量土地，极大拓展产学研融合发展空间。在装备研发区，围绕学校承担的国家重大重点研发任务，建设核心技术攻关研发平台和政产学研示范平台；集聚行业科技创新资源和区域产业发展条件，构建从科技创新到产业培育的优质产业链条，打造智能制造与装备研发中心集群，是创新港高质量融合发展的孵化器。目前，创新港装备研发区正在全力推进以付梦印院士、芮筱亭院士、陈光院士、王明洋院士等领衔的智能制造系统全国重点实验室（筹建）、智能毁伤与防护 JS 科研重点实验室、复杂装备系统动力学前沿科学中心和江苏省高端制造装备工程技术联合实验室等重大创新平台建设；与中国兵器工业集团签订"长三角创新研究院"入驻协议；已有西北工业集团、和平重工集团等四家集团企业完成在创新港注册。

作为创新港科技创新区的汤山分部，"十四五"期间，学校将投入约 10 亿元，新增基础配套设施项目、智能装备楼、军事智能楼、融合教学科研楼、智能兵器人才创新中心等建筑面积约 16 万 m^2，建成后将入驻 3000 名左右高层次研究生和 500 名教师。

"校区＋创新港"，这就是汤山分部建设发展的最新定位！

汤山分部，未来可期。

江阴校区

南理工江阴校区位于无锡江阴市西部，长江南边。

江阴校区占地面积 1115 亩，一期建设总建筑面积约 32 万平方米。新校区，浑身上下都透着一个"新"字。新的校区规划，新的教学楼，新挖的人工湖，还有新栽的树木、花草等，无一不体现着决策者、设计者及建设者的匠心独运。

令人惊喜的是，新校区的规划和布局融入了南理工主校区的校园文化元素，如校风碑、二月兰、学子湖等，景观设计延续主校区校园文化，再现了二道门、水杉林等特色标志性景观，彰显了与母体的同呼吸共命运，体现了南理工校园文化与江阴地域文化的高度融合。通过办公楼、教学楼、宿舍楼等多栋建筑和上述景观的规划建设和生态布局，构建起一个纵横交错、中西合璧且极具生态化、园林化、现代化的美丽校园。

母校的发展，作为校友的我总是念兹在兹，因此也特别想一睹江阴校区的芳容，2021年12月我专门抽空去过一次江阴。站在鼎新研究院的顶楼俯瞰新校区四周，错落有致、样式精致且充满法式建筑元素的教学楼，与校园内环绕的道路以及湖光潋滟、青草如茵的校园景观相得益彰。虽然刚栽下不久的树木尚处于自身修复阶段，相信假以时日，一定会变得枝繁叶茂，林木葱茏，如南京校区一样，成为一个全国绿化园林式校园，令师生们徜徉其中流连忘返。

刚建设的新校区办学条件比较优越，做到了未雨绸缪。教学实验楼、智慧教室、图书馆、工程训练中心、学术交流中心、学术报告厅等教学设施齐全，学生宿舍楼、食堂、体育场馆、游泳馆、现代化快递收发中心、洗衣中心等综合服务设施完备。带我参观的校区党工委书记兼副校长孔捷介绍，校区基础建设于2018年9月20日正式开工，仅仅用了不到两年的时间，一座美丽的校园就建设完成并投入使用，确实体现了高速、高效、高质量的工作作风。

南理工江阴校区一期建筑投入使用后，2020年9月9日，首批2380名师生入住校区，正式开学。聚焦"两个强国"发展战略，根据区域经济发展需要和地方产业优势，结合南理工优势特色以及"双一流"建设需要，学校先期设置了网络空间安全学院、智能制造学院、新能源学院、中法工程师学院、工业互联网研究院、国际教育学院和江阴学院等7个学院，预计到2025年，江阴校区师生规模将超过8000人。

风雨砥砺，岁月如歌。回望江阴校区从无到有的发展历程，令人惊叹。

时间回溯至2009年11月，江阴市委相关领导率队来校洽谈，寻求合作事宜，双方就政产学研合作开展了富有成效的交流。经过认真切磋研究，双方在科研合作、项目孵化、科技成果转化及人才培养等方面达成共识，围绕新材料、新医药、新传感器等领域签署全面合作战略协议书，为双方进一步深化科技和人才合作打下了良好基础。

全面合作协议签订之后的八年间，双方各尽所能，利用自身强项，进行多方合作。南理工人才济济，有众多实力雄厚的科研团队，有精尖高新技术和研发成果；而江阴市是全国百强区、县中的翘楚，有着广阔的地域和雄厚的资本。江阴发挥了产业、平台、资金和市场资源等领域的优势，推动技术与资本、项目与企业、研发成果与市场开拓等方面的"无缝对接"，以优厚的条件吸引了更多人才落户，实现了更多前沿技术、尖端产品产业化，将江阴经济开发区打造成为南京理工大学优质项目的转化基地、优秀毕业生的就业基地和高端人才的创业基地。

经过八年的磨合，在成功合作的基础上，双方意识到还有更大的合作空间。2017年11月，南京理工大学、江阴市人民政府、江阴临港经济开发区签署《南京理工大学江阴校区合作办学协议》，标志着南京理工大学江阴校区全面合作正式启动。

不驰于空想，不骛于虚声。双方几乎没有一刻耽搁，同时启动了有关工作。期间，学校与江阴市政府、临港经济开发区保持了密切的沟通互动，以超常规的速度和效率，顺利完成了校区总体规划、主要建筑设计、建设招投标等各项准备，开展了大量卓有成效的工作。经过近一年的筹备时间，于2018年9月20日上午，建校六十五周年校庆日，江阴校区正式开工奠基，标志着南理工与江阴市的合作取得了突破性进展，校地双方也从此真正成为风雨同舟、共荣共生的事业共同体和命运共同体。

经过九个月紧锣密鼓的大力推进，第二年的6月25日，南京理工大学江阴校区主体工程封顶仪式举行，学校与江阴临港开发区签署政产学研战略合作协议，江阴校区产教融合联盟成立，二者将为江阴校区高水平建设和江阴市的高质量发展提供有力支撑。

2020年9月9日，经过720天的紧张建设，南理工江阴校区正式启用，这是"江阴速度"和"南理工精神"的一次完美结合，是校地合作的成功典范，也标志着双方迈上了携手奋斗的新征程。

物换星移，江阴校区已经运行一年多了，正在发生着可喜的变化。运行初期，本着"优势互补、平等互惠、协作共赢、共同发展"的原则，根据区域经济发展需要和地方产业优势，结合学校优势特色以及"双一流"建设需要，江阴校区采取国际化办学方式，推行以小班化、书院制等为核心的本科和研究生教育教学改革，引入优质教育品牌和师资，探索校企合作新机制，构建知名企业深度参与的新型人才培养体系，创新产教融合人才培养模式，全面提升学生综合素养，培养创新型卓越工程人才。目前，校区已与远景能源集团、双良集团、法尔胜泓昇集团等8家单位签订产教融合协同育人合作协议，正式组建了"产教融合联盟"。

江阴校区是学校"一校三区"办学布局的重点工程，是学校落实工业和信息化部、教育部、江苏省人民政府共建南京理工大学的重要举措和服务"长三角一体化发展战略"的"桥头堡"；是学校坚持高起点、高标准、高质量办学，服务"两个强国"的先行区、新兴交叉学科的先试区和国际化办学的示范区；是学校以服务"两个强国"建设、促进区域经济发展为使命，致力于建设"一流的高水平国际化校区"，推进"双一流"建设的新动力。

盱眙校区

"学校还有个盱眙校区？什么时候的事？"

2021年春节与几个老同学一起吃饭，聊起母校的发展变化，他们都感到很惊奇，毕竟84年入校，88年毕业，离校三十多年，久矣！

我开玩笑说："你们几个是醋坛子打酒——满不在壶（乎）。

要是经常关心的话,自然会到学校网站上经常看一看,也不会说一点不知道。"

"惭愧!惭愧!"几个人抱拳不停地示意。

无怪乎大家不知道,盱眙校区的发展也是近几年的事情,并且推进速度很快,可谓日新月异。要让数以十万计的南理工人和校友都熟悉了解,恐怕还要大力宣传和推动。虽然校史馆那里沙盘上有标注和介绍,但自从2020年发生疫情两年多以来,学校出入管控严格,已经很少有人能参观校史馆了。根据自己了解的情况,我向同学们介绍了一下开发盱眙校区的全过程,并一再表示不对之处希望大家海涵。

从学校大的规划发展来看,学校通过与盱眙县共建南理工盱眙产学研合作基地、盱眙科研试验基地和盱眙水下科学试验中心(简称"两基地一中心"),能充分发挥资源优势,推进校地、校企深度融合,助力盱眙高质量发展,助推学校"双一流"建设。

盱眙校区"两基地一中心"实际上是分三块规划的,分别是宁淮分部、象山分部和天泉湖分部。

南理工盱眙产学研合作基地坐落于盱眙县宁淮特别合作区(宁淮分部),一期规划新建了功能完备的智能化高等教育校区,包括教学区、实验区、科研区、图书馆、体育馆、宿舍楼、食堂、综合楼、学术交流中心、运动场等。基地建成后可容纳1000多名学生在校学习,满足100多名教职员工、研发人员开展教学和科研活动,打造"校园环境一流、学校管理一流、师资队伍一流、教育质量一流、品质优势突出"的国防人才培养校区，使之成为创新人才辈出、领军人才集聚、创新创业孵化、高新技术转移的高层次人才培养基地和科技创新高地。盱眙科研试验基地在象山一带（象山分部），主要聚焦国防科技创新和成果转化，充分发挥地方资源优势，建设以"陆海空天信"深度融合的科研试验基地为主的功能校区。盱眙水下科学试验中心靠近天泉湖（天泉湖分部），主要利用天然水资源优势为水中科研试验提供绝佳平台。

盱眙是淮安下辖县，地处长江三角洲地区，位于淮河下游，洪泽湖南岸，江淮平原中东部。进入新世纪开始，有一种叫作龙虾的食物风靡江苏，口味众多，尤以"十三香龙虾""蒜蓉龙虾""麻辣龙虾"出名。而盱眙，就是盛产龙虾之地。2001年，当地还别出心裁地搞出第一届"龙虾美食节"，此后连绵不绝，彻底打出了名气，"盱眙龙虾"迅速火遍了全国，也把盱眙这个过去名不见经传的小县城推上了全国的大舞台。

其实，盱眙距南京并不远。过去路不好走，从南京乘大巴去那里大概要三个小时，而现在有了高速，县道也是柏油马路，又是汽车普及的年代，开过去直线距离也就一百多千米，一个多小时足矣。

据老一辈人讲，南理工与盱眙的联系很早以前就建立了，但并非结缘于龙虾，主要因为盱眙山沟里有一座兵工厂——925厂。

原国营925厂成立于1965年，遵照军委"山、散、洞"的要求，把地址选在了盱眙县水冲港林场一带。这里北面是牛黄庙山，南面是天台山和蚂蚁山，西面是棋盘山。过去这里山高路窄，人烟稀少，林木茂盛，遮天蔽日，正是军工企业理想的场所。几十年后的2000年，该厂改组成立了江苏永丰机械有限责任公司，是一家集产、学、研于一体的新型地方军工企业。公司经营范围包括军品制造、军品科研、军品销售及技术服务，军需装备储存、销毁以及道路危险货物运输，还有普通机械、电子产品、仪器仪表、钢质复合材料、船用救生器材的制造、销售及相关技术咨询服务等。925厂与南理工一样，都是经过国防科工委认定的武器装备科研生产许可单位。双方在项目申报、科研试验等方面有着深度合作。

听闻南理工机械工程学院、化工学院、能动学院的许多老师讲，他们经常到925厂去做试验，特别是易燃易爆危险试验，在他们空旷的场地上做，安全更有保障。正是出于安全的原因，2018年，学校租用了925厂的危险品库房作为总库，把原来存放在汤山科研试验中心的药品移到了那里，而汤山科研试验中心的几个库房作为周转库使用，只存放少量的易燃易爆危险物品，极大提高了汤山科研试验中心的安全度。

过去，学校大剂量易燃易爆危险试验都安排在汤山试验场或者上峰试验场，但随着汤山规划建设风景旅游区，不管是建筑物或者是人口数量都大幅度提升。再在此进行大量易燃易爆危险试验，安全不能确保。因此，学校多年来一直在对南京市及周边地区进行选址查勘和方案对比，最终在盱眙县选定建设地址。

基于双方多年合作，2016年，学校与淮安市委及盱眙县人民政府商谈深度合作事宜。能够与南理工这样一所实力雄厚、特色鲜明、贡献突出的全国知名大学合作，盱眙县委、县政府深感振奋并寄予厚望。他们诚挚表示，将提供最佳的服务、最优的政策、最好的环境，保障合作事宜的顺利开展。

2017年9月8日，南理工与盱眙县人民政府在盱眙隆重举行了战略合作协议签订仪式。中国工程院李鸿志院士、董春鹏院士、李魁武院士、邱志明院士、杨德森院士等专家到场祝贺。在多位专家及淮安市、盱眙县和南理工领导的共同见证下，付梦印校长与梁三元书记分别代表学校和盱眙县，签署了战略合作协议和水下科学实验中心共建协议。双方代表都发表了热情洋溢的讲话。时任党委书记尹群感谢淮安市和盱眙县的鼎力支持，阐述了双方优势和合作愿景，并期待双方能通过优势互补实现互利共赢。同时，他也代表学校表态，将以最大的诚意与盱眙同心协力，务实合作，努力打造校地合作新典范。淮安市委副书记张彤也指出，校地合作可以实现资源共享、优势互补，达到校地双方共同发展，一要立足现有项目，夯实合作基础，集中一切资源、一切力量、一切智慧，加快推进合作落地；二要抢抓发展机遇，进一步优化合作方案、创新合作机制、拓展合作空间，在更广阔的领域实现深度合作。

事实上，学校与盱眙的合作不止局限于一个点上，而是有三个地方，分别是盱眙校区象山分部、天泉湖分部和宁淮分部。

此后，双方频繁进行合作交流。2019年10月，盱眙县长朱海波带队来校交流合作办学相关事宜，双方与会人员就建设方案和工作计划进行了交流。次年3月，盱眙科研试验基地建设项目列入教育部等七部门《关于建设长江教育创新带的实施意见》；4月，工业和信息化部规划司函复同意学校启动盱眙校区科研试验基地规划建设前期工作；9月，付梦印校长带队前往盱眙，带着盱眙校区宁淮分部、天泉湖分部、象山分部的规划建设方案、建设推进情况以及下一步工作计划，就如何加快推进校区建设与对方进行深入交流和研讨。2021年1月，国家国防科工局军工项目审核中心出具了学校盱眙科研试验基地选址规划方案评估报告，论定方案符合相关发展要求，建议加快予以推进。

就盱眙校区的建设问题，我曾请教过张骏书记与付梦印校长。他们说，盱眙校区是学校第十二次党代会确立的"一校三区"发展格局的重要建设项目，是学校服务国家战略和地方经济社会发展的重要平台。学校将紧扣国家重大战略需求，全面优化办学功能布局，系统设计校区资源衔接，与盱眙县通力合作、携手并进，高起点谋划、高标准建设，将盱眙校区打造成区域人才培养、科技创新和成果转化的新高地。

三国演义

2014年9月19日晚,在素有北国锁钥、南国门户美誉的江苏省徐州市,一场盛大恢宏的江苏省第十八届运动会开幕式正在市奥体中心上演。

看台上,数万名观众神情飞扬,手中挥舞着旗子和荧光棒,随着场内氛围的变化,或手舞足蹈或呐喊助威,声震云霄。

主席台上,省委书记罗志军和省长李学勇等领导在掌声中落座。随着一声哨响,开幕式前的暖场活动开始了。

此时,在看台中央的场地上,有三支舞龙队正在进行开幕前的暖场表演,吸引了主席台上一众领导的目光,看台上的上万名观众更是凝神观看。

"龙"是中华民族世世代代所崇拜的图腾。华夏炎黄子孙都以"龙的传人"自豪。因此,舞龙就成为极富中华民族独特色彩的民间艺术之一。眼前的这三支舞龙队可不是随便请来的民间草台班子，全都是来自省内高校的高水平运动队，分别是南京理工大学舞龙队、扬州工业职业技术学院舞龙队和徐州工程学院舞龙队。

或许是感受到了万千目光聚焦于一身，舞龙的小伙子们身着各式民族服饰、中筒靴子、灯笼裤、布制腰带，个个英姿勃发，生龙活虎，舞得特别干练、潇洒、有力。

作为观众中的一员，我坐在看台上，眼睛一眨不眨地紧紧盯着这三支表演的队伍，演到精彩处，我和其他观众一样，情不自禁地为他们鼓掌助威。别人或许不知道，但我心里清楚，这是发乎我内心的欣慰的掌声，是自豪的掌声。这掌声是送给他们的，也是送给我自己的。因为，这三支舞龙队就像自己的三个孩子一样，都和我有着不解之缘。

三支队伍中，南京理工大学舞龙队是最早组建的。

思绪回到2003年，那是南京理工大学举办五十周年校庆的年份。俗话说，三十而立，四十不惑，五十就是半百了，是知天命的年纪，意味着成熟、稳重，事业有成和蒸蒸日上。当时，整个学校从领导到广大师生都非常重视，为此，学校决定专门举办一个隆重而又喜庆的仪式予以庆祝纪念。

庆祝活动提前半年就开始策划。怎么样才能隆重而又喜庆呢？当时我在校办（党办和校办一体化）任副主任，兼任五十周年校庆筹备办公室常务副主任。碰头会开了一轮又一轮，大家绞尽脑汁，各抒己见，着实耗费了校庆领导小组成员们不少的脑细胞。

就在前一年的春节,我回河南老家上蔡过年时,心里还一直惦记着工作上的事情。闲暇时与老人聊天,聊到什么活动喜庆热闹又能烘托气氛时,他们说,过年时正月十五闹元宵,哪一样活动不是热热闹闹的?

仔细想想,还真是的。小的时候,每到正月十五前后几天,街上到处都是"闹元宵,玩晚会"的。具体的形式各异:撑旱船的、踩高跷的、打铁花的、舞龙和舞狮的,等等。这些都是传统的民间艺术形式,能登上大雅之堂吗?带着疑惑,我开始关注这方面的信息,从理论层面到实践层面,逐一进行仔细调研。

舞龙又称耍龙灯、龙灯舞,是中国独具特色的传统民俗娱乐活动。从春节到元宵灯节,中国城乡广大地区都有耍龙灯的习俗。经过千百年的沿袭、发展,耍龙灯已成为一种形式活泼、表演优美、带有浪漫色彩的传统舞蹈。可以说,舞龙运动具有悠久的历史,据考证起源于汉代。古人认为龙能行云布雨、消灾降福,象征着祥瑞。舞龙最初是先民祭祀祖先、祈求甘霖的一种仪式,每逢干旱便敲锣打鼓,舞龙祈雨,并有春舞青龙、夏舞赤龙、秋舞白龙、冬舞黑龙的规矩。自唐宋以降,舞龙已是逢年过节颇为常见的民俗活动,经历代而不衰。人们在喜庆日子里用舞龙来祈祷龙的保佑,以求得风调雨顺、五谷丰登,反映出农耕时代百姓靠天吃饭的图景。所以以舞龙的方式来祈求平安和丰收就成为全国各地的一种常见习俗。此后作为中华优秀的传统民间艺术形式,逐渐成为一种文娱活动。每逢春节或其他一些庆典活动,各地百姓都会在阵阵锣鼓鞭炮声中，舞龙舞狮助庆祈求吉利。

在我们的认知里，上下数千年，龙的形象早已渗透到中国社会的各个层面，成为一种文化的凝聚和积淀。龙成了中国的象征，中华民族的象征，中国文化的象征，寓意祥瑞尊贵、昂扬不屈、和谐平安。对每一个炎黄子孙来说，龙的形象是一种符号、一种意蕴、一种血肉相连的情感！"龙的子孙""龙的传人"这些称谓，令我们激动、奋发、自豪。屠洪刚唱的《中国龙》，张明敏唱的《龙的传人》曾让多少人热血沸腾。中华民族通过舞龙运动，将抽象的、虚构于精神世界的龙变成了可见、可知、可感的实物。高擎的巨龙翻飞舞动，充满了和谐、灵动之美。龙文化这一光辉灿烂的优秀文化，通过舞龙运动勃发出新的活力与光彩。

经过认真思考，我认为舞龙这个活动很靠谱。

在各种喜庆节目中，舞龙节目是一个团体活动，需要大家团结协助，凝心聚力，才能舞得矫若游龙。龙文化对于实现国家统一和中华民族伟大复兴具有强大的感召力、凝聚力、向心力，处于勇毅前行阶段的南京理工大学正需要提倡并发扬光大这种龙文化。南理工地处六朝古都南京东郊紫金山（古称钟山）南麓，与中山陵风景区浑然一体，而"钟山龙蟠"自古以来即是形容南京地貌的说法。蟠龙意为蛰伏在地而未升腾之龙，而在校大学生正可被喻为蓄势待发的"蟠龙"。南理工应该立足南京，发挥区域优势，争先传承和发展龙文化。

当我在碰头会上提出在校庆庆祝大会上，以表演舞龙助兴暖场的想法时，时任党委书记郑亚和校长徐复铭立即表示赞同，负责校庆筹备的副校长刘丽华和校办主任张春福也连声说好。我便立即找到时任南理工体育部主任的王宗平教授，谈了我的想法。令人兴奋的是，宗平主任当时也正在琢磨如何改革体育课的问题。原来，千禧之年来临后，他在新一轮学校教学改革中提出："要勇于创新高校体育教学改革，注重引入更多民间传统体育项目到大学体育课程之中。"舞龙是青年人喜闻乐见的民间传统体育项目，引入大学体育课程毫无问题，况且还能为建校五十周年庆祝活动增光添彩，何乐不为？把舞龙运动做大做强，既可以为校庆活动锦上添花，还能打造精品体育课程，带动大学生强身健体。我和王主任一拍即合，立即着手筹备组建为校庆表演的高水平的舞龙队伍。更加令人鼓舞的是，当时的青年教师葛国政已在学校组建了舞龙学生社团，并开设了舞龙课程。作为国内高校首度开设的舞龙选修课，小葛的课程吸引了一百四十余名大学生参加。学校组建的两支年轻的学生舞龙队，在经管院二十周年院庆庆典上首次献演，便博得师生的一致好评。在他的带领下，校舞龙队刻苦训练，不断提升自身技术水平，创新动作编排。2001年12月，南理工两支舞龙队在江苏省五台山体育节开幕式上首度亮相，一鸣惊人！巧妙的编排与精彩的表演迎来阵阵喝彩，受到社会各界一致好评。

  抽空观看了几场学生舞龙队的表演之后，我感觉的确有发展前途，但学生舞龙的技能还需要提高，舞龙设备老旧，且队伍数量也不够。兵马未动，粮草先行。2003年初，经领导同意，我从校庆专项经费中专门拨出5万元活动经费，用于学校舞龙队在训练器材、服装、技术与人员上的保障。当时的5万元，是一笔不少的经费，王主任和小葛激动的神情溢于言表，心底自然是十分满意的，学生队员们更是备受鼓舞。

我提议，组建五支舞龙队在校庆庆典大会上进行隆重的开场表演。说干就干，宗平主任同意后，我们两人就委托时任校庆办公室成员的骆宇飞与葛国政专门到上海采购最高级的舞龙装备。两个人不辞辛劳，冒着酷暑，现场考察制作龙具的工场，在上海跑了好几天，精心比较，挑选了最好、最得心应手的舞龙设备。为了省钱，两个实心小伙舍不得费钱托运，硬生生扛着买来的几条长龙，挤火车回到了南京。

时至今日，骆宇飞已经是省委组织部的处长，葛国政也成为教授，并且担任江苏省龙狮运动协会秘书长，但当年舞龙队行头的置办少不了这两位风华正茂的年轻帅哥的功劳。

话说回来，挑选龙具也是一项技术活。舞龙的主要道具是"龙"。扎制龙具的师傅告诉他们，龙是用草、竹、布等扎制而成，龙的节数以单数为吉利，多见九节龙、十一节龙、十三节龙，多者可达二十九节。十五节以上的龙就比较笨重了，不宜舞动，主要是用来观赏，这种龙特别讲究装潢，具有很高的工艺价值。还有一种"火龙"，用竹篾编成圆筒，形成笼子，糊上透明、漂亮的龙衣，内燃蜡烛或油灯，夜间表演十分壮观。

两人当时考虑到，学校定制这种龙具，是为了学生上课及表演使用，基本都是大学生小伙子们在使用，首要条件之一就是要结实，抗摔打，二是要轻巧，否则几个人举着龙具一直在跑啊跳的，时间长体力上也吃不消。所以，他们挑选了用布扎制的大小适中的十一节的龙具，舍弃了好看而不好用的节数太多的龙和"火龙"等。

由于五支龙队组建时间短，要想出效果就需要高强度的训练。我担心到正式表演时出现纰漏，一有空就跑去舞龙队看他们训练，与教练和同学们一起探讨中国传统龙文化的渊源，并鼓励同学们发扬南理工人不怕吃苦、奋勇献身的军工精神，刻苦训练，为校争光。王宗平教授讲，正是这个时期，开始铸就了南理工舞龙的文化之根，也为日后塑造南理工舞龙的灵魂与精神奠定了坚实基础。

说实话，舞龙这个演出形式，我从小就在看，但是对于其中门道，还真是一窍不通。有时候看得兴起，也试着扛起挑把与同学们一起舞一回，可无奈技巧跟不上，体力跟不上，最后只能是草草了之。葛国政看我累得气喘吁吁，把我拽到旁边休息，一边递水给我一边眉飞色舞、动作夸张地给我科普舞龙秘技。

非学无以广才。原来舞龙并不是只要举着挑把跟着跑就行，舞龙的动作千变万化，随心所欲，关键在于几个人的密切配合。九节以内的侧重于花样技巧，较常见的动作有蛟龙漫游、龙头钻裆子、头尾齐钻、龙摆尾和蛇蜕皮等。十一节、十三节的龙，侧重于动作表演，金龙追逐宝珠，飞腾跳跃，时而飞入云端，时而入海破浪，再配合龙珠及鼓乐衬托，成为一种集武术、鼓乐、戏曲和龙艺于一身的艺术样式。

玉不琢不成器。经过半年的昼夜不息的刻苦训练，五支舞龙队已经很像模像样了。2003年9月20日，是南京理工大学五十周年庆祝大会的日子。一万五千余名校内外的嘉宾、校友和师生员工代表在大操场上齐聚一堂，共同见证这美好而难忘的时刻。大会正式开始之前，暖场活动开演。五支舞龙队如脚踏祥云的五条蛟龙，从五个方向飞入会场，瞬间便惊艳了全场。五条不同色彩的蛟龙，形成鲜明的对比，异常醒目，在龙珠的引导之下，有的腾云驾雾，忽隐忽现；有的乘风破浪，穿越沧海，让人联想起东海里的老龙王。龙在云雾中穿梭，时而互相追赶，时而龙身绞在一起，时而互相嬉戏。五条龙姿态各异，精彩纷呈，令人目不暇接。

　　舞龙的小伙子们快速地奔跑，敏捷地穿梭，卖力地挥舞着，尽力把每一个动作做到位，保持整条龙飞舞时的流畅与灵动。表演大约持续了二十分钟，把场上的喜庆气氛充分调动了起来。表演结束，掌声、欢呼声响成一片，所有在场的观众都毫不吝啬地把掌声送给舞龙的小伙子们。如果你离得近，一定能够看到他们个个满头大汗，大口大口地喘着粗气。俗话说，台上一分钟，台下十年功，此话一点都不假。没有他们的刻苦训练，就不会有整条龙的自由翻飞；没有他们的汗水，就不会有今天的掌声和欢呼声。记得那年校庆结束后，舞龙队当之无愧地获得学校"先进集体"表彰。

　　五支队伍的精彩表演震撼了所有师生与社会媒体，可以说一炮走红。舞龙队声名远扬，也不断被邀请参加各类大型社会活动。相继参加了世界青年女子垒球锦标赛开幕式、江苏省大学生艺术节闭幕式、十运会吉祥物揭牌仪式等表演。2005年5月，在全国龙狮精英赛开幕式上，时任全国政协社会和法制委员会副主任的伍绍祖为南理工舞龙队点睛。同年 10 月，南理工舞龙队应邀亮相全国十运会，为包括时任总书记的胡锦涛等嘉宾在内的全场六万余名观众进行舞龙表演。鉴于在普及推广大学生舞龙运动方面的突出贡献，南京理工大学先后被批准为"江苏省舞龙舞狮运动教学训练基地""江苏省学生体协高校工作委员会舞龙舞狮分会"和"全国龙狮训练基地"等。

南理工舞龙运动开始逐步走向规范化、科学化与专业化发展道路，南理工舞龙队开始在各类比赛中崭露头角，拿奖拿到手软。甫一亮相便在长沙中南大学举办的"首届中国大学生龙狮锦标赛"中斩获银牌；在"2004 年全国舞龙邀请赛"上更是一举夺冠，受到学校领导的高度赞扬与肯定；同年 11 月，参加上海举办的"第八届中国国际龙狮邀请赛"，作为比赛中唯一的由在校大学生组成的业余队伍，力夺铜牌；2006 年，南京理工大学首次举办"江苏省大学生龙狮精英赛"，南理工舞龙队获得舞龙比赛一等奖。

诸如此类奖项不胜枚举，据粗略统计，自 2004 年至今，南理工舞龙队获得各项奖励仅国家级的就有四十项。国家体育总局社会体育指导中心副主任、中国龙狮运动协会副主席雷军给予高度肯定，夸赞"舞龙是中国传统体育运动，南理工大学生舞龙队在音乐编排与表演中融入了许多现代元素，具有创新性，值得肯定"。他还表示"从目前的发展趋势看，高校正成为舞龙运动的引领者，为龙狮运动提供了人才和资源上的储备。南京理工大学是正式走在前面的龙狮运动领舞者"。

一分汗水一分收获。荣誉的背后是队员们刻苦的、专业化的训练。学校舞龙队曾受邀参加第三届全国体育大会舞龙舞狮比赛，赛前主教练葛国政在接受采访时说："别看我们的队员全是大学生，他们可不比其他省的专业队差，他们是冲着金牌去的。"当时，侯晓鹏是舞龙队的队长兼龙头，作为舞龙队代表人物，说到对比赛的印象他用了"坚持、坚持、再坚持"这句话。"舞龙运动不是单纯的竞技体育，还是一种反映中华文化的民俗运动，舞龙过程中能否完美地展示出龙的精气神韵，最关键的就是要看龙头的表现力。这就要求龙头能够很好地和音乐配合，是昂首挺进，是一声怒吼，还是游龙戏珠，全凭龙头对龙神态的把握，相应做出寻珠、戏珠、戏尾等动作。"队员丁黎说："我大学期间最开心最充实的时光是在舞龙队度过的。舞龙队是个充满爱的大家庭，葛国政老师是我们的大家长，在这里我们结识了一群志同道合的朋友，也享受着共同奋斗的幸福感。虽然训练非常辛苦，但通过团队配合完成一个又一个看似不可能完成的动作，拿下一场又一场比赛的胜利，那种成就感根本无法用言语来表达。转眼离开舞龙队快十五年了，但兄弟们在一起摸爬滚打走过的日子，已成为我们一辈子的永恒回忆。永远怀念在校舞龙队的日子！"备战第三届全国体育大会期间，由于是代表省队出战，又是主场，他们承受的压力不小，专门闭门训练半年。在这半年时间里，队员们白天上课，晚上训练，放弃了周末和假期的休息，大年初六就到学校集训。

当然，大学的主要任务还是人才培养，所有的活动都必须围绕这一主要目标进行。南理工很好地将龙狮文化与大学生人格培养结合起来，使二者相辅相成，相得益彰，参加舞龙对学生的学业发展产生了显著的激励作用。作为学校舞龙典型人物的2021届材料学院纳米材料与技术专业的学生廖阳被保研至清华大学，他在接受采访时说："舞龙对我个人影响也很大，通过舞龙运动磨砺了坚忍的意志，勇敢地克服各种困难，才有了成功保研清华大学的机会。舞龙课程不仅培养了我对舞龙的兴趣，更让我在大学期间有了一段难忘的经历和弥足珍贵的记忆。加入校舞龙队是我本科期间最幸运的事情。每次训练从和队友反复磨合动作到默契配合以及休息时的畅谈言欢都让我完全沉浸在运动的快乐中，忘记一切忙碌和压力。每当我们拿起手中的杆子舞龙时，我都能感觉到自己就是龙的传人，强烈的民族自豪感和文化认同感油然而生。舞龙队带给我的远不止这些，它还让我结识了一群非常优秀的同伴（很多舞龙队员获得了清华、复旦、国防科大、上外、本校的保研资格）。在这样的集体里，我被不断地激励着，也最终成长为更好的自己。如今回望大学四年，在舞龙队的日子绝对是我最快乐最难忘的回忆。"

时光飞逝，日月轮转。南理工舞龙队在全国高校中抢占先机，已经独领风骚二十年。舞龙逐渐成为南理工大学校园的特色文化，成为学校的一张名片，在高校中起到了示范引领作用。南理工率先成功地将中华龙文化和传统舞龙运动引入大学校园，使舞龙这一传统文化形式在广大学生中得到普及推广，在强健学生体魄、磨砺学生意志以及引导学生爱国奉献、自强拼搏、团队合作等方面发挥了重要作用，已经成为学校开展大学生社会主义核心价值观培育，提升大学生思想政治教育实效性和促进学生全面发展的重要载体。与此同时，南理工也在不断地推动舞龙运动发展壮大，在高校中起到了辐射带动作用，日益在人才培养、服务社会、传承中华优秀传统文化、促进民族团结与国际交流的融合发展中扮演更加重要的角色。

俗话说，"铁打的营盘，流水的兵"。南理工舞龙队员们换了一茬又一茬，我也于2007年离开了南理工。

我受省委选拔派遣，到扬州工业职业技术学院任院长时，正是学校发展最艰难的时候。学校由原扬州化工学校、扬州建筑工程学校合并组建不久，运行机制还没有完全理顺，人员关系错综复杂，缺乏凝聚力和众志成城、团结向上的精神气。怎样才能调动大家的积极性？怎样让大家心往一处想，劲往一处使呢？一番思忖后，我想到了凝聚人心，催人奋进的舞龙运动。虽然无法让学校每个教职员工都参与进来，但的确能起到一种氛围营造、心理慰藉和导向引领作用。

舞龙运动是一个群体项目，要求参与舞龙的人员必须是一个团体，而不是单个人。精彩的舞龙表演意味着参演者要有强烈的团结合作精神，象征着中华儿女们团结一心。单个人的力量必须服务于集体的目标，万不可分散开来。因此，舞龙活动是加强团结、增强集体凝聚力的有效途径。另外，舞龙运动开展得好，还能激发荣誉感、自豪感。同时，舞龙运动作为我国传统文化的一个重要载体，所蕴含的民族传统文化价值和人文精神探求，是华夏民族独创的精神文化精髓。在高校开展舞龙运动不能仅仅将其视为一个运动项目，而应将其视为我国优秀的民族传统体育文化。从继承和发扬民族传统体育文化的角度来开展舞龙运动，对中国传统文化的继承和发展有着重要的价值功能。

2009年初，我召集时任学校副校长的秦建华，组织部、宣传部和统战部部长陈大斌，教务处长傅伟和体育部主任赵永林等体育教师，就如何传承优秀民族传统体育文化，推进校园体育文化发展，进而丰富大学生的校园文化生活，进行了专题研讨。我向他们推介南理工龙狮文化的建设、发展和成效，决定采取"走出去，请进来"相结合的办法，尽快成立扬工院龙狮队，传承中华民族优秀传统项目，弘扬中华民族优秀文化精神，进一步完善和丰富校园文化建设。

随后两个月，赵永林主任等人到南京理工大学实地调研取经后，决定先从男子舞龙项目着手，筹备建设龙狮项目基地。我划拨给他十万元专项经费，责成体育部搭建师资培训团队，开设舞龙专项课程，组建男子舞龙训练队及学生社团，完善场馆器材、设备器材的保障等。本着"教会、勤练、常赛"的技能传承，以文化为纲，立足校内，向外发展，内外结合，多元融合，形成叠加效应，推进中华民族龙狮文化的传承与发展。

"五月榴花照眼明，枝间时见子初成。"全校师生齐心协力，使舞龙运动在校内得到迅猛发展。扬工院龙狮队由于基本复制了南理工模式，从强化训练到参加表演再到参加比赛，效果突飞猛进。据赵永林主任介绍，自龙狮队成立以后，竞训成绩硕果累累，仅夺得省或国家级金牌（或一等奖、金奖）总数就达30枚,是江苏省内唯一一支获得省级各类各级比赛团体或单项冠军的高职院校舞龙队,成为名副其实的"扬工金龙"。舞龙运动的成功开展作为一个好的开端,好的契机,引领扬工院人凝心聚力,开拓进取。目前扬州工业职业技术学院已经成为江苏省中国特色高水平高职院校建设单位、江苏省示范性高等职业院校和江苏省职业教育先进单位。

投我以木桃,报之以琼瑶。南理工舞龙队作为先行者,在扬工院舞龙队建设过程中给予了很大的帮助。葛国政教授不仅热情指导,而且在百忙中经常抽出时间到现场传授经验,充分展示了南理工人乐于助人,为传承中国优秀传统文化不遗余力的高尚情怀。2014年5月26日,扬工院发出《致南京理工大学及王晓锋校长感谢信》,诚挚感谢南京理工大学对扬工院龙狮基地建设的无私帮助与指导。

岁月如梭,时光匆匆。2014年,我又接受省委派遣,转战至徐州工程学院,出任这所本科院校的院长。

徐州,古称"彭城",是两汉文化的发源地,有"彭祖故国、刘邦故里、项羽故都"之称,因其拥有大量文化遗产、名胜古迹和深厚的历史底蕴,也被称作"东方雅典"。

慎而思之,勤而行之。我认为,徐州工程学院处于这样一个文化底蕴深厚的城市,除了重点发展工科类专业外,在传承、发展、弘扬中华优秀传统文化等方面也应该做出应有的贡献。经过一段时间的调研、学习和思考,结合学校"应用型"人才培养的办学目标要求,我创造性地提出了"大应用观、大工程观、大生活观、大文化观"的"四大观"特色办学理念。

以"读讲一本书、学会音乐欣赏知识或掌握一种乐器、爱上一项体育运动、参与一次社会实践活动、参加一个科技创新团队"为内容的"五个一工程",深化教育教学和人才培养模式改革,促进学生又好又快成长。

我再一次想到了舞龙运动。

由于在南理工和扬工院推动舞龙运动效果不错,又正好契合了学校"五个一工程"中"爱上一项体育运动"的要求,经过商议,徐州工程学院体育学院也迅即成立了舞龙队。体育学院院长李平教授是个女强人,对这项运动也非常热心,四处调研,到南理工和扬工院学习取经,积极推动舞龙活动的开展,很快就取得了成效。至今经过近十年的耕耘,徐州工程学院舞龙队在赛事上已取得各种奖牌三十多枚。

刚开始为了推广舞龙运动,丰富校园生活,弘扬传统体育文化,首先在校运动会中增设了舞龙舞狮比赛,大大提高了师生们参与的兴趣和热情,每个学院均派出了代表队参赛。紧接着,为持续提高龙狮运动的热度,徐州工程学院于2014年召开了首届龙狮文化论坛,搭建了一个交流研讨龙狮文化、推动发展龙狮运动的平台,为师生提供了一次极好的学习机会,有力地推动了学校民族体育运动的开展,凝聚起团结、进取、奋发、向上的校园精神。

接下来,我要求体育学院把舞龙运动更加有效地融入教学中去,把舞龙运动这个项目深层次的内涵挖掘出来,使学生通过舞龙舞狮运动实现全面发展。李平院长带领体育学院老师们深入研究,按照"建设一个专业,打造一个品牌"的思路,将舞龙舞狮传统文化课程的教学内容进一步深化，实施分层教学，实现了教学内容、教学方式、教学设备等全方位创新。他们利用龙狮文化馆、仿真实验室等硬件设施，创设运动情境式亲身体验空间，通过沉浸式、体验式学习，实现集场地创设、课程研发、育人实践、模式创新、海外推广为一体的民俗体育教学。将舞龙舞狮教育融入大学生、留学生教育的文化教育新模式，得到了中国大学生体育协会舞龙舞狮分会、江苏省体育局以及中国龙狮运动协会等单位的大力支持，教学方式与内容得到了学生的充分认可。

或许有人会说，不就蹦蹦跳跳舞个龙吗，大家从小就见识过，这有什么稀奇？此言差矣。我们不能仅仅看到事物的表面现象，要从更深层次上挖掘高校发展舞龙运动的意义。

葛国政教授说，南理工以舞龙为代表的民族传统体育工作在教学成果评比和科研工作上获得了丰硕成果。"舞动的中国龙——龙文化与当代中国舞龙运动"课程被教育部评为中国大学精品视频公开课；"育人至上　强健体魄　文化传承——舞龙运动课内外一体化教学实践与效果"获江苏省教学成果二等奖。先后公开发表研究论文 100 余篇，完成课题立项研究 50 余项，获批发明专利 4 项。

赵永林教授说，这些年，扬工院基地成员发表与舞龙相关论文 8 篇，完成项目课题"舞龙文化在高校的传承、融合与创新"，获批发明专利 6 项。

李平教授说，2019 年徐工程老师撰写的《"一带一路"倡议背景下传统体育文化的国际传播机制研究——基于徐州工程学院留学生龙狮队的案例验证与启示》一文入选第十一届全国体育科学大会专题报告，先后获得省部级及以上科研立项2项、市厅级项目立项6项；公开发表高水平论文20篇，出版学术专著1部。

看到他们的学术成果，难道你还能说舞龙运动只是好玩，只是图热闹吗？

寓教于玩，寓教于乐。能够把"玩"上升到理论层面，研究出成果，也算达到玩的最高境界了。

至今，南京理工大学、扬州工业职业技术学院、徐州工程学院，形成了全省乃至全国大学舞龙队三足鼎立的局面，三支舞龙队经常在国内外赛场上各自演绎着一场场同脉相承、各领风骚的舞龙运动之"江湖传奇"。

当然，舞龙运动的江湖上还有很多很多队伍，大家都在为弘扬中华民族的优秀传统文化而努力。舞龙活动体现浓郁的民族特色和悠久的历史文化底蕴，凝聚着中华民族辉煌灿烂的龙狮文化因子，将这一运动与高校的人才培养结合起来，势必能够激发出中华民族继往开来、开拓创新的伟大文化活力和创造力，实现中华民族优秀传统文化的传承与创新。

岁月不居，时节如流。南理工即将迎来自己的七十周年校庆，舞龙运动自开展以来已经走过了二十二年。二十多年来，南理工人始终坚持"以人为本，厚德博学"的办学理念，砥砺奋发，开拓进取，不论是教书育人还是科学研究，都取得令人瞩目的成绩。同时，舞龙运动在南理工经过二十年的发展，在行业内成绩卓绝，超群出众，已经成为南理工一张特色名片，足以让我们每一位南理工人感到自豪和骄傲。

祝愿三支队伍在新时代，将源出南理工、扎根扬工院、行之徐工程的"舞龙技艺"演绎得更加精彩绝伦。借这段回忆文字，祝愿南理工七十华诞，生日快乐！

功不唐捐

一生被授予35个博士学位的胡适在1936年对北京大学毕业生的演讲，即那篇著名的《赠与今年的大学毕业生》中，有一段脍炙人口的话："我们要深信，今日的失败，都由于过去的不努力。我们要深信，今日的努力，必定有将来的大收成。佛典里有一句话：'福不唐捐。'唐捐就是白白地丢了，我们也应该说：'功不唐捐！'没有一点努力，是会白白地丢了的。在我们看不见想不到的时候，在我们看不见想不到的方向，你瞧！你下的种子早已生根发叶开花结果了！"

2015年，南理工的一群学生，用自己的汗水和成果，生动地诠释了"功不唐捐"的深刻哲理。

首先，有必要先解释一个概念——"挑战杯"全国大学生课外学术科技作品竞赛。

这项竞赛发轫于1989年，由共青团中央、中国科协、教育部、全国学联和地方政府共同主办，国内著名大学、新闻媒体联合发起的一项具有导向性、示范性和群众性的全国竞赛活动，被誉为当代大学生科技创新的"奥林匹克"盛会。

南京理工大学与"挑战杯"结缘甚深，1997年曾承办第五届"挑战杯"全国大学生课外学术科技作品竞赛，随后，一路以骄人的成绩数次捧得"优胜杯"，直至2015年在第十四届捧得"挑战杯"，为南京理工大学的历史增添了浓墨重彩的一笔，该事件在当时被各方媒体称作"南理工挑战了不可能"。

第十四届"挑战杯"全国大学生课外学术科技作品竞赛由广东工业大学和香港科技大学承办，全国2000余所高校的200多万在校学生热火朝天地参与到这场盛会当中。

在金陵一隅，孝陵卫200号南京理工大学的校园里，参与这次比赛的6支团队夜以继日，为了圆"挑战杯"的梦，以"知其不可为而为之"的决心，紧张而又有条不紊地为比赛蓄力。南京理工大学最终以3项特等奖（特等奖数为全国第一）、1项一等奖、2项二等奖，总分450分的好成绩，与清华大学、上海交通大学并列全国第一，共同捧得"挑战杯"，成为第七个将名字刻在挑战杯上的高校。同时，在2015年"挑战杯"智慧城市专项赛中，还有1支团队荣获1项特等奖（全国仅3项）。发生在这个过程中的点点滴滴，生动诠释了南理工人身上熠熠生辉的"献身"精神。

一

"这次赛事不仅关乎学校荣誉,更关乎同学们的人生价值,希望大家能同心协力,不给未来留遗憾,多年后回到母校,能骄傲地向后辈讲述自己曾经拼搏过的光辉岁月。"

虽然在此之前,南京理工大学多次荣获"优胜杯",但是每一个参赛的南理工人都有一个"挑战杯"梦,不愿止步于此。为了帮助学子们追梦,也为了学校的荣誉,时任校团委书记的缪建红在动员会上慷慨激昂地说出了这番话。

校长付梦印院士极度重视学生科技创新,不仅召开会议动员全校师生参与其中,还亲自为参赛者加油鼓劲儿,不厌其烦地在一次次汇报中分别对参赛作品和注意事项进行悉心点评、指导。他常说:"我们决不能把挑战杯看成一个单项的科技创新赛事,它是我们整个学校人才培养质量的重要指标,是一项全校性、系统性的育人工程。"满载着信心和责任感,各个部门、学院的老师和学生积极地投入到这项赛事当中。时任校团委副书记于雷谈到学校对"挑战杯"重视的原因时说道:"'挑战杯'为学校提供了一个育人的良好契机。"从立项到竞赛的过程形成了一个育人的闭环,为了保证参赛作品的质量,学校对学生的培育工作会至少提前两年展开,在这期间,学生的潜力能得到合理的挖掘,也能营造出向学向上的争先氛围。校团委孙国杰副书记补充道,"青春须早为",这项比赛打破专业壁垒,具备完备的竞赛机制,为各个专业的学生都提供了施展才干的舞台,能为他们的青春增添亮丽的底色。学校的重视并非是纸上谈兵,时任公务学院团委书记的卜——该学院的作品在这次比赛中荣获特等奖,他深刻体会到学校上下都投入到了这项竞赛之中,从政策、资源配置、制度保障等各方面为展开竞赛工作提供了全方位的支持。

时间是紧迫的,然而任务是繁重的。孔子曰:"工欲善其事,必先利其器。"也就是我们俗话说的"打铁还需自身硬"。要想在"挑战杯"中"蟾宫折桂",既要在规定的时间内完成每一个要求,又要求每一位参赛的成员以工匠精神仔细打磨项目,这无疑是一个挑战。梧桐叶绿了、黄了、枯了、凋零了,参加竞赛的成员们在梧桐树的陪伴下披星戴月,夜以继日地练习、钻研。虽然开始的每一步都是艰难的,但他们始终没有停下前进的脚步。学术知识储备不够,就广泛涉猎,认真参与每周的课题讨论会,去图书馆查阅各类文献。

刘洋在"低成本立方体纳卫星"项目中主要负责小卫星的姿态控制,然而他的本科专业是机器制造,因此很多相关知识都是他第一次接触。他根据老师和学长推荐的书目,下决心"跨专业"自学电子电路设计、代码编写,愣是从只会拆装游戏机的水平提高到了懂模拟数字信号、电容电阻、放大器以及会画电路、写代码的水平。为此,刘洋特别感谢时任副校长的廖文和教授以及他所在团队的张翔老师,也感谢学校对他体贴入微的关怀。想起多年前的这段经历,刘洋意味深长地说:

"在临近交付的时间里，我们熬到一两点都是常态，为了确保小卫星能万无一失地上天，每个人付出了巨大的努力。面对成果展示的压力，怎么能让自己的工作被别人看见，我们开了无数的会，群策群力。"苦心人，天不负，最终"低成本立方体纳卫星"项目拿到了特等奖。

"经济发达、人口众多的民族社区治理调查"团队谈及获奖的原因，他们异口同声地说出了两个字——积累。胥棲梧为了在答辩中做到对答如流，和队员们紧密合作，团队的成员们也不分昼夜地陪她在浩如烟海的资料中"漫游"。学院团委也在历次调研中都抽出时间陪着学生，联系当地政府和相关企业协调、促进学生进行多轮次实践，给予学生如师如父的关怀。胥棲梧说："就像打仗一样，就算从梦中被人一巴掌抽醒，也能把答辩内容脱口而出。"他们的字典里没有"大概"与"可能"。正是这种科学严谨与追求完美的态度，成就了这支颜值同实力兼备的队伍。他们在参加比赛前的两年就已经着手准备项目了，从选题到调研，从成文到复核，每一环节都漫长而又艰辛。"推不动项目进程时我们最想放弃"，"有时累到瘫在床上，谁也不想理谁……"然而，"观千剑而后识器"，他们像个战士一样愈战愈勇，通过参加各种比赛积累宝贵的经验——学院人文杯、学校创新杯、全国社工论坛……他们在比赛中逐渐成长，最终在"挑战杯"上夺得特等奖，大放光芒。

许蕾梦是"铜纳米线透明导电组装膜"团队的主要负责人，该团队的项目在竞赛中获得一等奖。提起自己刚进组时的经历，她认真地说道："当时对很多专业知识都不是很了解，而且我生性内向，在人前比较胆怯，这期间一度想过要放弃，是师姐还有团队成员和导师一起互相帮助，互相鼓励，拼命练习，磨稿子，磨作品，一点一点磨出来的。"她的情况也代表着其他成员的经历。在这次竞赛中，南京理工大学一共有 7 支队伍参与，主要成员是在读本科生或者硕士生，其中也不乏第一次接触项目的新手，虽然任务十分繁重，大家还是上下齐心，一丝不苟并且坚持不懈地打磨每一个细节。经过此次锻炼，如今已经在知名高校担任研究员的许蕾梦成长了许多："……心理承受能力更强了。面对困境和考验的时候，困难来临的第一反应不再是我能不能完成，而是我能怎么完成。"

身教重于言传。除了学生们，陪伴学生、指导学生的校领导和老师们也是凤兴夜寐。参赛作品涵盖各个门类，南京理工大学最终能"满额"进入决赛，离不开学校的保障工作和各方的深度参与。孙国杰回忆起当年的经历，开玩笑似的说："当时我真是把自己给'榨干'了。"参赛的每一位同学都是经过严格的选拔才获得竞赛资格，可以说是"全村儿人的希望"。孙国杰为了保证每一个参赛作品的规范性和科学性，亲自指导每一个作品，不管是实验常识还是专业指导，他能为则为。他"不放纵"每个参赛作品的每一页 PPT，一轮一轮打磨，一点一点推进。"为了打磨作品，有一次从中午 12 点，我陪着学生一直到晚上七八点，中间没有吃饭，也没有休息。结束之后，头昏脑涨。"动人以行者，其应必速。孙书记严慈相济、精益求精的精神，无形中如春风化雨般激励着学生们积极备战。

除此之外，孙国杰刚当上爸爸却因为数月早出晚归而导致孩子"认生"了，因为他每晚都和学生们一起待在实验室，待他忙完回家时，常常已是凌晨两点，孩子早已入睡。早晨8点多，在孩子还没起床时，他又来到了实验室。回忆起这件事情，孙国杰的心中满是对妻儿的歉疚。学校和同学们得知这件事情后，都被他"三过家门而不入"的精神深深打动了，他的行为鼓舞着大家奋勇向前。每个团队的指导老师几乎把自己所有的空余时间都投入到帮助和鼓励学生的工作中去了，他们在无数个日日夜夜里陪伴着学生，和学生风雨同舟，毫无怨言。

为了圆梦，再难，再艰辛，大家都坚持了下来。

二

"单丝不成线，独树不成林。"要想干成一件大事，靠一个人的力量是很难办到的，有一个凝聚力强的团队，才能做到事半功倍，何况是参加"挑战杯"这项国家级的竞赛。有的团队是越走越散，到最后分道扬镳，而南理工参加"挑战杯"的7支团队是走得越远就抱得越紧。7个团队里，没有一个人被落下，没有一个人中途放弃，每个人都在各自的位置上使出全力，他们知道自己是要去干一件"大事"，不能拖了大家的后腿，因为南理工的校训就是"团结"这两个字打头的。

"各个参赛团队的良好氛围，也得益于学校的保驾护航。"

卜一老师分析道。在选拔机制上，重点强调学生的团队协作精神，如此才能让团队成员劲儿往一处使，形成向心力；在政策上，学校尽最大努力支持参赛学生今后的个人发展；在专业指导上，校团委全程陪伴参赛团队，提供周期性指导。学校提供的坚强后盾，支撑着各个团队披荆斩棘。

说起"TiO_2纳米管生长动力学和肋骨形成机理及其应用研究"团队，目前在清华大学担任助理研究员的崇滨，仿佛有千言万语。他非常感谢恩师朱绪飞老师，他说是朱老师带领年轻的他走进科研世界，朱老师的言传身教，教会了他很多做人的道理，这比荣誉和成绩更重要。他还说："特别感谢我们学校、学院以及整个挑战杯的所有指导老师、团队小伙伴们。"大一期间，崇滨和汪洋得知朱绪飞老师的研究方向是二氧化钛纳米管，立刻被这个科研项目深深吸引。大二期间，他们两个就马不停蹄地进入实验室定期开展实验。2014年暑假，他们不惧炎炎酷暑，选择留在学校，日日在实验室看文献、做实验、写文章。对当时的他们而言，撰写一篇专业性极强的英语文章是一个极大的挑战。整个暑假他们都泡在图书馆钻研推敲每一个句子。金秋送爽，他们的第一篇英文论文终于完成了，但是等到的却是两个期刊接连退稿的消息。时任化工学院团委书记张天娇说："当时他们两个都挺受打击的，那时候他们想过要放弃。"在朱绪飞老师的鼓励下，他们重新拿起了瓶瓶罐罐，在复杂的电解液瓶和钛片堆里埋头苦战。在6月到11月的备赛期间，他们两人反复修改说明书。崇滨同学在几次出现呕吐、身体不适的情况下，仍然坚持把每一个节点做到最好。

崇滨说:"这次比赛,大家都为了一个共同的目标而努力着。在一起为比赛做准备,就好比一起战斗,而队友就好比是一个战壕里的战友,那种情谊无与伦比。"海浪冲不散他们,他们同声共气,合力与惊涛骇浪搏斗,最后顺利地让航船靠岸。

"'SCscope'——基于智能计算成像的三维定量相位显微镜"项目在这次竞赛中备受关注,最终斩获特等奖。左超老师介绍说,这种全新概念的显微镜拥有三大优势。首先,它能够更大程度地保证被观察物的完整性。由于细胞基本上是无色透明的,所以通过显微镜观察之前,往往需要进行染色。这或多或少会对细胞有所损害。而使用这种新型显微镜并不需要对细胞进行染色。其次,它可以打破视场大小和分辨率的矛盾。就像拍照一样,想要拍摄范围大就很难保证清晰,想要拍得清晰就很难保证拍摄范围。这种新型的显微镜利用计算成像的原理,可以达到 42 平方毫米的范围内看到 500 纳米的分辨率,使得一张图像可以达到 2.8 亿个像素。这相当于可以在一个千人大合照中看清每个人脸上的痣。最后,它能呈现出一个动态立体的三维影像。使用者在不移动被观察物体的情况下,就能选择不同的观察角度,看到一个更为完整立体的影像。从一个创新的想法,到零散的实验品,到最终完成一台显微镜成品,左老师和 8 名同学付出了长达 8 个月的持续努力,并特别感谢时任校长助理陈钱教授的悉心指导和关怀。在备战的关键阶段,为了能更好地进行讨论研究,小组同学们在学校内租了一间房,过上了日出直奔学院实验室,夜深回出租房倒头就睡的生活。组员范瑶说:"我是第一次像这样在外面租房住,这对我而言是一个难忘的回忆！"双休日，组员们还会一起买菜，烧饭，围在一起吃火锅，这支队伍在辛苦的研究工作中建立了深厚的情谊。这样的一支队伍，有什么理由不做出成绩呢？

还有即使得了重感冒几乎说不出话还坚持比赛，以饱满的热情进行讲解，直到比赛结束坚决不给团队添麻烦的于小康……

在赛后交流会上，缪建红总结这次竞赛能取得傲人成绩的重要原因，就是："学校领导的高度重视，各学院及相关部门全力支持配合，形成工作合力，攻坚克难。"时任校党委书记尹群教授在会上总结："这次比赛的成功，很好展示了我校以学生为本的育人初心和办学理念，展示了学校青年学子的创新能力和精神风貌，我们要总结和传承好这种精神，为国家培养一批又一批敢闯敢创的领军人才。"南京理工大学在这次竞赛中所展示出的异常强大的凝聚力，也让承办方和各个参赛高校"叹为观止"，纷纷评价南理工的"第一"是实至名归，名副其实。

三

"成大业若烹小鲜，做大事必重细节。"在别人都在为了打理树叶的正面而殚精竭虑时，我们要有翻过叶片检查背面的细心，如此才能培植出一株葱郁的大树。像"挑战杯"这样的赛事，对每一个环节的要求都十分严苛，竞赛流程十分烦琐，哪一步出了问题，都有可能酿成不可挽回的后果。带队老师和队员们简直是如履薄冰，大家经常聚在一起，不厌其烦地把各个环节分析一遍又一遍。

挑战杯落下帷幕，一名志愿者，也是旁观者，广东工业大学的王同学在赛后主动发布朋友圈，编辑了这样一番话："我这次对接的是南京理工大学，很荣幸见证他们以总分第一名的成绩夺取挑战杯。……严谨细致，做事滴水不漏。你们的专注程度让我害怕我多余的话语和举动都会打乱你们的节奏。并不是我陪伴你们，而是看着你们的准备我学到了很多。对南理工我是由衷地敬佩。"这是这次竞赛对"南理工精神"最有力的佐证。

经历过这场赛事的人都知道，以上这番言论对南理工而言并不是溢美之词。时任学校副书记陈岩松教授亲自带队参加竞赛，全程指导，费尽心力。于雷，学生给他起了一个外号——哆啦A梦，他好像有一个藏着各类宝藏的口袋，随时应对竞赛所需。并且他也像哆啦A梦一样，是一位陪着大家过五关斩六将的知心朋友。在布置会场时，为了以防万一，也为了更好地展示各个团队的作品，每个团队都至少准备了7种胶带纸，宽的、窄的、单面的、双面的……这是其他参赛者都容易忽略的细节。在展示时，还出现了一次意外，一个小电机突然不明缘由地"罢工了"，任何一个团队遇到这种情况大概都会手足无措，但是团队的成员早就考虑到了这种情况，电机一出问题，就马上拿出了备用电机换上，丝毫没有耽误正常比赛。

可想而知，这样谨慎周密的计划和安排，不是轻易就能做到的，是老师和队员们在深夜反复讨论、反复验证的结果。

"基于激光位移传感器的地铁车辆轮对尺寸在线动态检测系统"的主要负责人王晓浩在和团队成员去广州考察的时候，正值地铁公司年检。工人在检测车轮的磨损程度时，是一个轮子一个轮子地测量，成本高、效率低，这让他们觉得十分奇怪。通过观察这个细节，大家就萌生了研发动态检测系统的想法。经过了一年多的研究以及与地铁公司的交流，地铁公司终于被这个团队的能力和坚持打动，从刚开始的怀疑犹豫转变为愿意合作。现在使用该系统进行检测，准确率能够达到95%甚至更高，大大提高了效率。谈起参加挑战杯的经历，王晓浩说："申报完之后，需要做大量的准备工作，展示用的说明书、PPT、视频、检测系统模型等，不一而足。单是演示用的PPT，前前后后就修改了20余次。熬到夜里一两点是常事。"始于细节，终于细节，正是南理工人一以贯之的严谨态度，支持着团队将能力和想法最大化、最优化。

缪建红说，南理工的准备工作不能说是所有参赛团队里最好的，但一定是最充分的；不能说是最优秀的，但一定是最严谨的。每一个主讲人都练习了上百遍，每一个微笑、每一个表情、每一个动作都是经过细致考虑的，最终才达到了"抑扬顿挫"的良好效果。为了让学生在演讲时展现出最好的状态，学校还专门组织培训。不仅如此，学校领导和老师还会联系本专业和其他专业的专家帮助各个团队，利用能调动的各方力量来帮作品"挑刺儿"，对所有可能在比赛时被问到的问题都进行了滴水不漏的演练，这才能在比赛场上对答如流。

  这其中的细节，有的是别人想到了的，有的是别人没有想到的。有的人想到了不一定会做到，而南理工的队员是只要想到了就会做到最好。"实干"二字，不是说说而已，而要落到实处。

四

  经过江苏省赛初赛、决赛，全国网络评审、复审，南京理工大学提交的6件作品全部入围全国终审决赛，共同亮相全国终审决赛现场。又经过多方评审，机械学院张翔老师指导的"低成本立方体纳卫星"、电光学院左超老师指导的作品"'SCscope'——基于智能计算成像的多功能显微镜"和公务学院季芳桐老师、卜一老师共同指导的"经济发达、人口众多的民族社区治理调查——以福建省晋江市陈埭镇为例"三件作品获得特等奖。材料学院曾海波院长和宋继中老师共同指导的"铜纳米线导电组装膜"获得一等奖。化工学院朱绪飞老师指导的"TiO_2纳米管生长动力学和肋骨形成机理及其应用研究"和自动化学院邢宗义老师指导的"基于激光位移传感器的地铁车辆轮对尺寸在线动态检测系统"两件作品获得二等奖。另外，在"挑战杯"智慧城市专项赛中"盲人地铁出行辅助信息系统"获得特等奖。

功不唐捐，玉汝于成。所有的努力都不会白白付出的，必然是有回报的。"我们是第一名！第一名！"当南京理工大学和清华大学、上海交通大学同时出现在荧幕上时，全场沸腾，在场的40名参赛学员和带队老师激动地相互拥抱、大声呐喊，这是他们的高光时刻，也是南理工在"挑战杯"中的高光时刻！

载誉归来之后，校领导对各个团队都给予了极高的评价，也对他们寄予了更高的期望。缪建红在向学校汇报工作时，数次落泪。他目睹了所有团队在整个过程中的丝丝缕缕，也曾数次控制不住地去劝老师和学生们快去好好休息……团队的每一个人都承受了常人难以扛下的重压。这是幸福的泪水，但更多的是艰辛的泪水。南理工人敢于有梦，勇于追梦，这是我们制胜的关键！

南理工能夺冠，出乎意料而又在情理之中。首要的原因是每一件作品都经过无数遍的打磨，科技含量高、创新成分高，以"低成本立方体纳卫星"为例，4名老师，13名博士、硕士研究生，用不到一年的时间，自主设计、研发了"南理工一号"立方星，并于9月25日上午在酒泉卫星发射中心由"长征11号"运载火箭成功搭载发射，"南理工一号"是南京理工大学具有完全自主知识产权的双单元立方星。还有打破传统队伍答辩时所采用的"PPT+讲解"的模式，采用"现场故事情景模拟"和"视频展示"的方式，再现产品在地铁系统内对盲人起到的引导和帮助的情景，使人一目了然的"盲人地铁出行辅助信息系统"团队。师生之间强大的凝聚力、精益求精的严谨态度、细密周详的安排策划……所有的优势累加在一起，造就了最终受之无愧的奇迹。

时光如白驹过隙，当年意气风发的他们，如今或者走上了自己热爱的工作岗位，或者继续求学深造，继续传播"南理工精神"。"祝我的母校越来越好，勇攀学术的高峰，我以南理工为荣！""祝母校岁岁芬芳！希望自己未来可以作为杰出校友再回母校！"校荣我荣，不管身在何方，他们对南京理工大学深沉的热爱丝毫未减。他们不仅是"挑战杯"奇迹的创造者，也是南理工精神的持薪火者，他们的事迹不会被磨灭，他们的精神在时光中灿烂如星河！

鸿鹄大志

二十世纪八十年代，我在华东工学院做学生时，经常在水泥地篮球场上看到一位个头近一米九〇，满口"京片子"的教授，生龙活虎地与一帮二三十岁的青年教师，甚至与学生同场竞技，带球过人、中场组织、三步上篮、篮下突破等一系列动作漂亮潇洒，看起来赏心悦目。至于此人是谁，站在场外的我那时还是一名普通本科生，自然无从得知。

大学四年时光荏苒，毕业已在眼前。1988年，我毕业留校工作，在学校办公楼走廊内遇到了熟悉的"京片子"教授，他就是新任校长李鸿志教授。更为幸运的是，那几年我的岗位虽然在人事处，但经常承担院长办公室布置的重大稿件的撰写任务。交办稿件撰写任务的大部分是校长李鸿志教授。从那个时候起，我经常出入李校长的办公室，聆听他的指导和教诲，还时不时跟着他前往国家教委和兵器工业总公司开会。时间久了，通过我自己的接触，他个人的讲述以及同事们的回忆，我对李校长求学、为人、治学、办校人生经历的了解逐渐加深。随之，我对他的尊敬和敬佩之情也日益深厚。

1937年5月，李鸿志的父母还沉浸在弄璋之喜中，完全没有想到两个月后，枪炮声会在永定河畔响起，随即就是北平沦陷。尚在襁褓中的李鸿志，就经历了一场重大浩劫，似乎是命运让他和军工科技走在了一起。

国家蒙难，文明蒙尘，民族呼唤鸿鹄大志之士。

弹丸之国发动的战争，让泱泱中华吞尽苦果——国家积贫积弱，国民命如蝼蚁，残酷的现实教育着孩童时代的李鸿志，强军报国的信念在他年幼的心里深深扎根。时光如白驹过隙，几近半个世纪后的1985年，李鸿志成为中间弹道学创始人，1988年担任国际弹道学术交流会主席，1994年主持建成亚洲当时最大的弹道国防科技重点实验室，同年成为中国工程院首批院士，1988至2000年任华东工学院院长、南京理工大学校长。论科研，"声名卓著，功绩卓绝"。他主持完成了论文和教材80余篇（部），多次获得国家级、省部级等不同级别的奖励，将我国弹道学水平引领至世界前列。论教育，"桃李不言，下自成蹊"。他孜孜不倦为国育才，万千桃李分布于世界各地。他的脊梁和肩膀，挑起了常人难以承受的重压，为祖国的国防科技事业做出了巨大贡献。

一

"冰雪净聪明，雷霆走精锐。"

早在中学阶段，因为优异的学业成绩，李鸿志被定为留苏预备班的人选。1954年，他考入哈军工。当时他的志愿是海军、空军，不料却被火炮专业录取。年轻的李鸿志曾和同学开玩笑，在文艺晚会上讲过一段相声："火炮有什么用吗？不外乎就是一个筒子。像美国人搞原子炮，还有一点意思。不像空军和海军。"深入接触专业之后，他才意识到曾经的言论只是少年的肤浅之见。在哈军工的世界里，每个专业都绝不简单。

选择不难，难在坚持。李鸿志在校园里潜心学习，致力于火炮与弹道学研究。在外人看来，求学之路是乏味和枯燥的，很少有人能几十年如一日地沉下心来，耐住寂寞，抵住诱惑，将科研之路走下去。李鸿志与众不同，他整日以书桌和实验室为伴，虽然脑海中也曾闪过安逸自由的念头，但是他更愿意将青春献给祖国的国防事业，一颗报国心熊熊燃烧着，鼓舞着他要干出一番事业。

那个时候，在南京理工大学，流传着这样一句话："找李鸿志教授，到实验室去，准没错儿。"数九寒冬，七月流火，除了繁忙的工作，他总把实验室当作军事科研的第一"高地"，每一次微小的进展都是激励他勇往直前的动力。在实验室里，他享受着不断接近梦想的快乐。终于，在总结了国内外大量研究资料的基础上，1985年，李鸿志提出并创立了一个弹道学新的分支学科——中间弹道学，并成为该学科的奠基人。在他的著作《中间弹道学》中，阐释了中间弹道学科的主要研究方向，包括膛口流场结构及形成发展机理，膛口冲击波分布规律、危害性质及控制技术，膛口焰的物理化学特性、点火与爆燃条件、抑制的技术途径，火炮的后效作用及膛口装置优化设计理论，弹丸的扰动及散布的最佳控制等方面。针对各个研究方向，李鸿志提出了比较系统的理论，确立了解析的与数值模拟的实验方法，最终奠定了该学科的理论基础，解决了我国火炮产品中面临的几个主要的关建技术问题。《中间弹道学》填补了国内现代中间弹道学著作的空白，是对我国的国防科技领域学术著作的重要补充。

岁月的年轮转眼来到了二十世纪八十年代后半期。有一次，踌躇满志的李鸿志到美国参加关于弹道学的国际学术会议，到达之后中国代表团却被拒之门外。他默默地离开美国，为国争光的念头在他的脑海中剧烈地跳动，他下定决心要让中国的弹道学走在世界前列。

为了打破国际弹道组织对我国的技术封锁，1988年10月，在华东工学院，我国成功组织召开了"国际弹道学学术研讨会"，有十多个国家的150多位学者出席，这次会议的主席是李鸿志。会议期间，举办了国际弹道测试仪器展览，通过参观与交流，国际弹道界了解到了我国弹道学取得的成就。同月，李鸿志等五位同志研制的"新型高速多闪光高速摄影机"，在北京国际发明展览会上获得金奖。此外，1989年，我国顺利地被接纳为国际弹道会议成员国。中国的弹道学技术终于得到了国际的认可。此番扬眉吐气，更加坚定了李鸿志的前进步伐。

二

平凡孕育伟大，耕耘铸造卓越。南京理工大学毫不起眼的一角，有着一个大有乾坤的实验室。这是亚洲目前最大的弹道靶道实验室，可以精确测量飞行体的飞行过程以及气动力的所有参数，精确度可以达到微秒级别。这所实验室建立的背后，凝聚着李鸿志院士几十年来的心血。

"在近40年的学术研究历程中，最让我难以忘怀，至今仍然历历在目的是建设弹道国防科技重点实验室的岁月。"回顾科研历程，建设我国目前唯一一所弹道靶道实验室的时光，对李鸿志来讲弥足珍贵。

早在二十世纪七十年代，我国著名弹道专家浦发、鲍廷钰教授等就发出建设弹道实验室的呼吁，但由于多方面原因，一直未能付诸现实，这不仅不利于我国相关技术的发展，而且不利于人才培养。如果要让我国的弹道技术走在世界前列，就必须尽快将弹道实验室的建设提上日程。李鸿志一直思考着关于建设实验室的诸般事宜，他在无数个夜晚辗转反侧，在无数个白天奔走呼号，寻找契机。经过各方的不懈努力，鉴于新时期国防战略调整需要，1991年9月，国防科工委批准了在南京理工大学建设弹道国防科技重点实验室的申请。机会总是留给有准备的人，李鸿志被任命为该实验室主任，并主持实验室的建设任务。悬了多年的心，终于放下了一半。

"再穷不能穷教育，再苦也要搞建设。"在那个时代，建筑材料价格上涨，国外相关组织对我国的态度不甚友好，每一砖每一瓦的落成都无比艰难。在建设过程中，资金是最棘手的问题。建设经费有限，又要建成一个具有世界先进水平的实验室，资金缺口近千万元。作为负责人，李鸿志的肩上，无疑担着巨大的风险。经过一个又一个不眠之夜，经过和诸位专家学者的多番探讨，李鸿志做出了一个大胆的决定，既然大部分仪器无法依靠国外引进，那就自行研制。他把中青年研究者推到实验室建设的一线，鼓励所有科技人员进行创新，能发一点光就发一点光。学校对此也形成了自力更生、艰苦奋斗、发愤图强的共识：在任何情况下，都坚定不移地做到靠自己智慧的大脑、勤劳的双手和辛勤的劳动，去推动学校建设。以学校垫支的方式支持弹道实验室建设的决策，为实验室的顺利建设提供了保障。经过三年矢志不渝的建设，实验室自行研制设备总计230套、468台件，占设备总数的三分之二，所有自研设备全部达到了原定《总体技术指标体系》的要求，并在1994年顺利通过国家验收。这个实验室是几代科研工作人员集体智慧的结晶，具有我国特色、功能齐全、设备精良、实力雄厚，总体达到国际先进水平。

"纸上得来终觉浅,绝知此事要躬行。"在建设实验室的过程中,李鸿志常常亲自到现场考察,关注研制进度,广开言路,建言献策甚至事必躬亲,可以这么说,没有人比他更熟悉、更爱这个实验室。行走在这方小小的斗室中,喧嚣被完全隔绝,李鸿志能感受到每一微秒的变化。大大小小的设备,是他一生的良友。从年轻时一段对专业理解相对"青涩"的相声,到一辈子没有换过专业,持之以恒地在专业领域里耕耘,几十年的科研路程,他稳扎稳打,走的每一步都书写着热爱和执着。

　　学校发展是一盘棋,离不开校长的运筹帷幄,洞悉决断。李鸿志凭借独到的眼光和深邃的思维,还解决了学校发展中的多项难题,极大推动了学科发展——系统研究了工业粉尘与气云爆炸的发生、发展与防治机理,先后突破了"等离子体对含能公质点火与增强燃烧""强磁铁干扰下参数诊断与控制"等关键技术。

三

　　"鹤发银丝映日月,丹心热血沃新花。"李鸿志一直十分注重对"后浪"的提携和培养,在对学生和科研工作者的教育上,他不辞辛苦。自1961年走上教学岗位以来,他毫无保留地将经验与知识传授给学生们。因为在他看来,国防科技的发展，需要薪火相传，一个学科的建设，也并非是一朝一夕完成的，科研也需要传承。不论处在什么位置，青年科技人才的培养及学术研究队伍交接的问题都是李鸿志教授始终关切的事情。他总是鼓励青年一代去挑战学术前沿，激发他们的潜力和创新力，给青年一代提供了很多机会。无论是出席重要的学术会议，还是在实验室进行实验工作，李鸿志教授常常带着自己所指导的硕士或博士生，拓宽他们的眼界，提高他们的思维深度，确保我国的国防事业后继有人。"玉壶一盏存冰心，三尺讲台铸师魂。"在对学生的教育上，李鸿志教授一直秉持言传身教的原则。他认为教师应该是一名引领者而非束缚者或提携者，必须充分提高学生的自我管理能力，激发其学习潜力。对自己所带领的学生和科研工作者，他无数次地强调，在做学术研究时一定要有责任感和使命感，不能图省力走捷径。李鸿志教授的诲人不倦、言传身教影响了一批又一批学子。学生们都认为，不管是工作日抑或是节假日，白天或晚上，行政工作以外的时间他的身影总会出现在实验室里，这是他们对李鸿志教授最深刻的印象。

在子女的成长过程中，李鸿志教授忙于事业，所以他对一儿一女所花费的精力不多，只能"壮志吞鸿鹄，遥心伴"。即便如此，"爱子心无尽，呼儿问苦辛"。他的心一直都默默陪伴着儿女成长，从不对他们宠溺。他经常对子女讲："一个人的成长，主要靠自己，靠自己的毅力和自制力。"李鸿志教授的言和行深深影响着子女，他的儿子从小学毕业到去中国科学院读研究生，凭着自身品学兼优一路保送，是他正确的教育理念生动的现实证明。李鸿志教授曾经在一次采访中如此评价自己的儿女:"他们自己努力,不给我找麻烦。因为我跟他们讲清了一个道理:就算我能帮你一件事或帮你走一次后门,但我不可能帮你一辈子。"他认为,无论是身为人师还是身为父母,做出榜样,比跟学生或孩子讲一大堆大道理有用得多,身体力行胜过泛泛而谈。"父母之爱子,则为之计深远。"李鸿志教授以舐犊爱子之心爱学生,严肃的面容背后是深沉的关切。无论是对自己的学生还是孩子,他都一视同仁,严格要求。几十年来,他培养了40多名博士、硕士,每一位都在教学、科研等岗位上成就卓著。

1989年,他被评为"全国优秀教育工作者"。这项殊荣,对李鸿志而言可谓实至名归。身教重于言传,李鸿志教授用默默无语却力透纸背的行动,向所有人传递了自己的教育理念。

四

李鸿志教授曾担任过三任大学的校长。

1988年一上任,李鸿志就做了一件至今仍影响着莘莘学子的"大事"。华东工学院的前身是军事学校,主要从事军事科技、军工国防科技相关的教学以及科研工作,因此,他认为学校走准军事化的路子,对学生的培养是大有裨益的。教育部通过了他提交的申请,当时的华东工学院就成为全国高校军训试点，现在已经普及到各大高校。这一敢为天下先的创新举措，影响全国数千所高校，可见李鸿志教授具有独特的教育理念。

在担任校长职务之前，李鸿志教授已经是国内知名的专家学者，处理好专家与学校管理人员这两个身份，不是一件容易的事情。此外，他还拥有国务院学位委员会兵器科学与技术学科评议组召集人、国家教委国防科学技术委员会委员、全国弹道学专业教学指导委员会主任委员、中国兵工学会常务理事、弹道学会理事长等诸多头衔，不论哪一副担子都不是好挑的。

在李鸿志教授看来，个人业务的发展和搞好管理是一个矛盾的统一体。处理两者的关系需要经过理智的权衡，他把主要精力放在管理上，同时不放松业务。只要有机会，他就会深入教学和科研的第一线去，不仅带研究生，还承担国家、部里的重点科研项目。他在专家和校长这两个身份之间切换自如，是一个好专家，更是一位好校长。

李鸿志教授在任期间，学校成功完成了从军工院校到综合性大学的战略性转变。他任职期间，南京理工大学发展很快。学校形成了一支实力雄厚的科研学术梯队，科研项目和经费稳步增加。在全国高校的评比中，包括经费规模、成果的数量与档次，取得的专利、论文专著数量及其水平等，位次每年都在前进。用科研带教学，走军民融合道路，学校出现了争先进位、赶超一流的喜人局面。可见，李鸿志校长的治理能力与科研能力伯仲相当，甚至略胜一筹。

毋庸讳言，推动一所学校的成功转型，对一校之长而言是一项重大的挑战。抓得好，会促进学校的发展，皆大欢喜；抓得不好，就会贻误时机。他接任校长职位时，学校正处于转型的关键时期，千头万绪，诸多问题亟待解决。在这样一个"剪不断，理还乱"的情况下，李鸿志校长运筹帷幄，一步一步地带领学校生长出丰满的羽翼，成为一所实力雄厚的综合性大学。

发展是硬道理，是解决一切疑难杂症的"灵丹妙药"。当时的李鸿志校长将发展规划放在首位，目标是让学校进入全国高校排行榜前四十名。他利用"内外"两个抓手，向内加强人才培养、师资队伍建设等，向外拓展与海内外的联系，利用所有的资源支持办学。他卓有成效的努力和国际声望，不仅使南京理工大学的有关实验室处于国内领先水平，成了国内从事该项研究和实验的主要基地之一，还推动了我国弹道学的国际交流与合作。

改革是源动力。唯有进行大刀阔斧的改革才能让一切创新源泉充分涌流。校长每天面临的问题千头万绪，首要面临的生存问题就十分让人头疼。要生存，就得改革，探索一条治校办学的新路径，要通过科学的策略让科学技术尽快转变为生产力，为国家和社会做出贡献。国家教育经费有限，然而一个学校就好比一个小社会，教职工及其家属累计有数万人，他们的住房问题，是教职工急难愁盼的民生问题，更是摆在学校生存面前的第一只"拦路虎"。

俗语说，"没有规矩不成方圆"，李鸿志校长为人处事很讲究"规矩"。例如在解决住房问题上，他定下的"规矩"就是用"两步走"战略实行住房改革。第一步是集资建房，谁出钱，谁住房，一下子解决了200多人的住房问题；第二步是住房商品化，个人出钱购买住房，有产权。然而，大家在这之前住的都是公房，突然住房要出钱，很多人觉得不合理，阻力不言而喻。

李鸿志校长真是教职工思想政治工作的大师，他深知"人心齐、泰山移，人心散，搬米难"的道理，于是他召开会议，召集全体教职工分析住房改革大趋势，讲学校优惠政策。教职工思想通了、心气顺了，人心自然就齐了。正所谓，"众人拾柴火焰高，齐心划桨开大船"。在短短的两周就集资千万元，学校新增住房数百套，全校范围内的住房问题得到了基本解决。这一举措，一方面是对全校教职员工进行了一次树立社会主义市场经济意识的演练，调动了全校教学、科研积极性；另一方面是决策者对拓宽办学路子的牛刀小试，进一步增强了学校凝聚力、向心力。表面上解决的是住房问题，实际上是学校深化改革的关键一招。回首来看，我们不能不佩服李鸿志老校长的远见和魄力。

苏联教育家苏霍姆林斯基曾经说过，一个好校长，就是一所好学校。对于一所高校而言，一位好校长必然重视发挥好学科建设的龙头作用。南京理工大学要立足于社会，立足于世界，关键还在于学科实力和水平。对一校之长而言，抓学科建设，既要了解各学科前沿，又能拿出综合发展策略，才能将学校的学科建设带上快车道。作为校长和学校学术委员会主任，从1993年到1994年上半年，李鸿志校长组织专家搭起了学校学科建设的框架：以工为主，理工结合，并与经济管理、人文科学相互渗透。这一方案，指明了南京理工大学的学科方向，构建了上、中、下三层学科结构布局，正确处理了基础学科、高新技术学科两者的关系，将高新技术与通用技术成果不断向生产力转化，为经济建设服务。

　　人格有魅力，治学有担当，治校有魄力。李鸿志教授就像校园里林荫道两旁的悬铃木，从不靠艳丽的颜色取悦众人，只在风雨来临、骄阳当空时，默默地守护砥砺前行的师生。平凡之中见伟大，细微之处见精神，从科研实验台到校长办公桌，变的是环境，不变的是他一颗赤诚强军报国心。

泽润河山

我在南理工上学时，专业是环境监测，当时归属化学工程系。那时的化工系，是学校规模最大的系之一，院长不是别人，就是大名鼎鼎的王泽山教授。作为学生，多次聆听过他的学术报告和教诲。留校工作后，我在人事处就职，后来又担任师资科的科长，与王泽山教授接触的机会很多。更加巧合的是，当时我们都住在南理工大院内，我家就住在他家后面一栋楼，真可谓低头不见抬头见。2009年，我在扬州工业职业技术学院当院长时，还请过王泽山院士和当时刚退下来的校长徐复铭教授到学校指导过工作。几十年下来，王泽山院士在我眼中，是一位学者，一位"大先生"。

白天，王泽山不在实验室，一定会在教室、会议室或者报告厅内；凌晨时分，城市里阒寂无声，万家灯火变成睡梦正香，如果此时路过他的窗前，定会发现在一缕微黄的灯光下，有一个默默执笔计算的身影……日复一日，年复一年，寒来暑往过去了一甲子。让火药重焕荣光的"中国诺贝尔"、中国火药王，六十余载书写火炸药"三冠王"传奇……是各方主流媒体对王泽山的赞誉。他让中国四大发明之一——黑火药在现代中国焕发出强大的生命力，为我国的国防事业鞠躬尽瘁，身体力行地诠释了"团结、献身、求是、创新"的南理工精神。

一

1935年在吉林远郊的桦皮厂镇，一声婴儿的啼哭，给白山黑水增添了一抹亮色。王家沉浸在弄璋之喜中，父母给孩子取名泽山，寄予厚望：意为子虽生逢乱世，愿成人之后护佑华夏，泽润河山。如同他的名字，他一生的追求和成就，为祖国山河增添了一抹亮丽的色彩。

"父母之爱子，则为之计深远。"幼年时期，适逢东北沦陷，乱世浮生，又养育子女三人，双亲颇为艰难。即使家境贫寒，他的父母依旧极度重视对孩子的教育。夫妇两个高瞻远瞩，商定就算是不给家里置买房屋和田地，也要攒下钱来供孩子们入学堂。为了三个孩子的教育，除了日常行医就诊和繁重的家务，母亲还兼做接生稳婆糊口谋生。懂事的王泽山，自小就学会了主动吃苦，为父母分担压力。艰苦的生长环境和父母勤劳的品质，造就了他不畏风雨、刚毅坚强的性格品质。

父母的教导，至今仍让王泽山受益，特别是父亲对时局独到的见解，鞭辟入里的分析，留给王院士"他有一种对问题一针见血的认识方法"的深刻印象，耳濡目染之下，也让他养成了独立思考的能力。

"百学需先立志。"东北受伪满洲统治时，王泽山尚处年幼之时，东北大部分的国民都被强迫接受"伪满"教育，以致他一度认为自己是个"满洲国"人。"你要记住，你是中国人，你的国家是中国！"父亲的话深深地镌刻在他幼小的心灵当中，"中国"二字自此深深刻入王泽山的骨血之中，有力对抗着伪满洲国教育的荼毒。可是，目之所及，硝烟四起，家园沦陷，满目疮痍，这让他在幼年时期就明白了"有国才有家"的道理。

混乱、动荡、流血、苦难……目睹战争给国家和人民带来的伤害和痛苦，少年时期的王泽山就意识到国防是一个国家安身立命不可缺少的铜墙铁壁，立志要为中国的国防事业做贡献，让中国国防走在世界前列。"落后就要挨打，没有自己强大的国防，就相当于没有自己的国门！"为中国国防建设添砖加瓦，是王泽山院士六十多年来一直坚守的初心。

生长在这样的时代背景和家庭环境当中，王泽山的家国胸怀是与生俱来的。

高考填报专业时，海军、空军是考生们争相填报的热门专业，而王泽山却出乎所有人意料地选择了"火炸药"这个既冷门又不起眼的专业，也是同期20多人中唯一一个自愿选择火炸药专业的人。他也并非不清楚专业选择的利害，"跟航天、导弹等热门行业相比，这项工作太基础、太枯燥、太危险了"。虽然知道所选择的专业可能会给未来的自己带来很多不确定的风险，但是年轻的他并没有丝毫犹豫，而是一入火炸药"深似海"，在火炸药专业浸润越久越觉得领域内有太多的问题亟待解决，同时也越发现火炸药研究天地之广阔，更加心甘情愿地把自己的青春和精力都奉献给它。后来，通过不懈的努力，硬是把"火炸药"这个"冷"板凳给坐热了。

血气方刚的王泽山之所以义无反顾地选择在当时"门可罗雀"的火炸药专业，并没有经过太多的权衡。1954年高考结束，抗美援朝战争的硝烟刚刚熄灭。"破釜沉舟博道义，慷慨捐躯战死生。"朝鲜战场上因为武器的悬殊，我方军队付出了艰苦卓绝的努力和巨大的牺牲才克服了武器劣势，获得了来之不易的胜利。在紧张的战场上，战机优势对战斗的胜利而言举足轻重，大炮的火炸药威力、口径、射程、精度打击以及机动作战能力更具有优越性。经历了战火和新中国成立的双重洗礼，青年时期的王泽山更加意识到建设国防的必要性和紧迫性。基于自身经历，后来在接受媒体采访时，王泽山总要说这样一句话："火炸药的性能是决定武器性能的一个决定性因素，火炸药很大程度上决定国家武器水平。"

"国家的需要是我一生的追求"，这句话王泽山时常挂在嘴边。在王泽山眼里，专业并没有"冷""热"之分，他总是跟人说："专业无所谓冷热，任何专业只要肯钻研都是大有可为的。国家需要就是我研究的方向。"敢为天下先，不计名与利，这才是大师的情怀。

在以严格、顶用、严密、抗压、可靠著称的哈军工几年的求学期间，因为班里的学生少，学生们能够有很多机会和知名教授近距离接触，教授们也能更有针对性地给学生答疑。彼时的王泽山很珍惜这样的学习机会，积极向老师求教。有一次，有机化学教授谭自烈在课前单独找到王泽山说："你的实验太不认真。"原来是在他们前期的一位同学，曾经在研究高能推进剂时发生了事故，造成了不可挽回的后果。而在做醇酸转化实验时，王泽山用了一个带孔的软木塞封存实验的中间产物，若不是实验员及时检查发现，曾经的悲剧恐怕就要重演了。这件事之后，他渐渐地形成了一种习惯，就是对每次实验都抱着严谨的态度，慎思笃行，对方案一定会进行反复的论证检查。

注重基础教学是哈军工的传统，课程设置执行6学时一贯制，而且课程安排多、覆盖面广、要求严格，仅数学课就有400多学时，战术课要求学生达到师一级指挥水准，除此之外，实验课、课程实习、毕业实习、毕业设计等实践内容应接不暇。在紧张的学习环境中，他仍能有序地安排自由学习的时间，常在图书馆查阅数学、物理、化学等专业的前沿学报和各类书籍，不断拓宽知识面。

他持之以恒的学习精神让他的能力得到了不断提升，曾数次对专业知识提出精辟的见解。一次物理化学考试，德国著名火药专家普门德的弟子曾石虞教授看了他的试卷后说："我应该给你高分，因为你对绝对零度下的物质状态与性能有着教学内容外的理解。"

哈军工浓厚的科研氛围深深地感染着王泽山，1960年，他顺利毕业，并且在刚成立的武汉炮兵工程学院任教。1962年，他随学校辗转抵达南京，此时的他已成长为火药实验室主任。新校区设在南京孝陵卫，该地自明清时期便由重兵把守。民国时期是护卫首都的东大门，国民党及侵华日军军队都曾驻扎此地。因此，当时学校所在地都是留下来的兵营，将兵营转化成实验室是他到南京后挑起的第一项重大任务。在兵营改造的过程中，他不怕吃苦，画图、设计电路、和水泥、做水泥台、打洞……事无巨细，样样干得热火朝天，乐在其中。经过无数个日日夜夜的辛苦，实验室改造成功，最终呈现给学院一个几乎涵盖所有操作步骤的标准实验室。"立大事者，不惟有超世之才，亦必有坚忍不拔之志"，王泽山身体力行地将古人之见进行了生动的个人阐释，他也因此获得了三等功荣誉。

"十年动乱"期间，好多工作被迫停滞不前。通过研究项目，他能够有机会接触到当时较先进的计算机技术和国外科技资料，并且还是学校里第一个使用计算机进行科研的专家。他专心致志地搞学问，沉浸在科研世界当中，并将计算机技术、诺模图设计原理引入我国火药教学、科研和火药装药学体系中。

1978年，改革开放的序幕拉开。他的第一本学术著作《发射药能量示性数算表》也在这一年问世了，这本著作中的理论和设计方法发展了火药及其装药"解析设计""表解设计"和"诺模图设计"。此时的他正值不惑之年，精力充沛，他的科学研究也迎来了一个"大爆炸"。

二

火炮曾被称为"战争之神"。世界各个军事强国都争相投入大量的经费用于高性能火炮的研发。然而，决定这个"战争之神"威力与射程的一项重要因素在于它所使用的火炸药的性能。火炸药在几乎所有战略、战术武器中都不可或缺，其性能哪怕发生微小的改进，都会深刻地影响武器系统的发展。

因此，如何最大限度地提升火炸药的含能性能，为中国的"战争之神"傲立全球插上坚实的翅膀，是王泽山一生的追求。

但是国家间的技术封锁和保密非常明显，有的国家甚至断言，中国某项技术瓶颈不可能取得突破。而王泽山从不被这些意见左右，而是锐意创新。作为火炸药领域的领军人物，他带领着自己的团队，不断更新我国火炸药技术，使得我国火炸药整体技术实力跻身世界强国行列，也为我国火炮等身管射击武器能够在战争中占据优势、获得战争的主动权提供了重要的技术基础。

王泽山对一切新鲜事物都保持着好奇心，紧跟时代步伐。69岁高龄时，他成功考下了驾照，去外地出差或者回吉林老家时，常常是自己驱车前往。现在他已经是一名"80"后了，为了能及时和大家取得联系，他能够非常娴熟地应用通信软件。除此之外，在给学生上课或者作报告时，王院士用的PPT

和 flash 动画都是自己制作,多少年轻人得知真相后都大为震惊。

正是这一份永远鲜活的好奇心,让他在创新的路上屡屡拔得头筹,截至目前,他已经获得了科学界"三冠王"的称号,撰写了 15 部学术著作、百余篇研究论文,为我国发射装药学从相对单一的学科体系向火炮、弹丸、火药和弹道学等多学科交叉发展奠定了坚实的学术基础。他常教导年轻人:"要立志自主创新,同外国竞争,抢占火炸药研究制高点。"事实证明,他自己对说出来的话身体力行,说到做到。

二十世纪八十年代,"废弃火炸药再利用"是王泽山挑战的第一个世界性难题。火药有着严格的储存要求,如果储备超期,会对环境和社会造成严重破坏。然而,传统的销毁方法,如露天焚烧、海洋倾泻、深井注入等,不仅会对环境造成巨大的危害,还会引起严重的爆炸事故,为国际法所严禁。显而易见,当时国际上急需一套行之有效的处理废弃火炸药的理论体系和实操方法。

比风沙更凌厉的是不畏风沙的意志。王泽山立志要拿下这一难题。在火炸药专家前辈肖学忠教授、赵子立教授等的影响下,王泽山特别注重将理论研究与实验结果相结合。为了解决废弃火炸药安全再利用的问题,他短时间内辗转于辽宁、内蒙古、青海等地的兵工企事业单位和科研院所试验场,还常常一边吃饭一边思考实验情况,吃"风沙拌饭"是家常便饭。经过一番实验,他决定,不模仿其他国家的老路子,不沿用传统处理方式,要另辟蹊径:"不能一味地跟踪国外的研究、简单地仿制研究，一定要有超越意识，要做出真正有水平的研究成果。"大胆的创新意识，为他获取最终的胜利奠定了基础。

实践出真知，十年磨一剑。通过近10年无数次的反复试验，他带领团队攻克了废弃火炸药再利用中一个又一个的关键难题。他立足军民融合，针对不同类型的废弃火炸药，从系统工程方法入手，提出了资源化利用的技术途径，将废弃火炸药开发成民用、军用产品，并将这一途径在全国范围内展开，废弃火炸药变成了"宝贝疙瘩"。他的这一创新突破，为火炸药的生产、使用、储备、处理达到良性循环找到了出路，其治理量可与产出量相当，能及时处理掉废弃火炸药，不留隐患。这一技术引领了我国废弃火炸药无公害处理、再利用的研究方向，并于1993年获得国家科学技术进步奖一等奖。

天行健，君子以自强不息。1990年，王泽山向又一个世界性难题——"低温度感度技术"发起挑战。温度的高低会明显影响火炮射程的远近：高温时，射程远；低温时，射程近，这就增大了武器实地作战发挥的不稳定性。如何让武器无论处在什么样的环境下，都能拥有和高温一样的效能，是他认准要解决的课题，这也是一个看似和自然规律相冲突的世界级技术难题，但是王泽山和他的团队有踔厉奋发的勇气和坚忍不拔的意志。

冬天，内蒙古阿拉善地区的温度低至零下二十多度，大风夹杂着砂石和扬尘，真是"一川碎石大如斗，随风满地石乱走"，吹得人睁不开眼，很多年轻人都承受不住这样的寒冷。"老骥伏枥，志在千里"，上了年纪的王泽山在实验场一待就是一整天。有一次，恶劣的环境使得记录实验的摄像机都"罢工"了，可王泽山仍然不愿意离开实验场所，最后还是在同事的多番劝阻下才停止工作，穿上御寒的衣物。夏天的青海高原流金铄石，地表温度高达60摄氏度，汗水将他的衣裤浸湿了。然而，在炎炎烈日下，他采集实验数据、主持指导试验，和团队共进退，丝毫也不懈怠。这是热爱的力量！

王泽山经过思考认为，既然温度变化是自然规律，天行有常，自然规律不可打破，何不顺应自然规律呢？在这个思路的启发下，他和他的团队经过一次次尝试，构建出了火药燃速与燃面的等效关系，发现了能够弥补温度影响的新材料，创造出了成负相效应的温度补偿系统。如此一来，不管外界温度如何变化，火药的温度都是恒定的，进而大大提高武器性能。低温感度技术的应用，使得火药长贮稳定性问题获得了解决，发射药的能量利用率得到了大幅提高，王泽山为世界级问题的解决提供了普适性的先进方法。由此，在1996年，时年61岁的他，荣获当年度唯一一项国家技术发明奖一等奖。

基于这次经历，他曾经开玩笑地说："我天生'低温感'。"王泽山能有如此强健的体魄，不是没有原因的。他年轻时擅长各种体育活动，也曾经在冬日冰冷的河水中"安然"冬泳。

转眼到了1999年，凭着对国家功勋卓著的贡献，王泽山顺利当选为中国工程院院士。

此时的王泽山已功成名就、荣誉满身，完全可以在退休后选择"躺平"甚至"躺赢"，颐养天年。然而，他时刻都在燃烧的想法和抱负却不允许他休息，好像只有思考，才能让他感觉到生活的意义。

"他好像永远不知疲劳",这是王泽山给几乎所有接触过他的人留下的最深刻的印象。他对节假日没有概念,也不爱接受采访或者参加各种会议,他把所有的精力都用在工作上。

他一天只需要五六个小时的睡眠,这样一来,就能比别人多出三倍的时间来思考。这样的年纪有这样充沛的精力,很多人向王泽山求教保养的"秘诀"。而他的夫人却笑言:"我们家很多时候一天只开两顿饭,我退休后,作息时间也完全跟着他走:早饭不吃,下午1点多吃第一顿饭,晚上11点吃第二顿。"可以这么说,王院士的一生已经和火炸药"绑定",只要有彼此相伴,就是幸福的。

三

和天生的诗人、天生的音乐家一样,王泽山是一位天生的科学家。

现代战争中,火炮要想实现高效毁伤、精确打击、快速反应、火力压制、远射程与模块发射,装药技术是关键。美、英等国家曾经联合研究155火炮等模块装药,各路世界级专家云集,然而,虽历时多年,最终还是因为无法突破技术瓶颈,而不得不中断。

只要和火炸药相关,对国防事业有益处,再难再苦,王泽山都担当得下来。关于火炸药的直觉告诉他，只要看准问题，持之以恒，就不存在什么世界性难题，这一项技术一定能找到突破口。

"莫道桑榆晚，为霞尚满天。"退休之后的时光，对王泽山而言是宝贵的研究机会，20年间，他日复一日地进行反复实验和精密计算，经历过不知多少次失败，扛下了常人难以承受的压力。凭着"千磨万击还坚劲，任尔东西南北风"的精神，2016年，他再一次解决了世界军械领域的又一技术难题。他利用自己另辟蹊径创立的装药新技术和相应的发射药装药理论，研发出了具有普遍适用性的远射程与模块装药技术。我国火炮在采用这项技术后，射程提高20%以上，弹道性能全面超过世界上其他国家的同类火炮。

2017年1月9日，在北京召开的2016年度国家科学技术奖励大会上，82岁的王泽山老当益壮，再次摘得国家技术发明奖桂冠。至此，他成为国内首屈一指的"三冠王"。

在2018年1月举行的国家科学技术奖励大会上，王泽山接过了习近平总书记亲手向他颁发的"国家最高科学技术奖"奖励证书。

除此之外，王泽山还曾获何梁何利基金科学与技术进步奖、国家优秀教材奖、"866"工程突出贡献专家称号、国家优秀科技工作者称号、江苏十大杰出科技人物、江苏省高等教育教学成果特等奖、2019年度"最美奋斗者"等荣誉。

静以修身，俭以养德。诸多荣誉加身，王院士为人处世一直都是平和、质朴、谦逊的。

二十世纪八十年代,学校集资分房,他优先安排课题组其他成员,自己等到最后一批才入住;70岁时买了一辆经济型轿车,直到现在也没换过;和徐复铭教授一同去北京出差,因为招待所没有预留房间,他们就在门房睡了一夜;只要有野外实验,不论条件多么艰苦,他都会亲自和团队一起外出;在获得的荣誉面前,能秉持公平之心,与大家共享成果;讲课从不照本宣科,很多国际上刚刚产生的最新技术和科研成果总会在第一时间出现在他的课堂上。

虽已届米寿之年,却严谨治学六十余载。王泽山培养了200多名博士和硕士,他十分注重培养学生的问题意识。他培养学生的狼性思维,要求学生自主确立研究内容和课题,寻找可行的研究途径。如此一来,学生独当一面的能力不断提升。他的学生之一,孙金华谈起恩师就一脸敬佩:"他反复叮嘱我做科研一定要透过'现象'追求'本质'……做研究不仅要做出真正有水平的成果,并且还要能满足国家的实际需求、要接地气。"王泽山的团队累计走出了超过90名博士研究生,不少人活跃在院校、企业和研究所等兵器研究前沿领域,已经成为新一代国防科技领军人才。

从科研到生活,从能力到人品,王泽山的方方面面都无可指摘,对上尊师重道,对下严慈相济,除了有时会闹一些"从前门进去,又从后门出去了"的小笑话,但这也为他的个人魅力平添了许多色彩。如今王泽山已入耄耋之年,可仍奔波在科研一线,拳拳之心一日也未松懈。唯愿能承先辈之精神,创吾辈之未来。

万金难买心头喜。"我是一名教授，一生能专心致志地进行科学研究。我们少为各种得失所左右，所以我能对我们国家有一些贡献。在这个状态下，我觉得我很满足。"一心一意做学问，无私无我大胸怀。王泽山院士如此的情怀和魄力，为莘莘学子垂范，定能激励青年奋勇争先，薪火相传，守护祖国的大好河山！

在2023年召开的第三届江苏发展大会上，省委主要领导在讲话中将三个人作为千年江苏发展的典型代表：第一位是提出"天下兴亡，匹夫有责"的顾炎武，第二位是倡导"父教育母实业"的张謇，第三位则是我校著名教授、"一辈子只做一件事"的王泽山院士。

这是对王泽山教授的充分肯定，更是对南理工的莫大认可。

梦印当下

英国教育学家阿什比指出，"大学的兴旺与否，取决于由谁领导"。

美国著名教育家克拉克·科尔在描述大学校长面对的复杂工作时，引用过鲁道夫的一句名言："校长职位是充满危险的职位，他要应对那么多的模棱两可，遭遇那么多迥异不同之事，要面对一种微妙的利益平衡，一种文质彬彬的拔河，一种对各项强调的总和。"

一位担任过十几年中国大学校长的学者说过："一所大学的高度，往往取决于这所大学主要负责人的高度。"

总之，一所大学的领导人在风光无限的同时，责任巨大、风险巨大、作用巨大。

2015年6月，紫金山流云烟岚，幽湖清溪。

出生于内蒙古鄂尔多斯的导航、制导和控制专家付梦印走马上任南京理工大学校长。他在履新演讲中，动情且铿锵地表示："受命于校长这个岗位，深感责任重大，使命艰巨。在今后的工作中，坚持特色办学方针，以特色牵引学校的发展。"

诚哉斯言。

七年多来，在学校党委的坚强领导下，付梦印与领导班子成员齐心协力，坚持落实立德树人根本任务，与全校师生同心同德，坚持"高质量、内涵式、特色鲜明"的发展理念，带领南理工人不断刷新纪录，学校各项事业不断创造新成就、谱写新华章。七年间，于个人，付梦印进取不辍，由教授成为中国工程院的院士；于学校，由大学管理者成为大学管理的专家，具体而言，可以用五句话来形容——教育沃土耕耘者、科研强军领队者、开放合作倡导者、社会福祉贡献者和文化情怀代表者。

一

立德树人，力培栋梁之材。"师者，教之以事而喻诸德也。"学校把立德树人作为教育的根本任务，坚持为党育人、为国育才。在开学第一课上，付梦印强调，"希望同学们立志摆脱在关键技术上受制于人的窘境，从博大精深的军工精神中吸收顽强拼搏、不断进取的优秀品质，历练宠辱不惊的心理素质，坚定百折不挠的进取意志，保持乐观向上的精神状态，变挫折为动力，用从挫折中吸取的教训启迪人生，使人生获得升华和超越"。付梦印的谆谆教诲鼓舞了不计其数的南理工学子。不仅如此，连续7年，付梦印坚持不断给新生上开学第一课，为他们点亮高等教育之路的第一盏明灯。这堂别开生面的"第一课"令学子们记忆犹新："在他身上，我们看到了科学家的严谨和教育家的家国情怀，非常感染人。"付梦印还多次联系支部和"鼎新人才创新班"，亲身为学生讲授专业知识。在付梦印的倡导和推动下，高层次人才为本科生授课制度化常态化，授课率达100%。

"我校人才培养的特色更多应该体现在'工程精英'这四个字上面，而'工程精英'不应仅是口号，它有着丰富的内涵，应该全方位引领我们的育人工作。"2018年7月，付梦印在暑期工作研讨会上对学校人才培养的特色做了深刻详细的阐述。他指出，"工程精英"培养目标培养出的学生，应该至少具备四项基本素质：一是应该具备崇高的家国情怀，以"国家民族"为志向，不以"小富即安"为目标，勇于到主流的学术机构、专业机构、重要岗位、国家急需岗位去工作；二是具备知识综合、技术集成的能力，这一点对于培养工程师十分关键；三是具备很强的组织交往能力；四是具备一定的人文素养和国际视野。

自此，付梦印确立了学校"工程精英"和"社会中坚"的人才培养定位，着力构建彰显南理工特色、充满生机活力、具有示范效应的创新人才培养体系，培养德才兼备、求真务实、具有家国情怀和国际竞争力、能引领未来的创新型精英人才。

学校全面构建"全员育人、全过程育人、全方位育人"体系。近年来，学校大力实施一流创新人才培养工程，实施"卓越工程师计划"，探索个性化培养、多元化发展的"321"人才培养模式。2015年，学校"挑战杯"总分排名全国第一，成为第七所捧得"挑战杯"的高校。2023年，学校斩获第八届中国国际"互联网+"大学生创新创业大赛总冠军。2017年，学校获批国家双创示范基地，并被评价为"建设进展进步最快高校"。2022年，学校创新创业教育学院入选首批国家级创新创业学院。此外，学校共有38个专业入选国家级一流本科专业建设点、11个专业入选省级一流本科专业建设点，一流专业建设点覆盖学校所有学科门类，在国家教学成果奖、国家级精品课程、国家级教学名师、国家教学竞赛、全国优秀教材等方面均取得了突出成绩。毕业生中的35%进入国防科工单位工作，献身国防事业，服务国家重大战略。

引育并举，壮大良师之姿。人才成就未来。"人才强校"是付梦印任内的核心关键词。2021年1月学校人事人才工作会议上，付梦印语重心长。在他看来，高层次的领军人才是非常稀缺的资源，高素质的师资队伍是推动学校各项事业高质量发展的催化剂和推进剂，高质量的管理队伍是学校发展的重要保障。

学校加快人才发展体制机制改革，优化人才发展环境，充分激发人才创新创业活力。2021年11月，随着两院院士增选结果揭晓，南理工3人当选。近年来，学校锚定学科发展，引育学科领军人才，涌现出颇多像芮筱亭、陈光等不同学科领域的"领头羊"。

付梦印提出，要着力抓好"四支队伍"，聚焦一流师资队伍建设，打造战略科学家、科技领军人才和创新团队成长梯队，形成"人人心中有愿景，人人脚下有通道，人人肩上有责任，人人身上有动力"的良好干事创业氛围。

近年来，学校持续推进"人才强校"战略，实施师资队伍"卓越计划"，构建新型紫金人才体系，遴选培育科研领军团队，大力推进人事制度综合改革，构建"四型七类"职称晋升体系，采取多元化评价标准，将原有2个通道扩展到7个，让各类人才都有了发展通道，助力更多青年教师尽展其才，迅速成长为团队核心和学科骨干。徐胜元教授团队获批"国家自然科学基金创新研究群体"，学校基础研究团队建设实现了"0到1"的突破。此外，学校教师结构进一步优化，国家级人才数量"倍增"趋势明显，入选数位列一流学科建设高校前列。

矢志不渝，筑梦一流学府。"更教仙骥旁边立，尽是人间第一流。"卓越师生的培养自然离不开优越的学科背景与条件。"当学校再次面临我国高等教育重大发展机遇时，今天的南理工人必须有信心、有决心、有能力使南京理工大学成为国家统筹推进'双一流'进程中不可替代、不可或缺的重要力量。"在2016年的"双一流"建设动员大会上，付梦印吹响了南京理工大学全面推进"十三五"、奋勇冲刺"双一流"、加快推进特色鲜明的高水平研究型大学的号角，话语掷地有声。

"双一流"建设必须以中国特色、世界一流为核心，以学科为基础，以绩效为杠杆。付校长对于逐梦一流有着清晰的见解："我校'双一流'怎么建？在战略上，必须立足两个层面：

对外，主动展示、积极争取；对内，增强定力，练好内功。同时，学科是龙头、是统领，创建一流大学，首先要有一流的学科。"在工作布置会、工作研讨会、开学典礼和毕业典礼等重要场合，他不断发出铿锵有力的号召：矢志一流，追求卓越！

付梦印审时度势，抢抓"双一流"建设机遇，依据南理工特色提出"强势工科、特色理科、精品文科、新兴交叉"的多学科发展思路，以"1+3+6+N"的一流学科建设体系为引领，聚力建设"智能兵器与装备"一流学科群，巩固提升兵器与装备、化工与材料、电子与信息三大学科群的优势。

付梦印坚定的决心与不懈努力为学校带来了不菲的成绩。近年来，学校兵器科学与技术学科入选第一和第二轮国家"双一流"建设学科，在第五轮学科评估中位列A+档，蝉联全国第一。化学工程与技术学科跻身A+档，控制科学与工程、光学工程和机械工程3个学科获评A-，三大优势学科群实现A类学科全覆盖，超额完成学科建设目标。在含能材料、先进发射、智能弹药、高效毁伤、光电信息等国防科技领域代表着国家先进水平。不仅如此，南理工的学科进展也在他的领导下遍地开花：获批国防特色学科10个，7个学科进入ESI全球排名前1%，工程学和材料科学进入前1‰。新增5个一级学科博士点、3个博士专业学位授权点，以及5个一级学科硕士点。主动布局服务"两个强国"建设新兴前沿领域，组建人工智能学院、网络空间安全学院、智能制造学院、新能源学院、微电子学院（集成电路学院）等新学院，优化重组化学与化工学院，成立数学与统计学院，实现了学校学科布局整体性优化。

二

"活水源流随处满,东风花柳逐时新。"科研是强校的"源头活水",创新则是科研的灵魂和生命力所在。对此,作为一校之长的付梦印有着比常人更为清醒的认识,他常说:"科研要聚焦国家重大急需,敢于自主创新,付出比别人更多的时间和精力。"作为一名国防科研战线的科技工作者,他瞄准智能无人系统新军事变革,持续提升原始创新能力,带领团队深入开展复杂环境下自主地面移动平台导航、控制及应用研究。同时,作为校长,在上任之初,付梦印就承诺,要构建合理的科研和教育体系,实现资源的高效运行,为国家战略、行业发展、地方经济更好地服务。脚踏实地是他的风格,实事求是是他的原则。付梦印指出,科技攻关要摒弃幻想。实现"两个一百年"奋斗目标,一些重大核心技术必须靠自己攻坚克难。核心技术、关键技术、国之重器必须立足于国家自身发展。

深化科研体制改革,必须全面提升学校科研创新能力,以基础性的突破带动全局性的创新。付梦印认为,必须聚焦"四个面向",强化有组织科研,抢占科技创新战略制高点。他提出按照"构建大平台、组建大团队、争取大项目、产出大成果"的思路,深入实施一流科研水平提升工程,着力打造全链条科技创新格局,努力建成科技攻关主战场、重大原创成果产出地、国之重器策源地。

付梦印校长将军工特色发挥到极致，使得南理工在相关领域硕果累累。学校王泽山院士获得2017年度国家最高科学技术奖，成为工信系统、兵器行业和江苏省首位获奖者。由学校作为总师单位研制的某型车载炮武器系统亮相国庆70周年阅兵式。学校持续加强基础研究和核心技术攻关，首次合成出氮五阴离子盐并成功突破宏量制备工艺，取得了"0—1"的突破，成果在 Science、Nature 上发表；在航空发动机材料领域，发明高温高性能钛铝单晶，这2项成果连续入选"国防科技十大进展"。学校成功获批魁元实验室、复杂多体系统动力学全国重点实验室、复杂装备系统动力学前沿科学中心等国家级平台3个，联合共建国家级平台7个，实现主干学科全覆盖。2020年开始，学校科技活动经费突破20亿元。尤其在"十三五"期间获得17项国家奖，实现了国家科技奖励"五大奖种"的全覆盖。学校在国防、民品、基础和社科等各个领域获得的重大重点项目数量也持续攀升。

三

"循法之功，不足以变世；法古之学，不足以制今。"作为校长，付梦印有着开阔的眼界和胸怀，深知开放合作的重要性。"国际化是高等教育对外开放的必然选择，是学校'双一流'建设的强大推力,也是师生自身发展的强烈需求,更是我们共同努力的发展目标。""学校必须加快构建以国内一流为基础、国际知名为延伸,国内国际相互促进的双循环格局。"在"十四五"国际化发展暨中外合作办学推进会上,"进一步推动有深度、高水平且可持续的国际化发展,不断提升学校的国际知名度和影响力"是付梦印校长的决心与期许。

付梦印认为,面向国内,我们要继续深化改革,向内部挖潜力,进一步释放内部发展动能;面向国际,我们要扩大开放,向世界要增量,激发新的发展活力。引入更多优质国际教育资源,拓展"一带一路"朋友圈,开展多方位、多层次、多渠道的国际合作。

哈佛大学著名女校长福斯特说过:"在数字化时代,信念和抱负没有边界的限制。而新的知识经济的全球化特征,使得大学的未来发展也必须是全球化的。"近些年来,南理工积极实施开放合作的教育行动,分类推进教育国际合作交流,打造区域教育对外开放特色。近年来,学校国际合作成果丰硕,获批国家"国际科技合作基地"2个、"高等学校学科创新引智基地"9个,1人获"中华人民共和国国际科学技术合作奖"、2人获"中国政府友谊奖"。人才培养国际化也搭上了稳步提升的快车,获批1个合作办学项目、1个合作办学机构,与海外高校设立26个联合培养项目,成立中法工程师学院,派出学生2700余人次交流学习,博士研究生出国(境)比例达60%。推动文明交流互鉴,与白俄罗斯戈梅利国立大学共建孔子学院,建立沙特研究中心、白俄罗斯研究中心等国别研究机构，有效发挥国际智库咨政作用。"南理工星"获国际天文学联合会批准命名。向联合国提交的《危险货物运输的建议书试验和标准手册》成为中国被联合国采纳的第一个爆炸品标准提案。

四

《道德经》中说："合抱之木，生于毫末；九层之台，起于累土。"从世界高等教育发展史上看，一流大学作为高等教育发展多样化的产物，很大程度上就根植于其社会服务职能的履行，换句话说，"社会"是大学产生之"源"，也是大学服务之"本"。在社会服务、以有为求有位方面，付梦印从不置身事外。他认为，大学尤其是理工类大学必须把握时代潮流和国家需要，利用工科学科的技术和人才优势，为地方经济建设、产业提档升级和人才培养做一些实实在在的工作，在促进区域经济的发展过程中，争取自身得到发展和壮大。为此，付梦印和领导班子一起谋划提出，南理工要主动聚焦国家重大战略，以创新人才培育和服务区域经济社会发展为目标，发挥产学研协同创新体系的枢纽作用，高标准规划"一校三区"的发展格局。

2021年11月，盱眙校区正式开工建设，付梦印在致辞中表示，盱眙校区的开工建设，是我校发展史上具有里程碑意义的一件大事，标志着"一校三区"办学新格局的正式形成，也必将为加快苏北振兴、推进宁淮合作，推动淮安和盱眙高质量跨越发展，持续提供强有力的智力支持和人才支撑！

近年来，学校围绕国家创新体系建设和区域创新发展需求，持续做好校地融合发展和科技成果转移转化，更好服务"两个强国"建设。依托汤山分部，与南京市共建长三角智能制造与装备创新港，打造集多功能于一体的高水平创新基地。江阴校区聚焦国家战略实施和国际化办学，建设服务"两个强国"先行区、前沿交叉学科先试区和国际化办学示范区。盱眙产学研合作基地聚焦国防科技创新和成果转化，建设支撑国防科技创新、开展科研试验和服务地方经济发展的多功能校区。2020年江阴校区正式交付使用，2021年盱眙产学研合作基地举行开工仪式，标志着"一校三区"办学新格局正式形成，为学校深化校地合作，服务长三角及江苏高质量发展奠定了重要基础，成为校史中一个重要的里程碑。

五

具有红色基因的校园文化是南理工代代传承、扎根中国大地办大学的血脉。"正是因为我们有着鲜明的红色基因，我们始终有着扎根中国大地办大学的独特历史优势，有着强烈的创建'中国特色、世界一流'大学的办学自信。"作为红色基因的传承者，校园文化一直是付梦印工作的重点之一。

"映日荷花别样红。"付梦印认为，文化是大学的灵魂，也是和谐校园建设的基础，学校呈现出良好的发展态势，离不开文化的浸润和引领。付梦印提出，要大力弘扬传承"使命文化""军工文化""奉献文化""暖心文化"四种文化，牢记"八个一流"和"八多八少"，壮大红色基因，弘扬时代旋律，增强学校发展的凝聚力。

"遥知不是雪，为有暗香来。"近年来，学校实施"文化引领行动"，着力打造具有时代特征、军工特色和南理工特点的大学文化，推进高品位校园文化建设，凝练校训、编写校歌、推广校园形象标识体系，完成校史展览馆、兵器博物馆重新布展，建成"止戈园"文化景观带。连续10多年举行以和平为主题的"二月兰文化节"重点文化精品活动，推出的"暖心饭卡"等关怀举措被《人民日报》头版报道。学校获评全国高校校园文化建设优秀成果一等奖1项，2个项目获批教育部高校思想政治工作精品项目，2个教师团队获评"全国高校黄大年式教师团队"，4次获"江苏省文明校园"称号。在抗击校园新冠肺炎疫情阻击战中，总体形势稳中向好，受到各级政府和疾控部门肯定。

"桃李不言，下自成蹊。"作为老师身份的校长，付梦印又是浓厚情怀的化身。数年如一日，他坚持六点到达办公室，利用清晨时间钻研业务和工作，长期坚持每天工作17个小时以上。假期与周末不是他生活中的常客，他将数不清的个人时间投入工作中，甚至全年只有除夕和大年初一两天，付梦印才会暂时放慢工作的脚步。南理工每一份成果都凝结着他的辛勤付出和智慧汗水。作为南理工人，他的情怀和浪漫也不曾缺席，五四青年节的时候，他会与青年教师们一起话家常、谈成长；在每年的5月20日，南区宿舍楼会点亮明灯专门为毕业生送行，在每一个这样灯光闪烁的夜晚，校长付梦印的南理工情怀都在照耀着每一位南理工人。

可上九天揽月

"风雷动,旌旗奋,是人寰。三十八年过去,弹指一挥间。可上九天揽月,可下五洋捉鳖,谈笑凯歌还。世上无难事,只要肯登攀。"毛泽东的《水调歌头·重上井冈山》壮志凌云,气冲霄汉,而"可上九天揽月,可下五洋捉鳖"的梦想也正在一代代科研人员的努力下实现。

在与航天事业紧密关联的若干中国高校中,南京理工大学是十分独特的一所。1955年12月,南理工的前身哈军工炮兵工程系任新民教授、周曼殊、金家骏三名教员联名给国防部写了一份论证报告,提出研制和发展我国火箭技术的建议,引起了中央军委的高度重视。1956年1月20日,彭德怀主持中央军委会议,讨论通过了任新民、金家骏、周曼殊三人的建议,由此拉开了中国发展"两弹一星"事业的序幕。

2019年6月5日,是我国航天事业新征程上的一大重要时刻。这天，黄海海域，大浪滔天，航天人的热情和巨浪一样蓬勃昂扬。12时06分，长征十一号火箭"WEY"成功完成"一箭七星"海上发射技术试验，捕风一号A/B卫星、中电网通一号A/B卫星、吉林一号高分03A卫星、天启三号卫星和潇湘一号04星共计7颗卫星均被成功送入约600千米高度的圆轨道。火箭的升空，卫星的入轨，填补了我国运载火箭海上发射的空白，开启了新型发射模式的时代。

海上航天发射作为一种新的发射模式，纵观全球最近一次的成功发射尚在2014年。中国完成了"首秀"的接力，突破了重重技术难题，实现了"航天+海工"的技术融合，具有一定的跨越性。在这之前，长征十一号运载火箭已经成功完成了7次发射使命，其中6次为陆地发射，1次为海上发射。经过多次实践，充分证明了长征十一号运载火箭"高性能""可信赖"的优良品质。

技术的突破离不开无数航天人的攻坚克难，总指挥李同玉即是其中一个典型代表。李同玉是南京理工大学78级校友，硕士毕业于化学与化工学院物理化学专业，现为航天科技集团中国运载火箭技术研究院宇航部部长。"为国家研制具有世界先进水平的运载火箭，是研究院人数十年来的夙愿。研究院用国际最先进的通用化、系列化、组合化的设计思路，践行绿色环保、安全可靠、全数字化的设计理念，突破了数百项关键技术，取得了一个又一个胜利，强有力地推动了我国由航天大国迈向航天强国的历史进程，同时也为我国未来发展重型运载火箭积累了一定的研制经验和基础设施，锻炼出宝贵的人才队伍。"在接受采访时，他满怀信心地说。探索浩瀚宇宙，发展航天事业，建设航天强国，是中国航天人孜孜以求的梦想。而这样一颗种子，读书时代就在李同玉的心中深深埋下，逐渐生根发芽。

一

1962年10月，李同玉出生于江苏省泰兴的一个小村庄。孩提时代，虽然当时的中国由于种种时代性的原因，暂时处于动乱和饥贫之中，但苏北沿江一带，向来有着尊师重教、敬惜字纸的传统，对知识的崇敬与渴望，对更大的外在世界的好奇与向往，一直是联络家乡与世界，鼓舞孩子们奋发向上的强大动力。且泰兴临近江苏淮安，这里是周恩来总理的出生地，亦是周恩来精神的发源地。李同玉自小耳濡目染总理"为中华之崛起而读书"的宏大抱负，并将其深深镌刻于心，以此为指引自己不断前行的理念丰碑。小小"革命青年"的他内心深处一直渴望能够读书成才，报效祖国。"下放农村"的"右派"老师们依然怀着"传道授业、教书育人"的崇高理想，对于社会有着知识分子应有的责任心，更为有这样一位有天分、爱学习、勤思考的可塑之才感到欣喜，纷纷倾注心血，倾囊相授，助力少年梦想成真。

1977年，那个乍暖还寒的日子，高考制度的恢复给无数学子带来了希望。如春风，吹遍长城内外、大江南北。电影《高考1977》中的画面也许可以帮助今人捕捉一点那个时代的热情。勤学多年，渴望一试身手的李同玉以更大的热情投入中学课程的学习中。时光飞逝，转眼便进入系统复习和备战高考的紧要关头。1978年，和许多因为历史原因而被耽误的"老三届"大哥大姐们一起，他满怀信心走进考场，"接受党和人民的挑选"。

俗话说，"机会总是善待有准备的人"，多年的勤奋学习为他赢得了心仪已久的大学入场券。1978年9月，高中毕业的李同玉被华东工程学院化学工程系应用化学专业录取。

四年的学习为李同玉装备上了理想的羽翼，紧张而繁忙的生活，并未磨灭青年的热情，"祖国的需要就是我的志愿"的崇高理想一直引领着他不断前进。

正如徐特立曾经说过的那样："有困难是坏事，但也是好事，困难会逼着人想办法，困难环境能锻炼出人才来。"四年后的李同玉带着学校分发的"派遣证"，充满激情，满怀期待地来到了湖南雪峰山区的兵器部544工厂，这里将成为他人生中一个重要的起点，他的社会生活和工作历练亦将从这里迈出第一步，走上新征程。

"合抱之木，生于毫末；九层之台，起于累土；千里之行，始于足下。"从一名车间工人开始，到进入实验站，编写产品工艺规程，进行调装设备的分析与设计。学业有成的李同玉也时刻不忘将所学知识分享同伴。由于时代的局限，当时的职工队伍文化水平普遍不高，这自然是不利于工作开展、技术创新以及生产进步的。工厂方面也考虑到了这一点，便组织建立了职工夜校，白天生产、工作，晚上利用闲暇时间组织"充电"，以期提高职工整体文化水平和技术素质。李同玉自告奋勇，报名去职工夜校兼职授课教师，工友们都觉得他讲课有激情、明白透彻，职工队伍的整体水平也因此得到了较大的提高。

帮助他人补习，传道授业解惑自然是"授人以渔""赠人玫瑰"之美事，但时代在进步，知识、技术亦在不断更新、创新。李同玉充分意识到打铁还需自身硬，从未满足现有知识储备，并以"问渠那得清如许，为有源头活水来"的理念为支撑，将理论与实践相结合，在工作学习中不断充实自己，进一步提高自身专业水平，以期获得精进深造的宝贵机会。因而，他开始着手准备参加硕士研究生入学考试。

相较于精细专业分工，李同玉别有选择，他更加倾向于以广博为特性的基础专业，认为只有学好基础专业，才能更好地为精研业务提供坚实的基础。基于此，华东工学院的物理化学专业成了他的不二选择，化工学院的金家骏教授成为他的导师。早在哈军工时期，金家骏就是教研室的知名教员，1954年"五一"节，曾作为教育战线的杰出代表应邀上天安门观礼，更令人惊叹的是，金家骏正是向中央军委提交建立我国"火箭部队"报告的三位教授之一。

自李同玉1986年到华东工学院攻读物理化学专业硕士学位，金家骏的言传身教给他留下了非常深刻的印象，直到后来，回顾这段学习生活经历，他还觉得受益匪浅，直称金教授为自己人生和从事科研工作的指路明灯。

二

名师出高徒，凌云始道高。1989年，完成了硕士研究生学习和研究论文后，李同玉就来到了航天一院，正式成为发展我国航天技术的一名新兵。在那里，从某重点型号的飞行器设计做起，完成了该飞行器及其分离机构从模样阶段到初样阶段的研究、设计、计算和验证试验等工作，为产品转入试样阶段奠定了基础。杰出的成绩让他脱颖而出，第二年，他就被评为研究所技术拔尖人才。

八十年代末，我国政府宣布中国的运载火箭进入国际商业卫星发射服务市场。他从导弹武器领域跨界转入运载火箭领域，主要从事卫星和火箭的技术协调。"刚进入这一领域时，长征火箭刚刚完成三十多次发射，运载能力也就3吨还不到的规模，我们就是拿着设计图纸参与国际发射服务项目的投标。通过一轮又一轮的设计评审和技术协调，消除了文化理念上的隔阂，达成了充分的沟通和理解；在西方成熟的市场经济浪潮中，我们与美国和欧洲的同行们同台竞技，赢得了用户的信赖，也形成了完善的协调文件体系。"正是在李同玉及其团队的攻坚克难下，到世纪之交时，长征火箭的运载能力和发射成功率赶上了世界先进水平。由于长征火箭的兼容符合卫星制造商对设计的通用要求，"长征火箭"也因此成为中国在国际市场的知名品牌。作为项目协调员，李同玉在技术协调、市场开发和合同履约中起着至关重要的作用，他及时总结协调成果，形成规范的作业流程文件群，并将此类文件群作为组织的"过程资产"进行归档管理，以供同事和后人参考。

八九十年代，面对国家政策转向以经济建设为中心、军品需求萎缩的形势，李同玉与时俱进，从国内装备的研制转向军援军贸项目的研制，完成了某国际项目产品及其生产线的设计，形成了全流程的技术转让和培训文件，生产调试出一整套设施设备，拓宽了航天一院产品和服务的国际市场。

探索浩瀚宇宙，发展航天事业，建设航天强国，是航天人不懈追求的航天梦。实现"航天梦"的三大要义，都离不开运载火箭。随着经济水平和综合国力的不断提升，中国航天迎来了新的发展阶段，李同玉的工作重心也向国家重大科技工程的管理转移。为了与国际前沿接轨，他又开始学习研究美国项目管理的知识体系，联系自己在国际卫星商业发射服务项目管理中的实践，应用系统工程的方法，组织并参与了国家重大科技工程项目的立项论证。在北斗导航、月球探测、载人航天、新一代运载火箭等一系列重大工程立项中发挥着中坚作用。他所编写的工程立项报告也得到国家各级主管部门、咨询评估机构和军方用户的充分肯定，在组织内部也成为工作模板，为工程的顺利实施提供了基础保障。

这一系列的努力及成绩，使得他获得了一系列重大荣誉，如总参和国防科工局颁发的"北斗二号建设突出贡献奖"奖章、四部委颁发的"载人航天突出贡献奖"奖章。

2010年,李同玉团队开展了我国首型固体运载火箭(长征十一号)的立项论证工作,这是我国新一代运载火箭家族的一员,是我国快速响应发射的主力火箭。由于采用了固体燃料,长十一火箭的适应性很强,具备小时级发射、适应简易发射条件、基于民用船舶实现海上发射等特点,因此也被叫作"快响利箭"。2011年12月国家正式批复立项,2015年9月完成了第一次飞行试验;到2022年12月,已累计完成15次卫星发射任务,把55颗卫星准确送入预定轨道;取得了首飞成功、发发成功的骄人业绩。尤其值得称道的是,2019年6月,李同玉率领的长征十一号研制团队完成了我国首次海上发射任务,任务取得圆满成功;2020年5月,团队又使用自行研制的机动发射平台将两颗卫星发射入轨,验证了长征十一号发射系统的快速机动及无依托发射能力。在李同玉和团队成员的不懈努力下,长十一火箭型号实现了全流程、全要素、全周期、全寿命管理,取得了科技研发和组织管理的双突破,在激烈的航天发射商业市场竞争中占得先机。为此,这项成果获航天科技集团科技创新一等奖和国防科技成果二等奖。

"谁将天下安危事,一把诗书子细论。"李同玉曾在任务指挥中心转播台前目睹了一次"星箭俱毁"。1996年2月15日,长征三号乙运载火箭执行首飞,将国际通信卫星组织所属的一颗商业通信卫星送入轨道。此次发射是长三乙运载火箭首次发射重达4吨的通信卫星,受到了国际上的广泛关注,来自全球40多个国家的使节受邀在美国观看发射直播。然而点火起飞后约2秒,火箭飞行姿态便出现异常,约22秒后,火箭头部坠地，撞到离发射架不到 2 公里的山坡上，随即发生剧烈爆炸。

这次失败在李同玉心中留下了无法抹去的印记，自此之后，每一次发射前，尽管已经通过无数次计算、模拟轨道运行，排除了一切可能的差错，他的手心仍会紧张到出汗，"做航天事业不仅需要很强的心理承受能力，更要对成功怀有敬畏感，不要做令自己后悔的事"。

"千淘万浪虽辛苦，吹尽狂沙始到金。"2019 年，长征十一号运载火箭在我国黄海海域实施发射，成功将 7 颗卫星送入约 600 千米高度的圆轨道。谈及海上首秀，李同玉说，以往在陆地上发射火箭，是以光缆连接后端设备与点火系统进行控制，但海上发射则要求发射船与保障船之间通过无线进行测量、发射及控制。"除此之外，如何解决船身晃动给出筒过程带来的影响，如何在海上没有稳定参照系的情况下实现精准定位定向，都是海上发射带来的挑战。团队经过一年多的实验准备，进行了不计其数的地面验证、仿真计算，攻克了多个技术难题，实现了首次远距离无线测发控等多项创新，这背后凝结着集体的智慧和汗水。"

回首自己在研究院的发展历程，李同玉始终把"传承"挂在嘴边。研究院里大师云集、群星璀璨，但这些前辈对年轻人总是"问一答十"，竭力提携。就像老一辈对自己言传身教一样，李同玉对研究院的新人也是如此，"通过老同志的传帮带，让年轻人在实践中交流成长，把知识贡献给社会和国家，时刻为国家准备着，而不是为升职准备着"。

三

一路走来，李同玉感慨万分，他多次在母校的讲座上谈及学业与报国："我国航天事业能够取得今天的成就，是因为有党中央的亲切关怀、有航天工作者的辛勤付出、有全国人民的关心和各行各业的协作。每一次航天任务都能够激起全国上下追求科技创新的热情和干劲，更加坚定全国各族人民实现中华民族伟大复兴的决心和信心。中国航天人就是在全国人民的不断激励中，把成功作为一种信仰，不断追求成功、追求卓越、追求完美。"

"天空没有翅膀的痕迹，而我已经飞过。"用泰戈尔这句著名的诗句来形容李同玉，再恰当不过。由于保密和谦虚，李同玉很少谈及自己的成就和贡献。每次回到母校，他说的最多的则是自己的人生体验，以此希冀给年轻的学弟学妹们启迪和借鉴。

对于大学时代，李同玉感慨地认为本科和研究生阶段巩固理论基础非常重要。传承于"哈军工"的南理工基础课程教学体系，铺就了一条坚实而宽阔的成才之路。南理工为相关本科专业设置的一系列专业基础课程，如数学物理方法、工程力学、流体力学、内外弹道学等，都是从事现代工程技术研究必须掌握的知识。同时要求研究生更要在导师的指导下培养严谨的科研作风，提高学术素养，成为对国家、对社会有用的栋梁人才。

对于职业生活，李同玉建议莘莘学子要树立终身学习的理念，补齐知识短板。离开学校走向社会，毕业生将登上人生发展的大舞台。胸无大志、夜郎自大、故步自封，终将一事无成。既要脚踏实地，做好本职工作；又要胸怀世界，瞄准科技前沿，把个人的成就、国家振兴和人民幸福有机结合起来。

对于为人处世，他认为培养和保持谦虚、民主的工作作风是成功之关键。我们是站在前人的肩膀上发展航天科技，我们要把老一代航天人自力更生、艰苦奋斗的工作作风学到手，发扬光大。科学技术发展到今天，任何个人只能掌握知识体系的一隅，而周围的同事们也各有所长。他一直强调要发扬民主作风，互相取长补短，共同推动航天事业的发展。

对于工作方式，李同玉谆谆提醒青年后生要关注过程积累，为组织留下宝贵财富。"打一仗进一步"，就是要把成功的经验总结提炼出来，形成组织的规程和作业文件；"吃一堑，长一智"，就是要尊重自己所遭受的挫折，形成"问题库"，供后人借鉴。

"构筑通天路，树立报国志""厚积薄发、强我国防、大有作为"是李同玉对母校学子的殷切期盼，鼓舞着后来者！

可下五洋捉鳖

"沧海先迎日,银河倒列星。"

"在那海水酣睡的宫殿里,铺满了多少奇珍异宝。"

"古老的大海是一片灰白而忧郁的原野。"

无数文人墨客感慨万千地描绘过魔幻、辽阔、凶险的大海!对普通人来说,大海既是一本神奇的童话,也是一部魅力无穷的科幻大片。

"可上九天揽月"有以李同玉为代表的无数南理工人的参与,"可下五洋捉鳖"的童话和科幻大片中,亦有南理工人作为主角惊艳出场。

不借助任何辅助装备,人类最深下潜深度为100米;借助水下呼吸器,人类下潜的最深纪录为332米。2012年加拿大导演卡梅隆搭乘"深海挑战者"号下潜到达的深度为10898.5米。

10909米!

这是 2020 年 11 月 10 日 8 时 12 分，中国潜水器"奋斗者"号在马里亚纳海沟成功坐底，创造的中国载人深潜最新纪录。自此，"地球第四极"烙下了中国印。

消息一出，举国自豪，世界震惊。

"作为中国人，能驾驶自己研制的载人潜水器到达了万米深海，我很自豪。"作为见证者和参与者，"奋斗者"号载人潜水器电气系统副主任设计师、主驾驶张伟如是说。

一

1988 年出生于安徽的张伟，本科就读于南京理工大学自动化专业。由于出生于内陆地区，他在大学毕业前并未见过大海。但海洋的浩瀚宽广，以及海底世界的未知与神秘一直深深吸引着他，因而，对海洋一直满怀憧憬。和他一起的 2009 届毕业生，不少人去了航天单位，从事与航天相关的工作时，他却执着地向中国船舶科学研究中心投出了自己的简历。"当时投递简历后，其实没有收到面试通知，但是我主动联系负责招聘的老师，争取到了面试机会，最终通过面试顺利留在了所里工作。"虽然在这期间，他也曾收到一家汽车自动化企业发放的 offer，但他还是义无反顾地选择了海洋，"相比起来，我更喜欢海洋！"

进入 702 研究所，张伟继续攻读了硕士学位，将理论与实践相结合，一边学习一边实践，他先后参与了"深海勇士"号、"奋斗者"号深海载人潜水器项目的研究、试验与实际下潜等工作，在这一领域逐渐崭露头角。

回忆起在母校的学习生活，张伟饱含深情，尤其对南理工开设的 PLC 课程印象深刻。PLC 是可编程逻辑控制器的英文缩写，是一种专门为在工业环境下应用而设计的数字运算操作电子系统。在高校电子信息类人才培养中，PLC 课程设计是电气控制类专业学生需要完成的教学实践任务，主要是通过使用 PLC 语言设计规定任务的电气控制装置，这是有关专业教学重要的实践环节。张伟认为，这一课程并非只是简单的"纸上谈兵"，空谈理论，而是注重将理论与实践相结合，注重实践环节。这使得他对自动化专业产生了极大的兴趣："在 PLC 课程中，真实接触到自动化和控制这个专业到底是什么，在生活中怎么去运用，从开始的不理解、不了解，逐渐产生了兴趣。"南理工校风所弘扬的"团结、献身、求是、创新"的精神也深深感染着他，将其融合进了"严谨求实、团队协作、拼搏奉献、勇攀高峰"的中国载人深潜精神之中。白驹过隙，时节如流，大学四年转眼即逝，但是学校浓厚的国防军工文化氛围始终感染着他，激励着他，就这样，一步步，依靠自己的努力，在兴趣的驱动下，他与海洋和电气控制领域结下了不解之缘，逐渐成长为专业核心技术骨干。

"锲而不舍，金石可镂。"现为研究所水下工程研究开发部高级工程师的他，在"奋斗者"号载人潜水器研制中身兼数职。电气绝缘监测装置的研制、推进器和液压源等电机驱动器的研制都少不了他的身影。此外，科研之外，他还担任潜水器试验组组长、潜水器主驾驶，完成水池和海上的下潜试验，负责对潜水器的各项功能进行试验测试。

二

对未知世界的探索是人类孜孜以求的事业。法国作家凡尔纳的科学小说《海底两万里》（Vingt mille lieues sous les mers）使得人们对海底未知世界充满向往，该书于1902年被翻译到中国，题为《海底旅行》，引发了人们探索海洋奥秘的极大热情。

回望历史，中国于1971年开始研制第一艘载人潜水器，从"7103救生艇"，到"蛟龙"号、"深海勇士"号，再到"奋斗者"号，从百米浅海到万米深海，"可上九天揽月，可下五洋捉鳖"一步步成为活生生的现实！

2009年，张伟加入载人深潜团队时，适逢国产"蛟龙"号第一次下水海试。那时的他就十分渴望能够加入深海载人潜水器的科研，"那将是一件非常幸运的事"。"深海勇士"号潜水器于2009年立项后，他基本全程参与了项目的每一环节，到了2017年，他终于初次圆梦，作为主驾驶和技术人员完成了"深海勇士"号的海试。

第一次主驾，既"兴奋"又"压力山大"，"兴奋"是因为机会难得，终于圆梦；"压力"是因为责任重大，任何的细节失误都会导致试验失败，严重的甚至会危及设备安全和人员生命。潜水器凝聚着众多科研人员的智慧和辛勤的汗水，亦关乎祖国荣誉，不可有丝毫马虎。为此，张伟化压力为动力，严谨对待任何一个小的细节，努力将各方面工作做得细致、扎实。

有了"深海勇士"号主驾和相关技术经验，接下来是"奋斗者"号。

"奋斗者"号载人潜水器于2016年立项。这是我国第一台拥有自主知识产权的全海深载人潜水器，是世界上载员最多、作业时间最长、作业能力最强的全海深载人潜水器，在全球同类型全海域载人潜水器中也名列前茅。作为电气系统副主任设计师，张伟主要负责电气系统的研制；作为潜水器试验组组长，他主要负责潜水器的试验调试、陆上联调和水池试验工作；作为潜水器的主驾驶，则需要完成水池和海上的下潜试验。

坐底马里亚纳海沟，"这是中国人第一次乘坐自主研制的潜水器到达万米海底，心情激动而自豪"，张伟兴奋地说。连续一个月内，"奋斗者"号13次下潜，8次突破万米，开创了我国在大深度载人深潜领域的新纪元。

那么，一万米以下的深海是怎样的呢？

相较于陆地和天空，也许，海洋是我们"熟悉的陌生人"。"约有95%的海洋区域至今还没有被探明，约85%的海洋生物多样性属于未知，约90%的海洋资源没有被合理利用。"中国科学院深海科学与工程研究所虚拟现实技术联合实验室主任郭璁介绍说。相关数据则表明，人类吸入的氧气中约有85%是从海洋中产出的，而呼出的二氧化碳则约有30%被海洋吸收，说海洋是"地球之肺"并非过誉。

长期以来，人们理解和接受的海洋，只不过是太阳光能够照射到的不到200米的浅海层，海洋的平均深度为3795米，而深度在3000米以上的区域占比高达89%。

比起"上九天揽月"，也许"下五洋捉鳖"的难度更大！

据相关数据统计，截至2018年，全世界已有将近600人上过太空；然而，到达过万米深海的却只有仅仅3人。这是因为，据科学家介绍，人体在万米深海将要承受的压力约为上千吨，相当于一个指甲盖大小的面积，需要承受一头大象的压力！海底世界正如1992年美国科幻小说《雪崩》的作者尼奥·斯蒂芬森在书中描绘的一个平行于现实世界的"另一"世界。

万米海底，其实也并非卡通片所呈现的那样色彩斑斓，"它其实非常灰暗，漆黑一片"，"生物不算非常多，但已远超想象，海底高水压低水温，本以为生物很难在那里生存，但那里有全身透明、长着很多触角的海参，外形奇特的钩虾，长长的白海葵，也有生物学家无法辨别的新物种"。但是即便如此，张伟还是觉得"万米海底，妙不可言"！第一次抵达万米海底，除无数陆地上见不到的物种外，巨大的岩石，陡峭的悬崖，令他十分震撼："万米的深海非常静谧，地形起伏大，不同区域的质地也有很大差别，有的地方平坦，覆盖厚厚一层沉积物。万米深海有如此之多叫不上名字的生物，让人不由惊叹生命力的顽强。万米深海还有很多人类未知的奥秘等着我们去探索，等着我们去研究。"

有时，"奋斗者"号会携带一些食物，投放海底，不久后就会有很多钩虾过来觅食。通过潜水器配备的舱外机械臂，"奋斗者"号获取了一些海底沉积物、岩石以及海底生物的样品。在这个过程中，也发生了很多有趣的现象，在海底拳头大小的海参，体内的水分都吐出来后，到了海面变成了薄片。通过机械手成功抓取的大批沉积物、岩石和海底生物样品，为深渊科研提供了第一手资料。

深海不是生命的禁区，在海底有生机盎然的冷泉和热液，有丰富的生物群落，有大量人类未解的奥秘等待我们去一一探索。立于其上的，深海潜水器是基础攻坚。

三

2020年11月28日，"奋斗者"号胜利返航。习近平总书记发来贺信致以诚挚的问候。

总书记在贺信中指出，"奋斗者"号研制及海试的成功，标志着我国具有了进入世界海洋最深处开展科学探索和研究的能力，体现了我国在海洋高技术领域的综合实力。33岁的"奋斗者"号主驾、中国船舶集团有限公司第七〇二研究所高级工程师张伟激动地说："总书记的寄语鼓舞着我们，为科技创新继续贡献青春力量。"

中国船舶集团七〇二所"奋斗者"号海试报告会现场,张伟低调沉稳。

他不计较个人荣誉得失,而是专心进行技术性总结,感谢团队给予的帮助。科研前辈觉得他"说话少,干活多,效率高",是个得力助手;在同龄人眼中,他是"刻苦认真、技术能力突出又乐于助人"的学习榜样。

"把大事做好,把小事做细,把细节做精"这是他一贯坚持的,正是这份敬畏之心,使得一次次试验圆满完成。无论何时、无论遇到何种情况,他总能准确判断、精细操作、沉着应对。

一次下潜过程中,接近9000米时,忽然听到一声巨响,团队立即紧张起来。作为主驾驶,张伟必须对潜水器状态作出迅速判断,采取果断措施,确保所有人员和设备安全。他迅速对舱内设备进行了检查,对全系统设备进行了检测,并无异常。因而,他立即作出判断,应是舱外的浮力材料在压力作用下产生的声音,并不影响正常使用,于是继续执行下潜任务。后来检查,果然如他判断的那样。

在"奋斗者"号陆上联调和水池试验阶段,他经常加班加点,坚守一线。对于联调和试验工作的每一个环节都进行详细策划,对每一个系统、每一个设备都进行全面检测,努力尝试通过对设备外观、声音和数据的了解快速判断声学系统以及生命支持、液压等装置的状态。水池试验完成后,他就对"奋斗者"号每一条电缆、每一个信号的情况熟记于心,每当发生问题时，他总是能快速定位故障点，有效地解决问题。

"很激动、很自豪，中国人乘坐自己研制的载人潜水器达到了万米深海，这得益于国家对海洋事业的重视和支持，更是综合国力提升的重要表现，也是载人深潜团队多年来不懈奋斗的最好回报。'奋斗者'号今后将为人类开展深渊科考提供一个很好的平台，助力海洋强国建设。"当被问及"奋斗者"号第一次于马里亚纳海沟成功坐底10909米时的心情时张伟说。

"奋斗者"号有几百根电缆，成千上万的电气信号，因高压、低温、高盐等恶劣工况引起的信号异常，很多时候都表现在绝缘故障上。这些故障不仅会造成设备功能失效，更严重的是导致电解腐蚀，危及耐压结构安全性。在空气中，设备绝缘性能可以采用万用表、兆欧表等仪器进行测量，而深海潜水器在海底环境工作时的绝缘性能如何在线检测，是关系到潜水器安全性的难题。张伟针对这一难题，建立了一套基于绝缘检测的在线故障诊断系统，并研制了一套智能化的检测装置，可实现电气故障诊断。该装置实现了潜水器在高压环境下实时在线供电安全性检测、故障定位和隔离，有效提高了"奋斗者"号的故障诊断能力，缩短了维护时间，在保障潜水器快速故障定位和安全作业中发挥了重要作用。

推进器、液压源和海水泵是潜水器进行海底航行、探测作业的核心设备，对电机的驱动控制和状态检测要求极为严格。张伟成功研制了"奋斗者"号电机驱动器，结合推进器和液压源开展了陆上通电测试、模拟万米海底的冰水池测试等一系列测试实验，实现了推进器、液压源和海水泵在海试全程稳定工作，提升了"奋斗者"号潜水器的航行安全性和作业可靠性。

当谈及中国载人深潜精神时，张伟说：他理解的载人深潜精神的核心是创新突破。有机会去做这份事业，就要负责任把它做好，要不断突破，取得新的进步。张伟是这样说的，也是夜以继日地这样去做的。

凭借扎实的理论功底和丰富的工程实践经验，张伟陆续参加了"深海勇士"号和"奋斗者"号载人潜水器的研制论证、系统试验、陆上联调、水池试验以及海试工作，参与"深海勇士"号27次下潜任务，驾驶"奋斗者"号完成13次下潜，成功解决了一系列技术问题。

十年来，张伟忠于理想，实干逐梦；十年后，那个曾望向"蛟龙"号母船深思的青年，已成长为载人深潜团队的中坚力量。他先后承担国家863、国家重点研发计划等重点项目近10项，获得中国五四青年奖章，"航天科工杯"第三届中央企业青年创新优秀奖，4500米载人潜水器研制、寰岛蛟龙载客潜水器等七项省部级科学技术奖，入选中国科协青年人才托举工程，获无锡市五一劳动奖章等多项荣誉。

"任何事情坚持下去都能取得突破，就像挖井一样，到最后一点放弃了，就永远发现不了水源。遇到问题就想办法解决，坚持走下去就能成功。"张伟认为。珍惜校园的美好时光，在实践中增进对知识的理解，培养自己的兴趣，为实现中国梦贡献自己的一份力量，是他对母校学子的鼓励。

智者顺时而谋

2003年南理工五十周年校庆那阵儿，我兼任校庆筹备办公室常务副主任，在副校长刘丽华、校办主任张春福的领导下，具体负责包括学术交流中心、艺文馆、兵器博物馆等十余项重大建设和改造工程以及对外联络校友的工作。在这期间，我通过时任经管院院长俞安平教授结识了朱献国校友。当时的南理工，公务用面包车只有金杯和依维柯，且已老旧，如何在校庆期间体面地接送来校考察的上级领导和杰出校友，是我们头疼之事。朱献国了解到这个情况后，主动提出向学校捐赠一辆考斯特豪华商务面包车。价值54万元的考斯特那时在国内刚刚面市不久，乘坐舒适，装饰上乘，是单位"有面儿"的标志。朱献国捐赠的这辆车后来果真在五十周年校庆活动中发挥了巨大作用，成为一道靓丽的风景线。

实际上，这不是朱献国第一次为母校的发展助一臂之力。

从1999年开始，他已经做了很多贡献。更让人敬佩的是，随后二十多年时间内，朱献国更加关注母校，与母校的合作更加紧密，更加一往情深。

朱献国现任南京市工商联副会长、南京市外商投资协会会长、南京市网球运动协会主席、南京新城市商业置业有限公司董事长等职务，或许他的名字并不被人熟知，但他创办的"新城市"在南京却是家喻户晓。朱献国征战商海数十年，他从一个火箭弹专业毕业生、外贸商人转变为一个专家型房地产企业老板的经历，至今令人啧啧称奇。

常人津津乐道的传奇，对朱献国而言，靠的是审时度势，抢占先机，高屋建瓴的气魄，而不是靠人云亦云，随波逐流。无论是生产陶瓷娃娃、代理供暖产品，还是转头进军房地产开发、运作商业项目，他总是能及时正确预判市场走向，抓住新的商机。他身体力行诠释了古语："智者顺时而谋。"

一

1959年出生于江苏常州的朱献国，由于时代的特殊因素，在学生时期面临上学难、升学更难的困境。朱献国所在的初中升学率只有百分之三四，到了高中，升学率更是只有百分之一二。朱献国就读的高考班一共八九十人，也仅有一人蟾宫折桂，这个人就是朱献国。1977年恢复高考之后，朱献国一边工作一边准备考试。外界喧嚷不休，他的窗前灯火如豆。因为上学时功课扎实，加上学习能力强，只埋头伏案不到一年，朱献国就收到了华东工程学院的录取通知书。

1978年刚刚改革开放，朱献国的父母对先前的政治运动心有余悸，最终建议朱献国学习军工，这也是"十年浩劫"波及较少的一个专业。深受《渡江侦察记》《上甘岭》《英雄儿女》等战斗片浸润熏陶的朱献国，本身也有保家卫国的愿望，就听取了父母的建议，加上成绩较好，填志愿时选了华东工程学院的王牌专业火箭弹专业。

1982年，朱献国学成毕业，被分配到9352厂从事技术工作。9352厂是一家兵工企业，位于江苏省宜兴市茗岭山区腹地，主要生产手榴弹，同时也在研发火箭布雷等高精尖技术，求贤若渴。他回想起这件事时，觉得自己当时很幸运能够分配在家乡江苏，不必背井离乡。兵工厂内秩序井然、充实昂扬的生活让他至今怀念。工厂内学校、医院、商店等基础设施一应俱全，商店由后勤部门负责，商品计划分配。那时候国家人才青黄不接，大学生更是备受青睐，朱献国和一同进入兵工厂的同事提拔速度都比较快，朱献国仅用一年的时间就成为团委书记。然而，朱献国虽然身处兵工厂，却已察觉到国际形势正在不断缓和，兵工厂的光环将会逐渐黯淡，当时一些三线兵工厂已经开始"军转民"。果不其然，在9352厂工作四年之后，朱献国跳槽到了位于南京的江苏省贸促会，进入外贸领域。1989年，9352厂搬离茗岭山，老厂房在江南烟雨中与青山绿水为伴，成为承载时代记忆的建筑符号。由此可见，年轻时的朱献国已经初具敏锐的前瞻思维。

机关单位的工作稳定体面,朱献国踏实肯干的作风也被领导赏识,顺其自然地成为单位的后备干部人选,仕途一片光明。可是,行将而立之年的朱献国不愿意平平淡淡过那种"一眼望得到底的生活"。世界很大,也很精彩,在确定的未来面前,他想去拥抱另一种不确定的生活。1984年早春,邓小平视察南方经济特区之后,十二届三中全会通过《关于经济体制改革的决定》,不少察觉到市场经济马上要引入中国的人开始办企业,成为第一批"下海者"。这时的中国市场恰似一片未被开发的深蓝色海洋,平静的海面下蕴藏着诱人的宝藏,当然也有能让人撞得头破血流的暗礁。随后几年,机关干部、文艺工作者、学者等各行各业的人纷纷加入"下海"队伍,"下海"成为时代风尚。同样,"下海"的念头也在朱献国的心里萌芽生长,他不知道要怎样的未来,只是在冥冥之中觉得自己也能够在商海中有一番作为,毕竟"顺时者昌"。这时的朱献国,需要的是等待一个契机,在浩渺的商业海洋中找到适合自己"下海"的位置。

正如巴尔扎克所言:"人们若是一心一意地做某一件事,总是会碰到偶然的机会的。"1989年初,一次很偶然的机会,几个台湾朋友带来的一个皮肤逼真、造型动人的陶瓷娃娃(英文名:porcelain doll)礼品引起了朱献国浓厚的兴趣。见朱献国对陶瓷娃娃爱不释手,这几位台湾朋友详细地向他介绍了陶瓷娃娃在国际上的市场状况。陶瓷娃娃原产于德国,兴盛于美国,已经有一百多年历史,在国外,特别是欧美国家,陶瓷娃娃是传统的馈赠、收藏佳品，还有一大批陶瓷娃娃的收藏爱好者。朱献国从他们口中得知这种产品在国外几乎是供不应求，台湾地区已有多家知名制造商生产，大陆还无人涉足。朱献国知道，这就是他一直等待的契机，乘上这艘劲挺的帆船，自己一定能在商海中游弋自如。

"一日难再晨。"朱献国"谋定而后动"，决定办生产陶瓷娃娃的企业后，没过多久，他就辞职离开了江苏省贸促会，正式"下海"。回忆起这段经历，朱献国颇有感慨："那时企业进出口业务经营权的审批很不容易。"国家对外贸管控严格，从事外贸的多为国有企业，要想拥有自己出口经营权的另一通道是设立中外合资企业。幸运的是，随着改革开放不断向前推行，政府及时出台了新政策，银行同意贷款给朱献国作为中方资本金，同时台商也愿意出资10万美元和他共同开发这个产品并推向国际市场，这如同一场东风，解了他的燃眉之急。朱献国马不停蹄、单枪匹马出入于工商局、税务局、技术监督局、海关、会计事务所等各个部门。时间就是金钱，他一步也不敢怠慢。1989年10月，耗费了将近一年的时间，朱献国最终成功"跑"来了南京国际礼品有限公司。

论事不可趋一时之轻重，当思其久而远者。公司成立之初，朱献国选择与台商合作，坚决不做为外贸提供货源的工厂，不仅得到了国台办的大力支持，也得到了中国银行的扶持，尤其是外商投资企业具备更多出口红利，为产品走向国际市场创造了有利条件，真可谓是在对的时间做了对的事。

在大陆生产陶瓷娃娃虽然具备劳动力优势，但它毕竟是舶来品,除了台湾地区,大陆本土没有生产"眼睛""鞋子""头发""服装"等配件的生产商,这不仅导致生产成本高,而且发货时间十分紧张。此外,大陆的上色工艺不符合国外客户要求,当时大陆的陶瓷制品都是先出模再上色,而国外客户要求的陶瓷娃娃工艺是先上色,再成型,这种技术大陆并未攻克。缺少配件和技术支撑,企业无疑难以走向长远。为了让陶瓷娃娃生产实现全方位本土化,获得竞争优势,占领市场,朱献国决心自己研发陶瓷娃娃配件生产技术和上色技术。

公司成立之初,纵然事情纷繁复杂,技术问题也一直在朱献国心里举足轻重。每个周末他都会不辞辛苦地从南京赶到宜兴陶瓷研究所,夜以继日地和当地陶瓷研究所的科研人员埋头攻克陶瓷娃娃配件及上色技术,每一个细节他都会亲自把关,每一步都要求做到最好。功不枉使,地不亏人。国内礼品行业的技术空白一项一项被攻克了下来,完全由本土自主生产的陶瓷娃娃诞生了。

掌握了技术,朱献国有了底气,他开始带着首批陶瓷娃娃样品闯荡国内外礼品市场。在广州中国进出口贸易会半个摊位里,朱献国本想去碰一碰运气,没想到国外客户一眼就看中了摊位上的陶瓷娃娃,成功签订了他"下海"后的第一张订单,价值十万美金。南京国际礼品有限公司才成立一年就收回了成本,首战告捷。

随后短短几年的时间,公司全力打造品牌,逐步发展成为大陆第一个也是最大的陶瓷娃娃生产出口企业,拥有一批才华横溢的设计师,一支经验丰富的销售队伍,一个高效的品管和生产体系，并带动南京及周边地区形成陶瓷娃娃生产基地。公司每年仅研发费就占管理费的 40%，并罕见研发了计算机管理系统，超前进入数字化管理时代。从 1992 年起，公司连续多年荣获"全国外商投资双优企业"和"南京市先进三资企业"称号，1998 年公司被南京市政府评为"外商投资十大出口明星企业"。2000 年，公司凭借一个小小的陶瓷娃娃被国家外经贸部确定为"重点支持和发展的名牌出口商品"，当时南京获此殊荣的只有三家，另两家分别是大名鼎鼎的大型国有企业"熊猫集团"和"金城集团"。2005 年，南京国际礼品有限公司累计出口额已高达 16800 万美元。

第一家公司的成功，标志着朱献国"下海"成功。或许是禀性所致，也或许是更大的人生目标所驱使，朱献国没有躺在功劳簿上睡大觉。中国市场潜力巨大，已经拥有足够资金的朱献国，预备再办一家企业。1996 年朱献国在西班牙巴塞罗那考察时，接触了世界著名供暖设备企业洛卡公司，了解到分户采暖的取暖方式。当时国内采用集中供暖，存在建设成本高、运行费用高、不同楼层受热不均等问题，这些问题分户采暖都能解决。朱献国敏锐地察觉到这是一个商机，决定将分户采暖方式引入中国。经过多次不懈谈判，他取得了洛卡公司暖通产品在中国的总代理资格。扬子江国际企业南京（有限）公司应运而生，通过近十年的奋斗，朱献国的公司已成功地将洛卡（ROCA）供暖产品推向全国各主要省份，相继在南京、北京、上海、沈阳、西安、苏州等地成立了服务中心，建立了覆盖全国的洛卡经销网络，领导了行业时尚，成为行业中最有影响的企业之一，年销售额近三千万人民币。

洛卡供暖的成功，让原本靠烧煤取暖而"昏沉"的颐和路，重现了蓝天笑容，也让时常路过此地的朱献国深感欣慰，他也在深思一个问题："究竟是要挣大钱，做大官，还是要做大事？"

二

"天之生人也，与草木无异，若遗留一二有用事业，与草木同生，即不与草木同腐。"清末民初实业家张謇曾以此表明心志。作为一个企业家，想成为一个为社会做贡献的人就应当一心做事、埋头实干。朱献国接下来的行动，生动诠释了何为企业家之"大事"。此时，国际礼品市场趋于饱和，要想有一番大作为，必须要寻找到新的市场方向。1999年，他选择了刚刚兴起的商业房地产业，创建了南京新城市商业置业有限公司。

朱献国没有急于拿地、开发建房，而是研究起了经济社会学，他认为早入局并非代表占得先机，于商业地产而言，最大的威胁是供应过剩，一旦过剩，带来的问题将是深远的，甚至会演变成社会矛盾。因此，社会效益最大化摆上了他心中主要位置。因做外贸生意，朱献国常常出国考察业务，他发现国外50%以上的生活消费都是在一个叫"Shopping Mall"的商务圈中完成。经过调查后，得知 Shopping Mall 是集美食、娱乐、购物于一体的超大规模的购物中心，在欧美等发达国家备受欢迎。一个完备的 Shopping Mall 主要包括大型超市、专卖店、美食街、高档餐厅、电影院、酒吧、主题公园、停车场等，可以为人们提供吃、喝、玩、乐一站式服务，而且不论天气如何，都可以进行购物、休闲或聚会。走在国外 Shopping Mall 的室内街道上，明亮整洁的店铺里顾客络绎不绝，怡人的音乐环绕耳际，独特的熏香沁人心脾，前来购物的人们都面带笑容。朱献国沉醉其中，期待自己也能在国内建造一家 Shopping Mall，让出不了国的广大中国顾客也能享受到这般愉悦的购物体验。他同时相信，随着国内消费者对生活品质追求的提高，Shopping Mall 将代表未来消费的趋势。

　　回国后，朱献国通过分析，得知南京河西的龙江正处于住宅大开发阶段，但是生活配套设施建设慢了一拍，毫无商业氛围可言，龙江因此被称为"睡城"。在这样的地块开发建设大型城市综合体，无疑是一个冒险的决定。恰巧自己的国际礼品公司就在河西中心，经过再三考虑，他觉得他能在商海存活下来，靠的就是敢做梦、敢追梦。"舍不得金子弹，打不到金凤凰。"他决定将礼品公司迁走，用这块地实现自己"Shopping Mall"的梦想，为河西做个大配套，提升区域功能，满足百姓商业需要，解决就近消费和集中消费的问题。

　　当时，南京的商业地产还处于启蒙阶段，南京的商业门店集中在新街口、湖南路一带，运营模式主要以百货公司为主。"我们开始在龙江做这个购物中心的时候，业内都不看好。"朱献国笑着说道:"大家都不了解什么是 Shopping Mall,政府部门都没办法审批。"一个人理解不行,要让所有人都能够理解。为此,朱献国还特地将相关人员组了个团,带到国外实地考察,让他们看看自己想做的项目到底是什么样子。

1999 年,呈报给规划部门的 Shopping Mall 项目得到了批准。同年,南京新城市商业置业有限公司成立。

虽然之前做外贸积累了资金,可是建设 Shopping Mall 需要 12 亿,这不是一个小数目。朱献国不想为了减少投资,缩小建设规模,因为他要的不是 Shopping Mall 这样一个新鲜的概念,而是一个标准的、有生命力的、真正意义上的 Shopping Mall。于是,他采取了边建设、边筹措资金的办法。新城市花园等住宅小区的建设让很多人都误以为朱献国要专注做住宅房地产开发了。朱献国说,自己做住宅其实是被"逼"的,主要是为了保证资金平衡。2001 年,一个总投资高达 12 亿人民币,按国际化标准设计的巨型商业设施在河西龙江悄悄孕育。

在定位规划上,朱献国下足了功夫。2003 年,新城市的"先遣部队"——河西第一个大型卖场金润发龙江店开业,解决了河西周围没有大型卖场的困窘局面,开业以后顾客满盈,当年营业额突破 4 个亿。2004 年 4 月底,华纳影城落户新城市广场,这是美国华纳兄弟公司在中国成立的首个控股的全新概念影院,是南京首个国际五星级 8 厅影院,拥有国际最先进的数码放映技术。现在大家觉得大型购物中心有电影院很正常,但是当年很多人听说要把电影院放到 Shopping Mall 里,都觉得非常惊讶,"传统的电影院正处于没落期,那时南京一年总票房收入不到一千万"。而朱献国认为,购物娱乐一体化必定是消费趋势,仍旧在电影院设置了配备2200个座位的8个放映厅。事实证明,朱献国的决策是对的,在华纳进驻新城市广场之后,仅华纳一家的票房就超过了1000万元。同年,一批世界级标准的店铺入驻新城市广场。2005年,步行街、美食广场等相继建成,总面积35万平方米的新城市广场正式开业。

三

作为一个新兴区域的新兴事物,新城市广场的招商依然并不容易。

"刚开始的租赁收入处于亏损状态。"经过很多努力,入驻的商家逐渐增加,逐步拥有400家知名品牌专卖店,并且还塑造了一批"Mall明星"。"新城市首次引进了奇乐儿儿童主题乐园,后来按照这种经营模式,奇乐儿在各个商业综合体开了很多连锁店。"还有不少餐饮企业,第一家店都开在新城市,然后才被后起的商场引进,最后发展成连锁店。朱献国不无自豪地说:"很多后期招商的综合体招商时就相对容易,都会来新城市转一圈,将我们Mall里的商家招去开分店。"

在2009年全国城市综合体评比中,新城市广场打动了众多专家评委，荣膺"2009中国城市综合体TOP20"称号，成为本地区行业标杆。曾有人说，没有新城市广场就没有河西北部现有的商业中心格局。但是当初决定要做这个Mall时，朱献国认真考察加论证，前期准备了很久，"我特意去看了全世界各大洲的Mall，综合比较才确定了'大超市+品牌专卖店'的亚洲模式，从经营效果看，也很适合中国市场"。朱献国敏锐意识到，传统的百货店正转向以品牌为主导的综合体，群众对品牌化的需求将持续提升。

"Shopping Mall是完整意义上的商业地产，不同于住宅物业。"朱献国认为，放眼全球，美国的Mall总体是做得比较好的，但即使这样也不是每一家都是运作成功的，"目前的状况是1/3成功，1/3维持基本运作，1/3失败"。

为了维持新城市广场的生命力，汲取有利经验，朱献国一有时间就到国外考察。他在考察日本著名的购物中心和旅游中心六本木时，由拱廊街、庭园、公园等组成的摩天大楼Tokyo Midtown给他留下了深刻的印象，超过50%的土地是开放式或绿色空间，极大地体现了商业综合体的核心价值。他认为，城市综合体的核心价值有两个方面。第一，对消费者而言，满足目标消费人群越来越高的消费综合化一站式需求，而且更加注重满足综合性消费当中文化和精神层面的消费。第二个核心价值是为展现品牌形象提供平台。中国消费升级趋势不断强化，在南京的城市核心地带，也可以尝试建设"有灵魂"的Mall。

因此，新城市·虹桥中心应运而生，并在2008年12月

28日正式试营业。位于南京市鼓楼核心区的一期虹桥中心商业步行街于2009年元月正式开业,二期项目也正紧锣密鼓地展开。同时,新城市也正谋划走出南京,在苏南地区研究多个项目,筹备第三个城市综合体项目。

按照人们对地产商惯常的理解,凭借朱献国多年来积累的经验和资本,有足够的力量走出江苏,像其他开发商一样全国扩张,追求利益最大化。对此,朱献国却表现出知足与谨慎。他不止一次提到两个概念:"必要条件"与"充分条件"。简单地说,人群聚集是"必要条件",是指3公里范围内,能有20万—30万的消费人口;避免同质化竞争是"充分条件",是指政府不会在3公里以内再规划一个同等规模的竞品商业体。同时,他认为,城市综合体的整体价值,跟其对城市价值的影响越来越密切相关。对提升城市价值的贡献越大,其自身价值也越高;对城市资源的浪费越大,机会价值损失越大,也许可以得到短期的效益,但不可能使综合体的价值最大化。朱献国说:"经济效益化不代表综合效益化,城市综合体的真正价值恰恰在于其综合价值,在于它对城市的影响。当然,开发商也要讲究现金平衡,所以开发城市综合体,主要的一点是需要地方政府与开发商充分沟通和互相理解、谅解以及对项目的共识,从市场环境和城市发展需求出发,合理、理性开发。"商人的眼里不能只有利益,他不愿意掉进资本的圈套,只愿凭赤子之心坚持心之所向。

"回报社会,首先从身边做起。"这是朱献国回母校时,经常对年轻的学弟学妹们说的一句话。"与朋友交,言而有信",

朱献国说到也做到了《论语》中的这句话。他始终不忘回报社会，他知道自己的成就离不开社会的支持，不能让人只有进入新城市广场才能感受到温暖，而要把"新城市"的温暖播撒到社会的每一个角落。

1997年，在他的企业中，一名农村来的年轻女工不幸患上了癌症。危急关头，公司不仅募捐了上万元的生活救助费，还将治疗女工的全部医疗费用4万多元包下，后又为其购买墓地，办理一切善后事宜，并将其丈夫招进公司，资助其小孩一直到大学毕业。从此，公司形成了对员工进行大病补助的政策制度。谈及此事，朱献国只说了一句，"还有什么比人命更重要呢"？

公司还借钱给员工买房子，让员工享受房地产发展红利，直到国家出台按揭政策后才停止。此外，每年拿出企业利润的10%以上，用于支持鼓楼文化、教育、体育等公益事业：连续26年出资举办"新城市之光新年音乐会"；连续17年举办南京鼓楼"新城市杯"网球公开赛；2005年以来新城市公司连续出资赞助以新城市冠名的"市民学堂"活动，积极响应鼓楼区工商联的号召，出资20多万元设立"新城市爱心班"，资助贫困学生；连续十多年资助琅琊路小学教育集团、芳草园小学教育集团设立"新城市优秀教师奖"；连续8年捐助宁海中学教师发展奖励基金。2008年，公司为汶川大地震灾区捐赠200多万元钱物；2011年3月，日本东北地区太平洋海域发生地震，公司向日本红十字会捐赠20万元；2012—2022年参加南京市及鼓楼区"同心万家民企帮万户工程"。还有，公司长期支持江苏省徐悲鸿研究会的发展，从2003年成功举办"新世纪首届全国徐悲鸿学术研习会"至今，累计赞助1600万元。

"平生多感激，忠义非外奖。"朱献国从未忘记母校，自从1999年新城市公司成立以来，一直为母校捐资助学助教。1999年捐资200万元，在南京理工大学设立了后备学科带头人奖励基金，促进师资队伍建设。2005年以来，每年出资50万元设立南京理工大学"新城市教育基金"，用于奖励成绩优异的特困新生。

对此，朱献国的理解是，在经济发展和物质生活条件越来越好的同时，科学的生活方式、和谐地与人相处是大家必须知晓的。"我的行为都不仅仅是'献爱心'，我把它看成是社会第三次收入分配的内容之一。在二次分配之后，社会协调与发展方面依旧会留下一些空白，弥补这些空白是所有有成就的企业应该做的。"朱献国始终认为，企业应该最后一个获利，排在前面的应该是消费者、供应商、员工和整个社会。

回顾朱献国的创业经历，他把完成别人认为无法做到的事当作生活的乐趣。他能够有今天的成就，在于他能"顺时而谋"，毕竟事后的反应再迅疾，也比不上未雨绸缪。"日月不肯迟，四时相催迫。"在这个属于奋斗者的新时代，人人都有追梦的权利，人人也都是梦想的筑造者。朱献国的筑梦经历，也鼓舞着后来者扬帆起航奋楫行。

博精一统压星辰

常州古运河悠悠生波,沃灌着龙城大地。

这是一座文化底蕴深厚、创新意识勃发、人才辈出的城市。古代,这里养育出了推崇礼乐、倡导诚信的"北孔南季"的季子,养育出了明代儒学大师、军事家和抗倭英雄唐顺之(戚继光的老师);近代,这里养育出了创办轮船招商局、北洋大学(天津大学)等"11项第一"的"中国实业之父"盛宣怀;现当代,这里养育出了光耀中国革命史的"红色三杰"瞿秋白、恽代英和张太雷,养育出了史良、赵元任、周有光等法学和语言学界令人高山仰止的学术泰斗,同样也养育出了"人民数学家"华罗庚,敢于创新、艰苦创业、提倡"机器革命"的实业家刘国钧……用常州著名诗人赵翼的诗句形容,这块土地可谓"江山代有才人出,各领风骚数百年"。

运河之水绵延不绝,城市的优秀基因赓续传承。

王明喜生于兹长于兹,"勇争一流,耻为二手"的常州城市特质化作沸腾热血,如同大地之下沸腾的岩浆,影响和驱动着他在这片土地上不断开创新的奇迹。"全国创业之星""江苏省创业之星""龙城创业精英""优秀企业家"获得者王明喜,目前担任江苏精研科技股份有限公司的法人代表、董事长兼总经理,是一位经历传奇,值得书写的企业家。

江苏精研科技股份有限公司位于常州市钟楼开发区棕榈路59号,是一家专业的金属粉末注射成型(MIM)产品生产商和解决方案提供商,2004年注册成立,历经十三年披荆斩棘,2017年精研科技在深交所成功上市。如今,精研科技四个字在业内已是如雷贯耳,这一切都离不开公司创始人王明喜当初在人生十字路口所做出的重要决策。如果用一句话来概括,可以说没有他当年破釜沉舟的魄力,就不会有如今蒸蒸日上的精研科技。

一

君子藏器于身,待时而动。

王明喜1962年12月23日出生于江苏常州,江南山水给予了他刚柔并济的性格底色。王明喜自小就表现出比同龄人更强的学习能力,他不为周边的诱惑所动,十年寒窗苦读,等待着改变命运的时机,这份经历更是为王明喜的生命增添了一份韧性。二十世纪八十年代初，青年王明喜意气风发地踏入高考考场，飞舞的笔尖书写着他积攒了数年的满腔热血。经过与同代学子的激烈角逐，"苦心人，天不负"，夏蝉奏起热烈雄壮的交响曲，伴着属于王明喜的华东工程学院录取通知书。王明喜的数学成绩一直优异，加上总成绩比较高，在填报志愿时就填报了当时热门时尚的系统工程专业。

四年的大学生活，打开了王明喜的思维和眼界，系统工程专业教会了他如何辩证处理"博"与"精"，即系统整体与各要素之间的关系，最终达到总体最优化的效果。《论语》有言："博学而笃志，切问而近思，仁在其中矣。"也就是说，既要统筹各方学问，也要有的放矢；既要勤勉好问，也要多思多虑，最终才能实现自己追求的目标和层次。这也是王明喜在大学校园里悟到的最珍贵的道理。王明喜在一次演讲时说道："参加工作以后，我虽然没有从事科研工作，但系统工程学效率最高化、效率最优化的思维成为我有效解决问题的金钥匙。"在他的创业路上，他谨记母校带给他的启示，最终走出了光明坦途。

1985年，王明喜顺利从学校毕业。成绩优异的他被分到了市级机关工作，常州市人事局科技处科员的职位也是令人羡慕的"铁饭碗"。鲁迅先生曾经说："不满是向上的车轮。"时光在一叠叠公文中间簌簌流逝，王明喜日复一日坐在办公桌前思考，自己的人生是不是要在这间坚实安稳的屋子里度过。"俱怀逸兴壮思飞，欲上青天揽明月。"他总觉得，自己需要一个时机。他不知道这份时机何时会来，便密切关心社会发展，能做的只有一件事——静心等待。

1992年,邓小平南方谈话之后,市场经济浪潮有力地拍打着国人的神经。有人在计划经济的温室里犹豫、观望,有人毅然决然跳进市场经济的大海,辞职经商。市场经济为中国商业打开了一个新空间,这个新空间如同深不可测的大海,可能会给冒险者带来丰厚的回报,也可能会让冒险者淹死在变幻莫测的未知中。嗅觉敏锐的王明喜察觉到这是一个千载难逢的机遇,如若错过,此生必定遗恨无穷。没有经过太久的徘徊,王明喜也决定放弃体制内工作,加入"下海"大军当中,拥抱"不确定的"人生。

1994年,刚过而立之年的王明喜正式扔掉捧了九年的铁饭碗,"下海"去了。回忆起这件事,王明喜依然热血澎湃:"为什么以前将创业叫作下海,而不是下江下河下游泳池?因为下海是会死人的!所以,当我们创业之前,决定做一件事的时候,一定要有永不服输的精神、坚持不懈的意志、破除万难的勇气和脚踏实地的干劲。不要抱怨,不要退缩,只要理想不灭、奋斗不止,理想就一定会照进现实。"

二

时不可以苟遇,道不可以虚行。

下海后的王明喜终于施展开了自己的浑身本领,在这个

"海阔凭鱼跃，天高任鸟飞"的时代乘风破浪，御风前行。别人"下海"可能只是想借着这个机会搏一把，捞一桶金，而王明喜想的则是"做成一家世界上伟大的公司，为国争光，为客户创造更多价值，为社会带来更多效益"，这也是他的初心，创业路上他一直脚踏实地践行着他的这份初心。

创业之途很少一帆风顺，有时需要暂停，有时需要低头，有时也需要改弦更张，这不是懦弱，而是积蓄、是嬗变。王明喜的创业之路，正应了这句话。他先后涉足蔬果、茶叶、废品收购站、货运、房地产、电脑等十几个领域，他干一行成一行，尤其值得一提的是，当时他搞运输，勇攀全市民营车辆规模第一；卖电脑，登顶电脑城铺面规模第一。业内有许多人称他像是会"七十二变"本领的孙大圣。万事开头难，创业伊始免不了要遇到各种各样的钉子，但是王明喜没有怯弱，而是敢于主动去碰钉子，主动去和创业路上的各路"妖魔鬼怪"搏斗，而不是畏首畏尾。雄鹰要想获得新生，除了经历磨喙褪羽的痛苦之外别无他途，王明喜看起来轻而易举的"变化"之下必定有着不为人知的艰辛。但是王明喜从不提创业路上的遭际，他守着初心，脚踏实地，放眼未来。他拥有一个成功的企业家应该具备的眼界和魄力，高瞻远瞩，笃定前行，在各行各业游刃有余，最终大获成功。

2004年，电脑生意做得正风生水起的王明喜回母校参加了同学聚会，在和一位搞科研的朋友攀谈时了解到当时还不成熟的金属粉末注射成型技术，王明喜在这项技术上嗅到了新的商机。2000年前后，诺基亚、摩托罗拉等一批国际知名手机企业相继在中国设厂，对微型金属零部件形成极大的需求。百艺通不如一艺精，这时的王明喜已通"百艺"，他需要一个聚焦点来释放储存在"百艺"中的蓄力，不然只会落一个博而不精的下场，他觉得金属粉末注射成型技术是一个值得投入的"点"。不惑之年的王明喜不想错过任何机遇，他要再次起跳。时不待人，王明喜和朋友一拍即合，筹集了300万元资金，继而注册成立精研科技，创办了这家以金属粉末成型技术为核心的生产型企业。王明喜决心要将精研科技打造成为金属粉末注射成型行业的引领者。

王明喜这次跨界投资的行为在很多朋友看来是令人费解的，明明他的生意已经做到了电脑城第一，完全可以安安稳稳数钱了，为什么他偏偏放着现成的钱不赚，去接触一个前途未卜的陌生领域？其实，王明喜一直没变，他现在进军电子消费行业和当初放弃公务员职位去经商的想法是一样的，没有人能一直躺在功劳簿上睡大觉，要想干大事，必须要做时代的"弄潮儿"。此外，王明喜敏锐地察觉到，电商崛起势在必行，加上电子产品不断提档升级，线下电脑销售很快将成为"明日黄花"，并且国家大力提倡自主创新研发具有自主知识产权的高科技产品，要想实现可持续发展，就必须要先人一步掌握有竞争力的技术和产品，而金属粉末注射成型技术未来可能有广泛的应用空间和市场潜力，内外因素都驱使王明喜没有畏葸不前，而是坚定进行这次"转型"。

金属注射成型（MIM）是典型的学科跨界产物，将塑料注射成型和粉末冶金两种完全不同的加工工艺融为一体。这使得设计师能够摆脱传统束缚，以塑料成型的方式获得低价、异型的不锈钢、镍、铁、铜、钛和其他金属零件，从而拥有比很多其他生产工艺更大的设计自由度。金属粉末注射成型也有别于传统的金属车铣刨磨技术，是将金属粉末注入模具，运用高分子材料共混改性、聚合物降解、高分子材料成型等技术生产金属零部件，尤其适用于大批量复杂度高的三维微型零部件。MIM工艺可以快速地大批量、低成本制造复杂形状零件。材料利用率高，避免更多的二次机加工。与传统工艺相比，MIM具有精度高、组织均匀性能优异、生产成本低等优点。这项技术在工业领域不啻一场"革命"。

公司创建之初，王明喜面临一个重中之重的问题：如何突破日本、欧美国家对MIM技术的垄断，掌握核心研发工艺？因为在当时，MIM的核心工艺一直为日本、欧美企业所高度垄断，在我国尚未实现产业化和规模化运营。此外，公司建立近五年期间，举步维艰，盈利最多的一年也只有80余万元。当时全权负责管理的合伙人感觉压力很大，萌生退意。王明喜处于"内忧外患"之中，"难道精研科技真的无可救药了吗"？处于这样窘迫的处境，王明喜亦是焦头烂额。不过，穷则思变。成功还是失败，往往取决于创业者的一念之间。退缩有违王明喜的创业初衷，强者必定要逆风而行，方能生出丰满的羽翼。

即使公司处在这样艰难的境地，王明喜依然认为"精诚所至，金石为开"，既然选择投入制造业，就一定要善始善终，不能知难而退，让自己的梦想烂尾。综合考虑各方因素，王明喜做出了自己的判断："随着人类互联互通的需求日益增大，信息技术大的市场机会很快就会来到，面对前些年发展缓慢的窘境，要先从主观找问题，求对策，唯有强自身，练真功夫，才能抓住新的发展机会，获得更大成长。"王明喜决定将事业的全部重心都放到精研科技上，抛开电脑等其他业务，直接操盘，孤注一掷，像一位不问前途不问归路的侠客，只身仗剑闯入微型金属零部件的世界。

越过所有的天堑沟壑、沼泽沙漠之后，便是康庄大道。"哪里有欧美企业垄断，哪里就有新的商业机会"，王明喜说，"全球化浪潮使中国制造能够在全球范围内整合先进技术和创新资源，一旦突破了垄断，企业就进入了广阔的蓝海。"但是完成自主研发并非如探囊取物一般轻而易举，时间、资金、人才缺一不可。王明喜把提升技术实力放在第一位，要坚定地走"创新创业为主体、市场为导向、产学研结合"的技术创新道路，为公司注入活力。公司每年都将大笔资金投入研发工作当中，研发费用占销售收入的 6%—8%。与此同时，王明喜和常州高校合作建立属于自己的研发团队，并大力引进各类高层次人才，推动产学研合作，以此来打造出研发技术优势和快速响应体系。经过公司上上下下的攻坚克难，精研科技最终打破了日本、欧美企业对 MIM 技术的垄断，成功完成了自主创新。在分享精研科技成功突破技术壁垒的经验时，王明喜骄傲地说："我们运用高分子材料的物理特性，结合粉末注射成型工艺特点及产品特性，研制出了金属粉末注射成型喂料黏结剂配方及制备方法，获得了发明专利，打破了国外喂料技术的垄断,可以自主生产喂料,大大降低了投资及生产成本。"精研科技这一举动,将相关产品价格降低将近一半,无疑为全球产业链带来新一波"创新红利"。

虽然公司没有完全走出困境,王明喜像怀揣冷门绝技的武侠高手,底气更为敦实:"好技术不怕市场考验。中国MIM市场广阔,只差一个引爆点。"《国语》中有言:"时不至,不可强生;事不究,不可强成。"市场发展有自己的规律,不可强求。在时机到来之前,未雨绸缪,方可事半功倍。王明喜根据自己已经积累的创业经验和中国市场特征,对MIM技术在电子产品上的应用前景抱有乐观的态度。传统行业的发展即将进入饱和状态,而未来的智能电子产品或许将成为发展趋势,与此同时,诺基亚手机和笔记本电脑公司开始关注到MIM技术的重要特性,并积极在中国、日本开展试验性采购和性能测试,证明MIM技术已经得到市场的认可,市场大规模爆发的时刻也许很快就会到来。王明喜决定将这一着棋下在消费电子行业,于是就先手布局MIM在消费类电子产品方面的应用。

三

激翔浩空强身羽,志比鸿鹄跃长空。

没过多长时间,王明喜的预判就得到了印证。2011年,苹果公司开始使用金属粉末注射成型技术生产的手机和笔记本零部件，引发中国大陆MIM市场的爆发式增长。在短短四年时间内，MIM产业链相关企业迅速增长至数百家。王明喜当初凭借自己敏锐的直觉切入电子消费赛道无疑是明智之举，精研科技翻身的机会到了。

作为一个中小型企业，如何能在众多金属粉末注射成型技术企业中脱颖而出？精研科技选择了主动攻克国际大客户。

2012年，微软公司（Microsoft）向硬件事业大步迈进，公布了一款称为Surface的平板电脑，准备挑战苹果公司的iPad。由此，微软向全球征集首款平板电脑支撑架零部件的生产方案，精研科技作为全球第16家供应商，第一次在国际平台亮相，与来自中国台湾、中国香港以及日本、韩国、新加坡的企业同台竞争。

然而，生产这款支撑架，需要从德国定制一台价值800万元人民币的烧结设备，更令人始料不及的是，德国方面通知，烧结设备从生产到运至中国安装需要至少一年时间。市场竞争谁都要争分夺秒，一年的时间太长了，客户根本等不及！这个问题让十几家供应商企业进退维谷。毕竟接下这个订单，将会给企业带来巨额利润，可是设备问题得不到解决，微软的订单只能是高高架在葡萄藤上的"酸葡萄"而已。

临渊羡鱼，不如退而结网。

王明喜不想错过这个可遇不可求的机会，如果精研科技能搭上微软平台，就能走上企业发展的快车道。机不可失时不再来，普通人在这个机会面前可能觉得无从下手，而王明喜并没有让自己陷入僵局，他在同行的一台二手烧结设备上看到了抓住这个机遇的办法。但是这台设备售价1400万,远远高于800万的设备定价。这个数字对当时的精研科技来讲是巨大的,周围大多数人认为没有必要投入这笔巨资,完全可以养精蓄锐等待下一次机会来临,可王明喜知道下一次不会有更好的机会了。"小型零部件企业不能局限于眼前的'一亩三分地',主动融入国际高端供应链体系、参与全球竞争,及时掌握前沿设计动向,才能走得更长远。"王明喜说。最终,在一片质疑声中,王明喜坚持购买了这台德国二手设备,为企业进行大规模生产赢得了宝贵的先机和时间。加上精研科技自身高效的产能和过硬品质,精研科技一举获得微软92%的订单份额,当年就新增超过7000万元的营业收入,一下子收回了成本,精研科技在业内的名声也由此一炮打响。2012年一整年,精研科技在全球经济整体衰退的形势下,逆势实现了250%多的增长,实现销售收入13671万元,利润4851万元,上缴税金1846万元。

  这次经历让精研科技全体员工都领略到了王明喜的远见和魄力。接下来,精研科技开始布局智能手机业务,这缘于精研科技内部一位研发人员的建议。2013年6月,随着iPhone 4手机出现,智能手机开始应用外插式的SIM卡卡槽,精研科技的一位研发人员认定这是未来的发展趋势,建议采用改进的MIM技术推出成本仅5元钱的新型卡槽。小小不起眼的手机卡槽其实有着复杂的三维结构,如果采用传统加工方法,需要一个熟练的车铣工人耗费半个小时方能完成一只,在智能手机迅速普及的今天,这一生产效率显然不能满足庞大的产能需求。而如果采取金属粉末注射成型技术，十几秒内就能通过自动化生产线同时生产出4个卡槽，平均耗时不到3秒。这样一来，将比传统数控铣床加工方法节约近50%的成本。他的建议很快就得到采纳，新型卡托经过研发以后迅速投入生产。带着精致的新型卡托，精研科技找到了VIVO业务负责人，凭借高性价比优势，精研科技一举拿下VIVO订单，成为VIVO长期供货商。凭借此卡托技术，精研科技随之拓展了OPPO、华为、三星等国内外客户。精研科技的成长之路越走越宽了。

时至2014年，精研科技净利润超过3000万元，营业收入达到2.1亿元。当时，我国营业收入超过2亿元的MIM企业不超过10家，精研科技历时10年，成功迈入我国MIM市场"第一梯队"。

精研科技之所以能够将一众全球知名的电子消费品品牌纳为自己的客户，企业利润不断攀登新高，在行业内拥有国际话语权，王明喜的体会是，企业要能更好地发展，就必须做好"人有我精、人无我有"的行业文章。"精研科技自创立之初就坚持自主创新，研制出金属粉末注射成型喂料黏结剂配方及制备方法的发明专利等数十项，打破了国外技术垄断。公司的研发能力和成品率大幅度提高，甚至超过了某些国际巨头。这就是精研科技谋求更好发展的'本钱'。"在谈及自己把精研科技由小企业做成大公司的经验时，王明喜一再强调"专"劲儿的重要性。

精研科技不断推进MIM技术在多个领域的运用。2010年以来，随着传感器技术进步、零部件能耗降低、低功耗蓝牙无线标准推出，全球可穿戴设备持续高速增长。2013年，精研科技进入全球可穿戴设备领导者fitbit的供应体系，为后者生产可穿戴设备表扣、表壳等MIM产品。随后的3年，正值fitbit业绩爆发期，带动精研科技业务进入快速成长期。2015年、2016年，精研科技成为可穿戴设备龙头企业供应商，实现业务突破性增长，精研科技可穿戴设备产品相关业务收入成为公司第一大业务收入来源。

正是由于持续站在新一代电子信息产品设计前沿，与国内外龙头企业"同频共振"，精研科技才能在持续更迭变换的新市场中站得稳、走得远。

2016年，精研科技为苹果设计了手机包装盒纸浆铸型的模具，从项目洽谈到最终成品出货，精研科技仅用了三个月的时间。尽管此时的精研科技还不能算得上是苹果的直接供应商，但深厚的技术积淀和极致的效率让苹果开始注意到这家位于江苏常州的厂商，精研科技已成为"隐形冠军"。到2017年，公司营业收入攀升至9.2亿元，成功在创业板上市，成为国内MIM领域首家上市公司。至2018年，苹果iPhone、iWatch、iMac、iPad和充电器等里面数十个金属精密零部件，均由精研科技提供，精研科技打了一场后发制人的漂亮仗，成功成为苹果在中国的供应商。

据统计，从2013年至2020年，精研科技的营业收入从0.95亿元飙升至15.64亿元，对应的CAGR高达49.31%，而且是国内唯一一家全MIM产品产商，研发MIM组件超过千余种。

精研科技成立十几年来，不断受到来自政府和社会各界的肯定，也得到了较好的市场增长回报。精研科技先后获得"高新技术企业""江苏省钛合金粉末注射成型技术工程中心""常州市粉末注射成型工程技术研究中心""江苏省企业技术中心""江苏省工业设计中心"等多项荣誉。精研科技共研发上千款产品，其中近200款产品属于高新技术产品；同时申请专利80多项，其中申请发明专利30多项，获得授权专利31项，其中发明专利4项；完成科研项目10多项。公司连续几年被钟楼区人民政府评为"制造业纳税十强企业"，王明喜也连续被中共常州市委、常州市人民政府评为"常州市明星企业家"。

四

千淘万漉虽辛苦，吹尽狂沙始到金。

如今，"精研科技"四个大字在京杭运河河畔熠熠生辉，闪耀着为无数人啧啧称赞的奇迹。王明喜"做成一家世界上伟大的公司，为国争光，为客户创造更多价值，为社会带来更多效益"的初心一直没变。王明喜并不认为创业路上有所谓的奇迹，他相信"天行有常"，万事万物都有规律可循，把一个企业由小做大、做强，也要遵循企业发展的规律。

"想、做、学、低、人"五要素是王明喜用多年思考总结出的一个优秀的企业家身上应该具有的品质，也是他一贯奉行的人生准则，凝结着他的创业智慧。想，是创业路上的第一步，也是最重要的一步。"要把问题想穿，想明白，把想法付诸实践，不能'一夜想想千条路，早上起来走旧路'。"做，是最耗时耗力的一步，要明白"生于忧患，死于安乐"的道理。能轻易得到的千万不要去做，否则会让自己丧失斗志。学，是能让自己从众多创业者中脱颖而出的一步。无论做什么事，都要学到其中真谛。低，是能让企业实现可持续发展的重要一步，低战略，高战术。人，是创业路上的"核心竞争力"，为人好的话在各方面才会有资源，要心系他人，为大家谋福利。靠着这五个字，王明喜带着精研科技越飞越高。

"文化"和"专精"是精研科技制胜的关键词。

王明喜一直将企业文化放在举足轻重的地位，一个企业的文化就是一个企业的格局。精研科技的核心价值观一共有十二个字：真诚、踏实、完美、集智、创新、进取。真诚和踏实是公司上上下下要遵守的最高准则。精研科技的高层领导绝不允许浮于表面，必须要下到基层、沉到现场，以此来提高解决问题的效率。对员工，提倡直接、高效、坦荡的工作作风，不允许上演内部"宫斗戏"、不允许"内耗"，这样才能增强员工的凝聚力。除此之外，王明喜广开言路。"我们的干部可以畅所欲言，可以当面对老板'开火'，但是任何人不能说假话，不能糊弄，这是规矩。"王明喜自己作为董事长也以身作则，因为常年在外出差，员工们戏称他是"空中飞人"。"但短途出差，我从来都是坐经济舱，我没有驾驶员，办公室装潢力求简约实用,能省则省。"他永远心系员工,从不摆"老板架子",他也常常下车间、参与一线工作,只为了和员工形成一致的目标,打造出一个伟大的企业。

了解王明喜的人,都知道他身上有着浓浓的"专劲儿"。"别人看我的创业经历很'杂',涉足的行业很多,但实际上投入每项事业时,我都做得很'专',很用心。这就像挖井,事先看准地形,不挖出水来决不半途而废。"回顾十几年的创业经历,王明喜其实是始终如一的:"不管我是做服务业还是制造业,我的初心和专注是没有变的,我谋求效率最大化、途径最优化的工作方法是没有变的,只有不变,才能万变,这是我经营企业的根本。"

最慢的步伐不是跬步,而是徘徊;最快的脚步不是冲刺,而是坚持。廿年漫漫创业征程让王明喜经历了烧灼滚烫的淬炼,他数次站在命运的关口,没有天生的神力,他凭借自身强劲的生命力翱翔于青云之上,两鬓微白何妨?天顺其然,地顺其性,人顺其变,一切都是刚刚好。

老满

一

其实,老满算不上我的嫡系同学,是隔壁班的。他学环境化学,我学环境监测,两个班偶尔在一起上上大课而已。学不在一起,可住在一层,他住我隔壁,而且是一墙两侧。晚上熄灯后,老满在宿舍使劲挤出个响屁,除了他同宿舍的同学,外人能听到的恐怕只有我一个了。

我们入学那阵,按当时报纸上的说法叫开放和科学的春风荡漾大地。因此我们个个除了学习英语外,晚上都去选了第二门外语。十点下课回到宿舍,楼道里炸了锅,沙扬娜拉、古吞塔克、思密达、阿克笨猪……除老满一个人外，人人都变成了假洋鬼子。老满那阵子抱着膀子站在宿舍门口，一会闭眼一会睁眼，自始至终一言不发。老满每次一站就是两个钟头，宿舍统一熄灯走进宿舍前，才悻悻地放下两条胳膊，冲着门口人群来上一嗓："八格牙路，死啦死啦地！"后来听老满同宿舍的人讲，老满没有选二外，而是上了气功班，每晚站在门口不是白站，采气呢！

老满是在我们大学旁边一个叫作"新概念气功班"上学的气功，至今我仍然不明白，那时的气功班为什么比牦牛身上的细毛还多。开班第一节课，着白色绸褂、白色飘裤、白色球鞋的大师刚说完气功分软硬两类，就被老满一声打住了：

"哪种厉害？"

"什么哪种厉害？"大师不解。

"哪种能头碎啤酒瓶？"老满说。

大师一人开了两个班，一三五晚上教硬功，二四六授软功，学硬的六个月，选软的八个月。大师本希望老满他们学软的，这和大学生的身份匹配，可这话还没有出口，就被站在第一排的老满给打断了。大师毕竟是大师，不慌不忙地回答："厉害有一时厉害和永久厉害两种，一时厉害学硬气功，永久厉害学软气功！"

"时间就是生命就是金钱，报纸上说的。俺学硬的！"老满最终选了硬气功。

按照要求，老满在大师那里买了白色绸褂、白色飘裤，穿在身上后一抖就忽忽闪闪的，顿时有了飘然欲仙的感觉。飘逸着的老满也有苦衷，裤兜里只剩下哗啦啦几块钢镚，但还差一双白色球鞋。一泡尿憋不死活人，何况还是老满！他从实验室偷来了一瓶强力漂白剂，在那双臭气熏天的篮球鞋上用玻璃搅拌棒一连涂了三天，硬是把蓝色氧化成了斑斑点点的灰白色。这事还没完，老满又从教室里捡来一堆白粉笔头，一笔一笔把鞋面抹得雪白。在学习气功的日子里，老满一抬脚一踢腿，周围立刻弥漫着一团白色的粉霾，像雾像云又像风，看得同期硬气功班的同伴们一头雾水。大师也搞不清老满的底细，经常叫老满出列进行示范表演，老满表演的时候，大师就在一边评价："你们都看清楚了，这位学员脚下生风，风起云涌！"

老满自己知道脚下风起云涌的缘由，于是训练起来特别勤奋，除了每晚走廊上两个钟头雷打不动的采气外，周末和节假日之夜还一个人来到女生宿舍前的杉树林中野外采气。原来夜里女生都不敢穿过树林回宿舍，银装素裹的老满出现后，穿高跟鞋、着五颜六色裙衣的女生个个喜欢穿林夜行。后来知道，电视上那年正好热播《射雕英雄传》，很多故事都发生在幽暗的树林中，当年"穿越"还不时兴，几百年前大宋的树林去不了，邂逅成吉思汗的"金刀驸马"郭靖自然不可能，"黄蓉"们都期待在现实中的树林中圆梦一回。

就这么练了三七二十一天，老满终于在九月底的一个晚上发话了：

"建国三十五周年快到了，我想给祖国献点礼！"

老满要表演硬气功的消息不胫而走，满走廊的男生都来了，有好事者还通知了我们两个班的女生，除了老满宿舍门前空出点化学实验台大小的地盘外，整个走廊里黑压压的全是人。最前边的女生蹲着，后面的男生立着，稍晚获悉消息者搬来椅子站在上面。那一年，天安门广场要举行盛大阅兵式作为国庆献礼，我们都翘首期待着这一天，哪里想到大献礼前还有一场小献礼，人人心里都乐开了花。

表演者老满是隔壁班的人，表演的道具理所当然应由我们班出。我委托生活委员去学校小卖部买来了一瓶啤酒。那个年代，啤酒是新生事物，一瓶抵三块红烧肉，囊中羞涩的我们吃一块红烧肉还要在食堂窗口磨叽半天，更不用说买啤酒了。不喝啤酒，自然没有开瓶的工具，我和生活委员用筷子和水果刀折腾了好半天，愣是打不开一个瓶盖。老满不耐烦了，大喝一嗓："拿来！"只见老满双手上下使劲摇动啤酒瓶，口在上底朝下，时间长达半分钟不止。正当我们个个眼花缭乱之时，啤酒瓶瞬间被倒了个儿，变成了瓶口向下瓶底朝上。只见老满左手握住瓶颈，右拳高高举起，至最高处忽然由拳变掌，晃眼的右掌并没有停下，而是以迅雷不及掩耳之势拍向了瓶底，随着"嘭"的一声脆响，啤酒瓶盖撞击地面后弹出了人群。哪知瓶盖弹出只是前奏，瓶中突然间喷出了一条白色长龙，哧哧作响，手握瓶颈的老满顺势来了个三百六十度旋转，白色长龙呼啦啦扫荡了最前面蹲着的女生，人人一脸啤酒飞花，哎呀之声此起彼伏。

老满徒手开啤酒瓶的伟大技术被我们两个班的很多男生学了去，也包括我。二十世纪九十年代初我去德国留学，一次在科隆莱茵河畔的草坪上开派对，正当大家懊悔忘带开瓶器时，我把老满的动作从头到尾复制了一遍,只不过没把酒花喷洒在金发碧眼的女同学脸上,而是倒在了大啤酒杯里。那一晚,洋女郎们纷纷扭着屁股、挺着胸脯过来和我碰杯,派对开了一半我就被放倒了。故事到这还没有结束,暑假期间我去慕尼黑一家啤酒花园打工,经过层层筛选,最后只剩下我和一位黑人学生。黑人学生有个绝技,双手能同时耍四个啤酒瓶。那家伙表演之后,以为自己稳操胜券,站在一旁双臂抱胸嬉皮笑脸地看着我。我再次施展了老满的绝技,一连开了三瓶啤酒,每瓶正好两杯,每杯七分酒三分花,正规的德国标准!啤酒花园的德国酒客震惊了,"Mein Gott! chinesische Kongfu!(上帝啊,中国功夫!)"

这些都是插曲,暂且不表。老满徒手开瓶仅是序幕,接着,真正的表演项目头碎啤酒瓶开始了。只见他双腿自然分开,两脚相距五十厘米左右,收腹挺胸,双手平伸胸前,上下缓缓升降,这个架势的专业名词我那时说不上来,后来从电视上知道,叫"运气"。电视上的大师说过,运气时刻忌喧哗忌走动。不要说喧哗,我们个个连大气都不敢出,蹲着的女生都捂着嘴,生怕搅了老满的气场。就这么三分钟后,老满上下升降的双手停在了胸前,手刚停稳,右手食指向内勾了三下,这个动作其他人不明白,只有我心里清楚,老满要我递啤酒瓶了,这是我们两人约定的暗号。我那时年轻,不知是没见过这种场面,还是胆小没出息,递啤酒瓶的手竟然颤抖不停。老满一把抓过啤酒瓶,我们以为他的右手会迅速挥动,然后砸向头部。错了,老满又开始了新一轮的运气,时间在一秒一秒地走着，我们看着老满，人人一头冷汗，好像啤酒瓶很快要砸到我们头上一样。正当万籁俱寂的当口，突然噢地一嗓噪叫从老满口中喷薄而出，蹲着的女生噼里啪啦倒了一片，后面踩在椅子上的男生扑腾腾掉了一群。说个实话，如果时光倒流二十五年，打死我也不会站在前排，老满那一嗓下去，吼得我第二天上课像个聋人，一个字都没听清。一声呐喊之后，老满闪电般抢起酒瓶，又闪电般砸向了头部，"咣当"一声巨响之后，我们都认为期待已久的酒瓶爆裂的壮观时刻到来了，可眨巴眨巴眼后，这种壮观的景象却并没有出现。

老满的头是囫囵的，啤酒瓶也是囫囵的，而且囫囫囵囵地拎在老满手里。我们个个吓得龇牙咧嘴，老满自己也是龇牙咧嘴，我至今仍然不知道英雄老满为什么会和我们有着一样的表情。

气功场上个个惊呆了，谁也没说一句话。

老满也没说一句话，一分钟静默后，我们都认为龇牙咧嘴的老满会就此结束。但话反过来说，如果老满就此收场的话，我今天也就不会如此这般煞费笔墨了。老满就是老满，他又开始了运气，三分钟的运气。这三分钟，现在回忆起来宛如三年。以前我这个学理工的最讨厌写小说的家伙用"度日如年"这个词，但经历了那次事件以后我信了。又是"咣当"一声巨响，我们都睁开了双眼，苍天啊！啤酒瓶仍然安然无恙地拎在老满手里。

龇牙咧嘴的老满站在原地一动不动，我们人人崩溃了，憋了半天的期盼变成了尖叫声一片。

在我们的尖叫声中，老满开始了第三次运气。

后面那一声发出"咣当"巨响的动作，我们八十多个男女谁都没有看到，因为人人都捂着脸。当我们睁开双眼时，惊呆了，玻璃碎片飞溅一地，老满手里抓着个瓶嘴站在中间笑着呢。

老满成功了，走廊里响起了雷鸣般的掌声。

到现在我都清楚地记得，第二天上午在做仪器分析实验时，我仍然沉浸在老满的英雄壮举中，本来该向液相色谱仪中注入待测液体，我却恍惚地注入了一管蒸馏水，别人都得到了一张高高低低的波谱曲线，而仪器打给我的却是一张白纸。满头银发的指导教授举着我的结果看了半天："我教了四十多年学，这还是第一次，难道你发现了一种隐形物质？"

中午回到宿舍，得到了一个消息，老满住院了，头上冒了三个明晃晃的"龙眼"。我们班立即开了紧急班会，讨论去医院看老满购买什么礼物和买多少的事。大家七嘴八舌后达成了共识，决定购买三瓶龙眼罐头。为何买三瓶，因为老满抢了三下；为什么买龙眼，是我们班体育委员"青春痘"建议的。"青春痘"也在上一个气功班，班上的大师说了，"吃什么补什么！"

老满住了一个星期医院后回到了宿舍，我们经常去他那里讨论气功的有关问题。扯到老满为什么砸了三下才把硬气功的魅力表现出来，有着各种各样的分析。老满最后认可了我的观点。

我说："老满，凭你的功夫本来一下就解决了，你用了三下，问题不在你身上。"

老满说："问题在哪？"

我说："问题出在环境上。你学环境化学，我学环境监测，为什么前面都加环境，说明环境重要。"

老满说："话有点绕，快点说！"

于是我接着说："你我都知道，正常环境中氧气占21%，氮气78%，剩下的1%是废气。前面一段时间，我们在宿舍内用仪器采样后才知道，氮气比例没变，氧气只有20%，废气多了1%。气功气功，气是关键，你平常都在树林里练习，而实战却在人山人海的走廊内，环境变了，采不到纯气，不砸三下才怪！"

老满想了半天，最后回了一句话："你这个人，科学！"

二

老满头碎啤酒瓶的故事四处流传。

以前我们两个班的女生见到老满都呼其全名，这件事情发生后，个个都改称他老满了。我们那时的辅导员是一位退休化学教师，又矮又胖，学生戏称"蒸馏瓶"。"蒸馏瓶"见到我们都喊小王小李什么的，但到老满这里，也喊老满。我们个个都认为，只有老满这个称谓最亲切、最威武。年终我们化工学院学生会评选十件大事，老满头碎啤酒瓶事件名列第三，老满成了响当当的人物。

成了人物的老满变了。他的变化多种多样，首先表现在发型上。那时我所在的大学男女生时髦烫头，人人抽屉里一把火烧夹，宿舍里整天一股火燎鸡毛味。女生一概烫着大波浪，学名叫居里夫人式；男生夹出的发型归纳起来有三种，三七开的被称为阿兰德龙式，五五分的被称为牛顿式，发硬如猪鬃留平头者则被称为爱因斯坦式。一次系里邀请一位美国西北大学的化学教授来校讲学，洋人讲学前趾高气扬，但当他走到台上朝下一看，立刻傻了眼，台下坐着一大帮居里夫人、爱因斯坦还有牛顿，惊得半天没有说出一句话。

老满没有烫头，他的发型当时我实在不知道该归哪一类，这事整整苦恼了我一个学期。寒假回家后看复播的《上海滩》，我豁然开朗，隔壁宿舍里住着的哪是老满，而是活生生的侠士豪杰许文强啊！如果用化学的专业词语来描绘，老满的头不是平头，不是分头，也不是背头，是三者的结晶体。上海滩的许文强一天到晚打理头，油光锃亮，用我老家上蔡的土话讲，蚂蚁拄着拐棍都上不去，老满也一样。不一样的是，许文强用头油，而老满买不起头油。买不起头油的老满买得起肥皂，老满打理头发不用纯水，纯水容易挥发，老满用肥皂，肥皂水不但不易挥发，粘连性一点不亚于头油。老满的这个绝技是我第一个发现的，发现之后我就把其定性为"肥皂头"。后来我第一次去德国时，教授和夫人到机场接机，为了不丢伟大国家的人，在飞机盥洗间里，我整了一个"肥皂头"，教授夫人盯着我的头转着看了三圈，说："小伙子，这头精神！"

从第二个学期第三周开始，老满腰里多了一件东西。事情是这样的，开学前两周，我们两个班一块在学校工厂做金工实习，老师要求每人制作一把铁锤，老满不但做了锤子，而且还偷偷磨出了一把匕首。老满的匕首与街上用四十斤全国粮票能换到的匕首有所不同，那种匕首中间不带槽，而老满的带，并且两边都带。在实习结束回宿舍的路上，老满晃动着手中半尺长明晃晃的东西说："你们哪个知道老子的家伙为什么带槽？"我们那时知识没有像现在这么丰富，个个摇头。老满失望地说了一句话："放血啊！"在德国学习期间，我和来自世界各地的同学一起去过一家挪威狩猎场参观，肥胖的场主人举着一把防身用的尖刀问，为什么他手里的尖刀上带槽，他的话音一落，我就应声答道："放血啊！"北欧胖子竖起大拇指说："中国人就是知识渊博！"

老满每天上课，腰里都别着家伙。别人和他坐在一起的感觉我不清楚，我只知道自己的感受。一次我俩坐在一张课桌上，一连两节课，我的眼睛没有往黑板上的化学反应式上盯，而是一直瞄着老满的双手。老满从裤兜里掏手绢擦嘴巴，我以为他要掏家伙；老满坐的时间久了松松皮带，我也以为他要掏家伙。人家老满其实根本都没往腰里家伙上想，我倒成了惊弓之鸟，现在想想，也真够冤枉人的。

老满腰里别着家伙的时候，一般都用上衣盖着。不知者很坦然，知情者很悚然，这也许就是人们常说的"无知者无畏"吧。我们两个班的男生都知情，所以个个都是悚然者。悚然的我们在老满面前都很客气。他经常跟我们借一两二两饭票，或者抄我们一道两道作业，我们个个笑脸相迎，不敢冒半个不字。我们宿舍有个"万元户"，胆小如鼠，老满有时到我们宿舍来，本来没准备抄作业，只是想和群众打成一片，嘘寒问暖而已，哪知老满一进门还没开腔，"万元户"就主动迎了上去，"老满，你抄哪一道，是核磁共振还是傅里叶变换？"

老满偶尔也撩开上衣露露家伙，只有必要时他才这么干。老满是东北人，爱吃红烧肉，越肥越好。那个年代，其实不光东北人爱吃，我们也都一样，而且也是越肥越好。但每次从食堂打完红烧肉，我们都发现老满饭盒里的肉比我们的不但多而且肥。一次我跟在他后面买菜，终于明白了其中的奥秘。老满攒足钱要吃红烧肉了，腰里都要别上家伙，走到窗口前的老满先放下饭盒，不讲一句话。老满不讲话，炊事员以为他还在思考到底要买哪种菜。这就误解老满了，老满不是那种犹豫不决的人，只见老满向后退了半步，哗啦一下撩起了上衣，露出了腰间明晃晃的异物。做完这个动作，老满重新走进窗口，还是一言不发，只是微笑着用他那又粗又短的食指指了一下红烧肉盆。

我们上大学那阵，文化生活挺单调的。"万元户"掏一毛六买一本《中国青年》或者刊登恋爱故事较多的《福建青年》《山西青年》，为了不引起矛盾，他得事先列个阅读顺序名单贴在宿舍门上。从老满首看开始，到两个班个头最小的同学看完，所需时间还真不好确定。一次刊物上登了一位大学生杀害亲生父母的事，老满看时案件刚发生，到最后一个看完，罪犯已经被枪毙半年了。那个年代，没有MP3，也没有"苹果"，更不知道"网吧"是何物。没有这些东西,我们最美的希冀就是学校礼堂放电影。南京新街口有两家电影院,一个叫大华,一个叫曙光,两毛五一张票,还是皮座的,我们都不去看。大家嘴里的理由都一样,"皮座坐不惯!"学校那时一两个星期才放一场电影,一毛钱一张票,座位是木板的,一动就呱嗒呱嗒响,大冬天看一场电影,银幕上的男女都抱在一起了,我们屁股底下的木板还没有捂热。第二学期学校礼堂放《红高粱》,那时张艺谋还没有成"大腕",莫言也没有得诺奖,短见薄识的我们自然不知道柏林电影节金熊奖为何物,只是听去过"大华"的"万元户"回来讲,不得了啦,电影里"我爷爷"在山东高密东北乡的高粱地里把"我奶奶"的小棉袄都给撩起来了!现在想起来还真不好启唇,老满撩起他的上衣我们哆嗦,"我爷爷"撩"我奶奶"的小棉袄却不哆嗦。礼堂晚上七点放电影,下午一点我们就去排队,到了礼堂我们才发现,售票窗口前已经排起七八百米的长队。正在一筹莫展之际,我们看到老满慢慢悠悠地走来了。

我说:"老满,弄几张电影票吧,你那一张也算在我们头上。"

老满说:"军中无戏言?"

我说:"军中无戏言!"

老满说:"拿钱来!"

我把一堆毛票和硬币哗啦啦塞到老满手里,他二话没说就径直走向了窗口,我们几个尾随其后。老满走到窗口最前面,那里已经是人头攒动,十几只胳膊同时伸进了脸盘大小的窗口里，人人挤得龇牙咧嘴。后来我在自己的文学作品里酷爱使用"龇牙咧嘴"这个词，就是那时落下的病根。在龇牙咧嘴的一堆人面前，老满大喊一声："现在讲精神文明，挤什么！"龇牙咧嘴的人没有一个把老满放在眼里，老满个头刚到一米七，形象上缺乏威力。

老满生气了。

生气的老满大吼一声，就像那次他表演气功开瓶一样："王——八——蛋！"

呐喊的同时，老满撩起了上衣。

十几只手哗啦啦从窗口抽了出来。

那一晚，我们特地掏出五分钱给老满买了一包五香瓜子，老满大腿跷在二腿上坐在我们八个人中间，一边四个。

那个时候，银幕上我们佩服姜文扮演的"我爷爷"，银幕下就佩服老满。不光男生佩服，后来女生也佩服。女生佩服男生不是白佩服的，男生得有点真功夫。那些年我们知道女生喜欢自由诗，于是一个个手里有事没事都卷本戴望舒或者北岛的诗集在女生面前晃悠，兴高采烈时，还会来上一嗓"撑着油纸伞，独自彷徨在悠长、悠长又寂寥的雨巷"。哪里知道不朗诵也罢，一朗诵，女生都会说，"瞧，和昨天那个二妮子一样"。见戴望舒不行，我们又想起了朦胧诗人北岛，"卑鄙是卑鄙者的通行证，高尚是高尚者的墓志铭，看吧，在那镀金的天空中，飘满了死者弯曲的倒影"。我们都认为这回女生该折服了，实际上我们天真了，女生说："到底你们是卑鄙者，还是高尚者啊？"从此以后，我们这帮男生按照徐志摩的话来说就和戴望舒与北岛"沙扬娜拉"了。老满那阵不是文学青年,他有自己的套路,他的套路我们两个班的男生想学却一直没有学到手。

和我们这些文学青年不同,老满走的是硬派,现在社会上叫实力派。老满班里女生宿舍住着一位艺术系的女生,叫孙小曼。为什么这个名字我记得住,得感谢我的文学功底,懂文学的人谁不知道陆小曼。花枝招展的孙小曼当时正在谈恋爱,每晚半夜才回来,平常也就罢了,期末考试时也是这样,终于环境化学的女生忍受不了啦,就和她吵了起来。女生吵架也就罢了,哪知引来了一帮男生,机械系的拎着从机床上卸下来的曲柄连杆,体育系的握着六尺标枪,文学系的双手举着砖头样的《康熙字典》,火炸药系的一位男生更是跋扈,从实验室偷来了炸药包(后来知晓是教学用具,里面装的不是 TNT 而是木屑),呼隆隆以排山倒海之势一下子包围了宿舍。正在这千钧一发的节骨眼上,老满闻讯赶来了。来到女生宿舍门前的老满就像表演气功开瓶一样,或者说和那次替我们八人购买电影票一样,杀猪般一声嘶叫:"王——八——蛋!"嘶叫的同时,老满又一次撩起了上衣,露出了那把两边带槽的家伙。这一次,老满失算了。手里握曲柄连杆、六尺标枪、《康熙字典》特别是 TNT 炸药包的一群人不吃老满这一套。不吃老满这一套,主要有两个原因,一是因为知道了老满的做派,亮亮家伙吓唬人而已;二是爱情的力量,他们都是孙小曼的追求者。追求不能表现在嘴上,得拿出具体行动来。见自己的招数没有达到《孙子兵法》中"兵不厌诈"和"不战而屈人之兵"的效果,老满只得实施第二招。第二招老满实际上也不愿意使，但被逼上了梁山，也只能硬着头皮进行下去了。老满哧溜一声从腰间拔出了匕首，呼啦一下举到了头顶。一见老满违反惯例掏家伙，那群人知道真正考验的时刻到了，个个操起了十八般兵器，呼隆隆把老满围在了中间，一场血战不可避免。宿舍里的女生预感这一次不是物理反应而是化学反应了，就一起捂着双眼。女生们的双眼刚刚捂好，就听到耳边扑哧一声刀裂血肉的声音。一般的匕首入肉时是不会发出响声的，但老满的家伙不一样。我后来琢磨了三周时间才得出结果，主要原因是老满在金工实习时偷懒减了两道工序，粗粗糙糙的刀面入肉瞬间自然有摩擦，有摩擦自然就有响声。哎呀一声尖叫的孙小曼放下双手，睁开恐惧的眼睛看到的一切使她惊呆了，那把匕首没有插进其他人的胸膛，而是插在老满自己的大腿上，鲜血顺着两边的槽口，呈直线状呼呼地喷射而出。

后来发生的三件事这里得交代一下。一是孙小曼从此以后都在女生宿舍熄灯前赶回；二是学校保卫处在处理事件时开了一个上午的会，意见还是不统一，老满用刀不插别人胸膛，而是插进自己大腿里实在不好定性；三是孙小曼和老满谈起了恋爱，确定恋爱关系的那一天，拎曲柄连杆者、握六尺标枪者、举砖头样《康熙字典》者以及那个扛炸药包者都来了，喝得死猪般的一群人都说："徐志摩配陆小曼，老满配孙小曼。"

老满力战十八般兵器的壮举四处流传。他的名声如果用化学专业知识加以形容的话，那是氧气遇到了氢气，啪的一声就溅了全校学生一脸雾水。当时在校园里，提到老满这个名字，如果有人心里不咯噔一下然后肃然起敬的话，用现在时髦的词来讲就是"out"了。人家老满本来是东北人，可校园里传说的老满籍贯几乎覆盖了全国除港澳台地区以外的所有省、自治区和直辖市。老满，一个纯纯正正的汉族人，可他的民族类别到了其他分院和系部学生那里，就变得蹊跷缤纷起来。我当时在校学生会主办的报纸《新一代》担任记者，利用职务之便，跑遍了学校四个分院和六个系部对学生进行采访，采访后又用Basic语言编了程序在8086电脑上计算出了结果，说老满是满族的占63%，是汉族的占25%，是蒙古族的占11%，其他各类如回族、朝鲜族、羌族、壮族、达斡尔族加在一起占1%。当我最后把两边带孔的计算机纸递给老满时，老满点点头说："辛苦了！"可能老满还认为对我一个多月的籍贯调查没有给予全面的肯定，说完"辛苦了"三个字之后，又语重心长地加了一句："你这个人，严谨！"

三

升入大三以后，我们学化工的学生实验课多理论课少，实验课不用考试，因此考试的压力也就没有其他专业的大。这对老满是合适的，因为老满不喜欢考试，喜欢实验，实验一般两人一组，提交一份实验报告，老满只要最后签个名就可以了。考试较少的三年级的日日夜夜，老满是最幸福的。老满每天下午四点以后基本会在足球场上闪亮现身，老满的身份是组织后卫。我那时也是组织后卫，不过不是在足球场上，而是在篮球场上。我那时认为，足球是野蛮人的行径，篮球才是文明人的运动。但自从全国足球甲级队联赛在南京举办后，我改变了自己的观点。到现在我仍然清楚地记得，自己正正规规坐在学校运动场看台上观看的第一场比赛是湖北队对陕西队的赛事。看台下两队短兵相接，看台上两省的学生啦啦队也争得不亦乐乎。湖北学生高喊一声"吕杰，进一个"，陕西学生就应声而呼"王宝山，灌一球"，算是扯了个平手。半分钟后，湖北学生又来了一嗓："天上九头鸟，地上湖北佬"，这回老陕的啦啦队傻了，陕西虽然文化积淀深厚，却缺乏响亮的地方口号，看台上顿时鸦雀无声。陕西足球队员没有了力量的源泉，精神立刻懈怠了下来，不到一根烟工夫，就被湖北队灌进了一球。老陕个个是文化人，更何况还是大学生，他们的啦啦队觉醒了，立马想出了一个令全场震惊的口号："黄河水哗啦啦，九头鸟淹死了（读 liǎo）！"湖北学生不干了，都说王婆卖瓜自卖自夸，你们陕西娃可以吼秦腔颂秦川，非要放滔滔黄河水淹死人干吗？两队人马越过学校划定的楚河汉界，一场肉搏即在眼前。这时候，只见一位戴袖章者霹雳般从看台下一跃上了看台，三步并作两步跨在了两队人马中间，随后呼啦一声撩开了上衣。

不用说，你就知道这个人是老满，你知道，两队人马当然也知道。那场比赛后面进行得平平和和。联赛结束时，组委会授予老满"优秀学生志愿者"荣誉称号，在颁奖大会上，一位姓宋的副秘书长还在老满的笔记本上写了八个字："一夫当关，万夫莫开。"

作为老满的同学，我从那时开始关注足球，热爱足球。直到现在，我仍然能一口气说出十几位二十世纪八十年代国脚的名字，"矮脚虎"赵达裕、"高中锋"柳海光、"泥鳅"古广明等都和老满的形象一样让我刻骨铭心。不只我一个人从篮球场撤退来到了足球场，我们两个班的男生也都和我一样，弃篮从足。从事足球事业的人多了，我们两个班各组织了一个足球队，经常在一起踢比赛，这使老满很满意。在比赛场上，老满虽然个头是"矮脚虎"，但角色可是"高中锋"，盘带过人时像个"泥鳅"。老满踢球，讲究稳、准、狠。每次忽忽悠悠带球至离我方球门十五六米处，突然稳健收脚定球，眼角轻瞥一下球门，照准空档就是一个"扫荡腿"。"扫荡腿"不是足球的专业名词，但老满喜欢这个词，所以我二十几年来都这么说。1996年在德国学习时，我去英格兰观看欧洲杯，当德国队的比埃尔霍夫射进关键的一粒金球后，我便用德语大喊了一嗓"好一个扫堂腿"，一声下去，身边疯狂的德国球迷云里雾里懵懂半个多小时。老满荡出去的球，只要不像"扫帚星"一样飞向天际，便一定会应声入网。老满荡出的球力大无比，一次和机械学院比赛，守门员抱球时意外脱手，结果球还在天上飞，两颗门牙却先落在了地上。我们班的守门员是"万元户"，只要是老满荡来的球，就是能抱他也不愿抱，用他自己的话说："我家就我一个独苗，人不在了，一万元有个屁用！"我们班足球队和老满班比赛，基本上十比九输。每次两班同学在一起谈到足球，老满总是一句话："你们班，篮球场上还能蹦跶几下，绿茵地上就趴下啃草吧！"随着老满的球艺越来越娴熟，球风也越来越刁蛮。老满知道"万元户"不敢扑他荡来的球，每次停球的位置离球门越来越近。有时候领先我们班多了，老满心思就不在进球上了，而是在炫耀球技上。守门员"万元户"看是老满荡球，就躲在一边为老满留出足够的空档，老满这时倒不射了，"万元户"往哪躲，他就把球往哪射。一次硬是把十米开外的"万元户"整了个满脸开花，金边眼镜断成了四截，鼻孔和嘴巴向外喷血不止。我们班有个内蒙古同学，外号叫"墩子"，家住呼伦贝尔大草原，由于整天和牛马打交道，说话有点糙，看不过老满的做派，大声说了一句："你好端端的球门不射，偏要射人，牛犊子一个！"老满个矮，浑浑圆圆，人长得像牛犊子就越怕人家提"牛犊子"三个字。老满听后火冒三丈，一句话不说上去就要动手，"墩子"也不是好惹的，在风吹草低的家乡宰羊杀牛时，常帮助父亲捆蹄放血打个下手什么的，也积淀了二分蛮力，刺啦一声脱了上衣，"那达慕"般地迎了上去，一场恶战即将发生。虽然那时我们都还年轻，但还是理智的，男生们不约而同地迅速扑了上去，死拉硬拽半个时辰才把两人拉开。"墩子"是光膀子，慌忙之中为拽着他，我活生生地在他胳膊上用指甲挖去了花生米般的一团鲜肉。前年我在呼和浩特见到他，他捋起袖管对我说："老班长你瞧瞧，这就是二十多年前你给我种的天花。"

　　两个人的仗没有打起来，老满对这种结果不满意。从操场回宿舍的路上，老满还是愤愤不平，边走嘴里边吼："小子，你等着。"我们都以为老满说的是气话，但晚自习结束回到宿舍后，我才知道老满不是那种得过且过的人。

晚上十点，我背着书包从图书馆回到宿舍楼时，刚上二楼的楼梯，就听见了远处咣当咣当的撞门声，在巨大响声的同时，还有老满的冲天干号："王八蛋，老子给你放血来了！"我预感到要出事了，扑通通赶紧往我们宿舍那边跑。刚跑三步，又传来了更大的一嗓咆哮："谁敢拦我，我就一块放血！"

拨开七八名围在一圈目瞪口呆的同学，我看到了老满。我喜欢电影，喜欢看戏，也喜欢听说书，这么几种伟大艺术描绘的人物里，我从来没有听过或者看到过与那次老满同样装扮的。那时我认为自己年纪轻见识短，但后来我去过国内的很多地方以及世界上的很多国家，也同样没见过。不但这样，在后来二十多年讲述老满传奇故事的漫长历程中，我每次都问听众，你们见过这种装扮吗？始终没有一个人点头。所以我断定，这种装扮是老满的首创，如果张艺谋、文德森或者詹姆斯·卡梅隆的电影里能用上那么一次，票房非增加三成不可。

被一群人围在中间的老满一丝不挂。如果真是一丝不挂也就罢了，男人的裸体还是挺阳刚的，雅典、罗马、巴黎、斯德哥尔摩博物馆油画和雕塑里的男人几乎没有一个穿衣服的，关键是赤身裸体的老满脖子上扎着领带，腰里束着皮带，脚上穿着皮鞋。天啊，这简直是原始社会类人猿和资本主义绅士的完美结合。看到这种装束我忍不住想笑，但嘴刚咧开一半我就残忍地闭上了，我们班的"墩子"正被手拎匕首的老满堵在了宿舍里，宿舍门已经被踹开了碗口大的窟窿，旁边没有一个人敢靠近面暴青筋的老满。现在回想起来，我年轻时还是蛮机智的，我的处理方式也成为后来自己二十多年炫耀的资本。每当饭桌上讲到我的处理方式时，我都会起身去一下洗手间，实在肚里没有存货，也会慢慢悠悠喝上几口茶再说。

我知道，这个时候如果上去强拉老满，依我对他的了解，无疑是火上浇油，老满会越发疯狂的。想了片刻，计上心来。

我说："老满，你不但服装漂亮，而且装备齐全！"

老满一怔。

我说："老满，你这套皇帝的新衣不孬！"

老满开口想笑，但又迅速地面露狰狞。

我又说："老满，上帝给你配备了一杆枪两颗手雷，还带刀干吗？"

老满明白我指的是什么，低头看腰间一下，再也忍不住，于是哗啦啦大笑起来。

周围胆战心惊者也哗啦啦大笑起来。

屋子里的"墩子"也哗啦啦大笑起来。

那天晚上，我买了两瓶啤酒一包花生米，把老满和"墩子"邀到我们宿舍喝了一场酒，一饭盒"马尿"下肚，老满和"墩子"握了手。不过老满对我可没有那么客气，他抓起桌子上的家伙指着我的鼻梁说："你这个人，文学！"

四

说过了老满硬朗的一面,再唠叨段他柔情的另一面,毕竟也是喝啤酒吃肥肉、食人间烟火的血肉之躯。

老满宿舍住着八个人,天南地北来自六个省。那年头,高等教育还没有大众化,考上重点大学者用当年时髦的话讲叫"天之骄子"。就像现在很多学生以"爱疯"(iPhone)显示身份一样,"天之骄子"当时也以一种东西作为身份标识,那就是眼镜。老满宿舍七人戴眼镜,就剩他一个人一年四季鼻梁上光秃秃的。老满不止一次对我说,每当看到戴镜者有意无意间用手向上推一推镜框,动作是那么潇洒,那么飘然,心里就痒痒的,他自己也会下意识地往鼻梁上摸。这对老满的刺激还算是小的,还有更大的。每当体育活动或者聚餐结束,我们都会哧溜一声从口袋里掏出眼镜布,不约而同地擦起眼镜来,只有老满一个人像个傻子站在人堆里无事可做,看着大家手里的镜片发出越来越亮的炫目光彩,老满痛苦得想哭。痛苦到极点的老满不再往鼻梁上摸,而是往自己腰上摸,摸到硬邦邦的东西,老满才得到一点心灵的慰藉。到现在我还一直认为,老满如果一上大学就能戴上眼镜,他绝不会去磨一把两边都带槽的匕首。也正是由于这个道理,二十多年来和不戴眼镜的人打交道,握手之前,我一般都会往对方腰部瞅上一眼。

没有眼镜，老满每次寒暑假回家，都把白色的大学校徽别在胸口上，但在校园里如果还别着校徽，老满认为不合适。从大学一年级第二学期开始，老满就确定了人生规划的第一个目标，用一年时间戴上眼镜。于是每次上课，他都会坐在教室里太阳光或者日光灯微弱的角落；晚上在自习教室看书，他不是把书放在桌面上，而是抱在怀里，用头遮着亮堂堂的光线。这么努力了一年，二年级我们在学校医院体检，戴着眼镜的我们只能看清一半上下左右变幻的E字，而老满捂着一只眼，照样把最后一行看得清清楚楚。回宿舍的路上，老满难过地差一点流出泪来。第二天开始，老满加大了训练的力度，睡觉前我们都会撩开蚊帐，趁着二十五瓦的日光灯看书。老满不但不撩蚊帐，还把磨刀布般的枕巾用别针挂在上面，在黑洞洞的"棺材"里，一口气能读金庸或者梁羽生的武侠小说七十到八十页。就这么日起月落到了三年级再次体检的时候，老满胸有成竹地去了医院，可是回来的路上，老满凄凉地哭出声来："老天爷偏心啊，人人都是0.1，为什么偏偏我1.5？"

与其说是老满梦寐以求地追求近视，不如说两位老人对"眼镜"的梦寐以求。老满父亲是位煤矿工人，五十刚过，不是罗锅看似罗锅，都是煤筐惹的祸。新生报到时，他老人家领着儿子来过我们学校，当看到宿舍里其他孩子鼻梁上个个挂着"二饼"，苦恼得一夜没有合眼。在踏上回东北的火车前撂下了一句话："王八蛋，放假不给我整上副眼镜，就别回来！"

另一位老人是孙小曼的爸爸，一所重点中学的教导主任，六十年代的老大学生。老人家鼻梁上架了几十年的塑料框眼镜很特殊，远看是眼镜，近看活脱脱两个啤酒瓶底。孙小曼和老满不温不火谈了一年恋爱，到了三年级下半年，才把和老满的事告诉家里。孙爸爸决定国庆节来趟南京会会未来的姑爷，出发前放了话，无镜者一票否决。

九月下旬那阵，我们两个宿舍的人都在为老满发愁。我们每个人都把自己鼻梁上的眼镜摘下来，擦得雪亮后递给老满试戴。一次课间老满戴着"万元户"八百五十度的眼镜去卫生间，厕所上斗大的"女"字他竟没有看清，吓得一群女生提着裤子尖叫着跑了出来。体育委员"青春痘"那时的眼睛度数最低，双眼都是二百五十度，老满戴着和我们班比赛足球，明明是自己的球门，他竟一个"扫荡腿"把球灌进了网里，气得同班男生一齐高喊起来："自破家门，不是二百五还是什么？"正在我们一筹莫展之际，"墩子"说："笨蛋一群啊，戴个空镜框不就完事了！"说完这话，"墩子"从床底下找出了自己的一副镜框。

孙爸爸国庆节当天来到了我们宿舍楼。孙爸爸在女儿的带领下一脚迈进老满的宿舍，房间里立马响起了汪明荃的《万水千山总是情》。这里得做个交代，关于放哪首歌曲，我们讨论了一个晚上，本来想选更加委婉动听的邓丽君《何日君再来》以及费翔激情奔放的《冬天里的一把火》，但我认为这两首歌都不合适。孙爸爸第一次来，哪里能放带"再"字的歌曲？第二首里有一句"熊熊火光照亮了我"，孙爸爸千里来选驸马，一进门就有人着火了，不妥。最后老满采纳了我的建议，采纳之后他拍着我的肩膀说:"你这个人,理性!"

汪明荃的歌声是从手提式双卡双声道四喇叭"燕舞"牌收录两用机里发出的,机子不是老满的,是借"万元户"的。在柔情万种的歌曲声中,戴着"眼镜"的老满和孙爸爸握了手,见到年轻人眼睛上挂有东西,孙爸爸满意地点了点头,一票否决的情况算是没有发生。

孙爸爸刚在老满床边坐定,孙小曼就主动介绍起来,"爸,您看,他枕头边摆着多少书,爱学习呢!"那个时候,我们人人都买不起书,但又喜欢在枕头边置几本彰显学问,通常会把前面几个学期学过的教材摆上。老满基本上是学过一门课考试后第二天就把教材扔到了垃圾堆里,所以他床头除了《气功八步法》和那本封面破烂不堪的《大富豪和他的女人们》"火车杂志"外,再无他物。我向老满建议,要他藏起那两本宝贝,收集全宿舍同学的数理化专业书籍重摆一排。老满摆是摆了,但他忽略了一个细节。

孙爸爸从老满床头抽了一本书,看了一眼,微笑着念起书名:"《高等数学》上册,不错,数学要学好!"

老满点头说是,围在门口的我们也都陪同老满点头。

孙爸爸把书插入书列,又随便取出了第二本书,看了一眼,念道:"《高等数学》上册!"

老满懵了。

孙小曼不愧是学艺术的,不像我们学理科的脑袋一根筋,关键时刻转不过弯来,笑着对老爸说:"人家准备了两本嘛,一本在宿舍看,一本带到自习教室看!"

孙爸爸说:"还是你们八十年代新一辈聪明啊,我们那时上大学时没有想到这种方法,不过浪费了点。"

孙爸爸把书再次入列后,谁都没有想到他又抽了第三本。

"《高等数学》上册",念完书名,宿舍内外坐着和站着的人都懵了。

宿舍里死一般寂静。

"哎呀,那是我的书,昨天晚上老满给我辅导复变函数后,忘带回去了!"站在门口的我大声喊道。

屋子里所有戴着眼镜的人都笑了。

微笑着的孙爸爸看着老满说:"复变函数的创建人是欧拉、达朗贝尔和拉普拉斯,后来柯西、黎曼和维尔斯特拉斯也有重要贡献。复变函数不好懂,你有空要多给大家讲讲!"

好在学数学的孙爸爸不是一根筋,否则随便提个概念让老满解释一下,真不知道该如何收场。

孙爸爸不再抽书,他和我们谈起了伟大的数学,谈起了化学中的数学问题,数学中的艺术问题,从祖冲之的圆周率讲到了数学王子的高斯定律。

我到现在还是不能弄明白,老满为什么听着听着头上冒出了虚汗。

虚汗从老满的额头流进了他的眼窝。热汗在眼窝里闹得老满不舒服,忍了好长时间后,老满终于决定要擦掉热汗。老满哪里想到,他擦汗的方法让他终身遗憾。

我们这些"老眼镜"都知道,眼窝里痒痒或者有汗,都会先摘掉眼镜,再用细纸擦眼眶。老满是个"假眼镜",哪里有我们的经验。老满没有摘掉眼镜,而是一边看着孙爸爸,一边用双手把细纸揉成一团,然后用右手两个指头捏着伸进镜框里擦起汗珠来。

刚刚从古希腊阿基米德学派讲到哥廷根学派的孙爸爸惊呆了,他这位四十多年的"老眼镜",从来还没见过隔着镜片挠痒或者擦汗的人。

孙爸爸后来的数学讲座语无伦次,他竟把意大利代数几何学派和法国函数论学派给介绍颠倒了。

一个星期后,孙小曼约老满深谈了一次,机械、体育、文学和火炸药系的那几位男生也都应邀在场。孙小曼说:"老满,今后咱们俩也像我和在座的一样做朋友吧,爸爸不同意咱俩进一步发展关系!"那天晚上,老满喝得烂醉,是被其他几位患难兄弟抬着送回宿舍的,一群兄弟临走时,老满费了半天劲才说出一句话:"谢谢啊!"

2001年春夏之交,我去深圳参加国际化学大会时还见过孙小曼一面,她从大会发言名册上看到了我的名字。从交谈中知道,孙小曼毕业后去了特区,结婚后和老公一起成立了个国际会展公司,半个深圳的大型会议和展览都是他们公司承包的。分别时,孙小曼问我,"老满现在怎么样?"我没有想到她会问我这个问题,我正想倒过来问她这个问题呢,但我还是答了话:"自从老满离开学校后,我再也没有听到过他的任何消息。"说完,我也向她提了个问题:"你爸爸还好吗?"孙小曼垂下头轻声说:"已经去世十年了。"

五

大四的第一学期,我们学校突然抓起了学风考纪,规定凡是这个学期考试科目超过50%不及格者,勒令自动退学。"蒸馏瓶"一遍又一遍风声鹤唳地宣读学校的文件教育我们,他这人一辈子离不开化学,给我们训话时也一样,"这次学校不但要干燥完你们想在考试中投机取巧的水分,就是水分已和其他物质融合,也一定会被萃取出来!"听完训话回来,我们都很紧张,唯独老满泰然自若,"雷声大雨点小,吓唬谁啊?"老满说这话不是没有道理,他是凭三年多的斗争经验总结出的。

那个学期,我们环境化学和环境监测两个班都要考八门课,其他七门不一样,只有一门一样,就是物理化学。物理化学这门课,我不敢说是化学专业中最难的,但可以说是最难的之一。用学术语言讲,这门课是从物质的物理现象和化学变化的联系来探讨化学反应基本规律的学科,学术的东西有点绕,说得通俗点就是化学中有物理,物理中有化学。课程难是一方面,关键是教这门课的老师古板得要命,平常谁的作业没有完成或者做得差劲一点,他就在课堂上暴跳如雷:"你们这个水平,在校园内丢自己的人,将来走出校园在物理化学界丢我的人!"

如果说老满对这次期末考试一点也不重视的话,就冤枉人家了。那个学期,老满还是把一半的精力用在了功课上,特别是物理化学这门课上。每天晚上我下自习回来,老满只要不去树林里练气功,不去街边的录像厅看《螳螂拳与绣花枕》,不去与校足球队的队员高谈阔论甲级队联赛,或者不和机械、体育、文学及火炸药系的哥们去喝酒,就会拿着作业本到我这里坐上半个小时,要我给他讲物理化学。说个实话,老满的理解力还是蛮好的,一点就通,但老满的基础实在太薄了,在给他讲题的过程中,我明显感到,前面几年的普通物理、无机化学、有机化学、材料力学他基本上只知道个皮毛,为做一道物理化学题,我得把方方面面的知识从头到尾捋一遍。

说着说着就到了期末考试,那是我们在大学的最后一次集中考试,下个学期就没有功课了,而是去实习,实习完就要毕业分配了。我们人人都期待着早日毕业,到"蒸馏瓶"经常训话时所说的改革开放的大潮中展示身手。八门考试被集中安排在四天时间内,半天一门,只要熬过这四天,我们就和枯燥的学校生活"沙扬娜拉"了。

集中考试的前一天晚上,我得到了老满的邀请,去学校小吃部会餐。"小吃部"是个老词,翻译成当代用词的话应该叫"饭店"。

老满一共邀请了我们两个班八位同学,都是平常帮他做作业或者让他"参考"作业的人。老满点了四凉四热八个菜,又拎了九瓶啤酒,还是冰镇的,我们都以为这是老满犒劳八位一个学期来的不懈指点,所以吃得特别心安理得。实事求是地讲,那顿饭是我们在大学里吃到的最丰盛的佳肴,不到一个小时,汤汤水水全部见底,空啤酒瓶横七竖八地分布在桌子四边。

酒足饭饱之际,半天没有讲话的老满这时候站了起来,我们都以为老满要宣布宴席结束,请大家回去准备明天的考试。事情要是那么简单就不好玩了。老满站起来后,没有讲话,而是哗啦一声撩开了上衣,从腰里哧溜一声拔出了那把我们熟悉的家伙,正当大家一身惊颤的当口,老满扑哧一把匕首朝桌子上甩去,咣当一声闷响后匕首插在了桌子中间,刀尖插进桌子之后,刀把仍在空中来回摇荡着,十几秒钟后才安静下来。

"感谢大家一个学期来对我的帮助!"这是老满讲的第一句话,我们个个点头认可。

"后面四天还得请大家继续关照!"这是老满讲的第二句话,我们个个点头答应。

"现在分工!"说完这四个字,老满从口袋里掏出了一张纸条,慢条斯理地念了起来:"顾东文负责结构化学,万希祥负责理论力学,段永良负责……"老满分配给我的是物理化学。

"各位注意,你们都坐在我前面,我咳一声表示要看填空,咳两声代表看判断是非题,三声是名词解释,四声是应用题。咳完请大家向左侧身,把相应部分试卷拉低到右侧桌边……""鸿门宴"结束回去的路上,我们八位一个一个地复述着:"一声是填空,两声是判断,三声是名词解释,四声是应用题。"看着我们的认真劲,老满和蔼地说:"大家辛苦了!"

那一学期的考试类别到现在我也搞不清到底为何发生了翻天覆地的变化。填空题有,判断是非题有,而其他类别的题就没有了，新增了什么推论、阐述、图文辨析、方案优化等新题型。七门课考完后，我听其他七位同学讲，老满考场上一直咳个不停，不咳也倒罢了，他越咳对方越不知道该亮哪部分。

最后一天中午，老满把我拉到了卫生间，神色慌张地说："出事了，四门已经死定，关键看你这一门了！这一门再出乱子，我就得卷起铺盖回家！"

我说："我不知道物理化学会出现什么题型啊？"

老满说："你别急，我设计了九种咳的方式。"说完这话，老满一一咳了一遍。老满咳前六种时，我头脑还算清晰，从第七种开始，我就有点招架不了了。在卫生间，老满和我一起练习了三十多分钟，满头大汗的我终于记住了九种咳的深刻含义。直到现在，不论在会场上做报告还是在考场上监考，一听见咳声我依然毛骨悚然。

恐惧已久的物理化学考试终于来临了，按照预谋，我们俩选择了后排位子，一前一后淡然地坐了下来。哪知淡然坐定的我们刚刚相视一笑，那位物理化学老师就走过来了，他指着我，轻声但坚定地说道："你，坐到第一排去！"我没有动，要知道吃了人家的肉、喝了人家的酒，嘴软啊！那位老师见我没动，走开几步后又回来了："你，坐在这也可以，零分！"

这里得交代一下这位老师，我没有详细测量过他的身高，尽管我是学环境监测的，老满一米七，他还没有老满高，这么一比较，充其量一米六八，外加又瘦又黑，老满给他起了个外号叫"非洲难民"。"非洲难民"人长得不咋地，但课讲得一流，最绝的一点是，化学反应式他能双手一块写，左手从左向右写反应物，右手从右至左写生成物，最后两手几乎同时写完在中间相聚。

我看了老满一眼，老满朝我点了点头，我这才无奈地坐在了第一排。

三天之后，考试结果出来了，老满五门课不及格，其他四门都在 55 分之下，物理化学得了 58 分。

老满说，看来只有铤而走险了。

我不知道老满说的铤而走险是什么意思，但晚上十点之后，老满一五一十地告诉了我这个成语背后的故事。

原来那天晚上，老满去了"非洲难民"家。

老满买了一个西瓜，用网兜掂着敲开了"非洲难民"的家门。"非洲难民"一个人在家，让老满进了屋。

老满说："这两天老师改卷子辛苦，我给您弄了个西瓜。"说完这话，老满把西瓜放在了饭桌上，西瓜刚刚放稳，老满哗啦一下撩起了上衣，咣当一声把家伙甩向桌面，刀背忽忽悠悠一阵颤抖后终于竖在了桌面上。

"非洲难民"说："掂西瓜还带切瓜的刀，你这位学生想得真周全，来，切瓜！"

老满说："这刀不光切瓜，还能切其他东西！"

"非洲难民"说："能不能切其他东西咱师生俩后面再谈，先吃瓜！"

"非洲难民"说完就拔出桌上竖立的匕首切开了瓜，两人一人一块吃了起来。边吃"非洲难民"边说："这是冷冻瓜，有点生！"啃完一块的时候，老满忍不住了，说："这学期我五门不及格,按照学校的规定必须勒令退学,其他四门都在55分以下,要老师提五分不太可能,物理化学我得了58分,就请您高抬贵手翻翻卷子给增加两分吧!"

"非洲难民"说:"今晚咱师生俩就吃瓜,别的事明天再谈!"

听到明天再谈,老满说:"好!好!"

"非洲难民"说:"明天上午八点,到我给你们上课的地方等我。对了,要把考试时准备坐在你前面的那位同学也叫上。"

第二天上午七点半,我和老满去了那间教室,由于没有课,教室里空荡荡的。八点的时候,"非洲难民"手提一个大包过来了。从大包里"非洲难民"掏出了老满的试卷,他说:"我现在给你们分析一下58分的卷子能不能再加两分。"

选择题ABCD四选一,丁是丁卯是卯,二十道题老满选的都是C,得6分;

填空题每空一字,一字0.5分,老满写对十四个字得7分;

概念解释题"非洲难民"一五一十用了半个小时解释,该给分的都给了,不该给分的一分没有,老满得了9分;阐述题共20分,一共有五个要点须交代,老满交代了三个,得12分;两道应用题各20分,"非洲难民"先把标准答案写在左边,又把老满的答案对照抄在了右边。就这么"非洲难民"讲清老满的两道题,一共用了一个小时,每一步多少分,他也标得清清楚楚。最后一合计,老满得了24分。

讲完老满试卷的最后一刻,"非洲难民"顺手把手里的粉笔头扔出了两丈远，斩钉截铁地说："6＋7＋9＋12＋24＝58，一分不多一分不少，下课！"

老满顿时火冒三丈，哗啦一声撩开了上衣，正准备从腰间拔家伙，忽听到"非洲难民"一声大喊："慢！"

老满停下了手。

"非洲难民"这时却没有停，他弯腰哧溜一声拉开了大包，嗖的一声从包里取出一件明晃晃的东西来。

天啊，是一把一尺长的砍刀。

"你那把刀子太小太钝，我这老皮老肉费刀，我刚才去买了把劈柴刀！"

"非洲难民"边说话边脱上衣，一分钟之后，上身赤裸，肋骨凸凹，血管满身，简直是一枯树根。

我惊呆了。

"非洲难民"说："看在我教你物理化学的份上，就一刀解决问题吧。我喊三十秒，三十秒之内解决，责任是我的，三十秒之外如果再动刀子，责任就是你的！那位学生你要做个证。""非洲难民"说完，咣当一声把大刀扔到了老满脚边，自己啪的一声把头放在了讲台上，闭起了双眼。

"1，2，3……"闭上双眼的"非洲难民"大声数着。

老满惊呆了，站在原地一动不动。

"7，8，9……"闭上双眼的"非洲难民"大声数着。

我头上开始冒出虚汗，站在原地一动不动。

"17，18，19……"我从幼儿园开始就会数数，但没有哪一次像这一次这么艰难，这么漫长。

老满头上开始冒出虚汗，我的双腿开始打摆。

"22，23，24……"

我扑通一声瘫在了地上，老满的双腿开始打摆。

"25，26，27……"

老满扑通一声跪在了地上。

"非洲难民"数完三十秒是如何离开的，我和老满都不知道。当我们从半死中醒来时，教室里只有满黑板的粉笔白字格外耀眼，其他一切都是灰蒙蒙的。

一个星期后，老满坐上了回家的火车，学校下发的退学通知单是"蒸馏瓶"后来用挂号信寄去的。

我毕业那年，国家选拔一批大学生去国外学习，学校推荐了我。可选的国别有美国、英国、法国、加拿大和德国，正当我犹豫不定选择去哪个国家时，我想起了老满评价我的四个词"科学、严谨、文学、理性"，琢磨了半天，这四个词不也正好是对德国最好的概括吗，我于是就选择了德国。八年之后拿到博士学位，我回到了母校。

老满的故事到这里算是讲完了，直到今年春节前我也是一直这么讲的。但今年春节后我又加了一段，大家都说加的这段画龙点睛。

今年春节前，我去上海参加全国化工院校和化工企业"校企合作"对接会，会议期间，我意外遇到了一位来自东北企业的总工程师，相互对视三秒钟后，终于大声喊了出来："老满！"喊过之后，我下意识地向对方腰部瞟了一眼。

对方没有讲话，而是哗啦一声撩开了上衣。

我们两人哗啦啦大笑起来。

后来从交谈中知道，老满在南京白白读了三年半大学后，回家又一次当起了高考生，第二年考上了上海的一所化工大学。

我说："这么多年，你怎么不回学校看看呢?"

老满说："'非洲难民'现在怎么样?"

我说："身体好着呢，退休后整天在校园里四处溜达!"

老满说："别说回去，现在就是在电视上看见瘦一点的非洲人，我的双腿都摆个不停!"

阿 润

二十世纪八十年代初,我从外省考上了南京一所重点大学。

入学报到那天,办手续的队伍排得老长,我前面站着位小个子,呜呜哇哇片刻不停地和送他的人"摆龙门阵",当大队会计的父亲和我一句也听不懂。虽然听不懂,但父亲一直死盯着小个子鼻梁上挂着的一副眼镜,镜片比父亲手里的烧饼还厚。经恳求再三,小个子摘下了眼镜,父亲用手托着翻来覆去掂量了半天,感慨地对我说:"斤把重啊!啥时候你也能戴上这样的眼镜回家,俺邀班响器吹吹打打到村头迎接!"

当晚的新生会议前,一口吴侬软语的陈姓辅导员点名。因辅导员外貌和《渡江侦察记》中陈述扮演的敌情报处长极为神似,享有绰号"情报处长"。"情报处长"喊了三遍"重庆任怀孕到了没有?"坐在前排的一个家伙最终悻悻站起:"我姓任,名叫彧润,第二个字读'yù'不读'或'!"我定眼一看,站起来的不是别人,正是白天报到时令父亲钦羡不已的小个子。

那时候,同窗间相互称谓皆是直呼其名,为回避认起来生僻、听起来歧义的"彧"字,我们听取广东同学陈书义的建议,改喊"彧润"为"阿润"。起初任彧润不高兴,但听着听着也就习惯了。

一

很快,我就和重庆阿润聊得火热,走得极近。虽然我俩的老家远隔千山万水,却有着相同的人生遭际,两人的高考志愿都是班主任和家长误打误撞选定的。我们所选的专业叫"含能材料",来到学校后才知道就是令人毛骨悚然的"火炸药"。填报志愿时,班主任对我父亲说,含能材料顾名思义就是含有能量的材料,河里结的冰没有能量,田里的土坷垃没有能量,哪种材料含有能量?烧锅的煤呀!父亲一听是煤,半辈子为柴火发愁的他立刻答应了。阿润班主任好像与我的班主任是兄弟俩,说歌乐山上的石头没有能量,嘉陵江里的水没有能量,什么东西富有能量——肉啊,特别是肥肉!"含能材料"一定是专门研究肥肉的科学。阿润父亲一听"肥肉"两字,立刻否决了儿子想学机械的打算:"要得!就学含能材料,家里天天吃萝卜白菜,一大盆还不如半斤白花花的肥肉顶事。"

开学二十来天后,"情报处长"组织我们化工系全体学生学习时事政治,他兴致勃勃地说:"告诉你们年轻人一个好消息,今天,咱们国家已经和英国草签了1997年收回香港的协议,再等上不长不短的十三年,你们就可以随便去香港喝啤酒加咖啡,还可以买副便宜的蛤蟆镜,你们中间哪个人要是有良心,到时候也给我捎一副!""情报处长"的话刚一落地,隔壁班的东北佬老满哧溜一下站了起来,张口就是一个问题:"俺们东北那疙瘩喝的是小烧和苞谷碴子,啤酒咖啡是啥玩意儿?""情报处长"那时也没有喝过啤酒和咖啡,他是从邓丽君的靡靡之音"美酒加咖啡,一杯接一杯"中听到的,自然应付不了这个问题。"情报处长"尴尬之际,阿润站了起来:"陈老师,蛤蟆镜是个啥子吆,蛤蟆骨架做的镜框吗?""情报处长"这次回答得倒干脆:"无知!蛤蟆镜是仿生设计,外形凸出像两只炯炯有神的蛤蟆眼,据说镜片颜色随外界环境转换而变幻,无光时无色,光弱时变黄,光强时变黑,要多神气有多神气!"自那次会议以后,老满渴望啤酒加咖啡,阿润则整日幻想拥有一副蛤蟆镜。我们大学校园内有一个池塘,名曰"荷塘",取朱自清《荷塘月色》之意,阿润下课后经常独自一人去到那里,蹲在塘边一动不动欣赏荷叶下面蛤蟆那两只炯炯有神的眼睛,一蹲就是一两个钟头,蛤蟆熬不过他,次次都先溜。老满和阿润对香港的憧憬也影响着其他人。多年之后,每次去香港参加学术会议,我都要抽空坐在铜锣湾或者时代广场街边先喝扎啤酒,再品杯咖啡,然后逛一趟蛤蟆镜店,如果这两件事不做,心里总感觉白来香港一趟。

国庆节即将来临，班里的不少同学要到外地玩耍，阿润捣鼓起了一件事。那时候，在食堂或者上街吃饭不但要钞票，还要粮票。我们班江苏人居多，带的都是江苏粮票，阿润从重庆来时，带了两百斤全国粮票。在南京，全国粮票适用，江苏粮票也适用，但江苏人要是去上海、杭州、合肥等外省市，江苏粮票就不行了。阿润发现了商机，他就把自己带来的全国粮票换给准备外出的江苏同学，每斤收取两分钱，两百斤一共赚了四块钱。这事到此才刚刚开始，阿润又怀揣江苏粮票去了其他班的学生宿舍，按每斤粮票倒贴一分钱，从外省学生手里把江苏粮票换成了全国粮票……一个学期下来，阿润的生意越做越大，我们系和外系去全国各地实习的学生都会慕名到他那儿倒换粮票，他的书包里储备着"除台湾、香港、澳门地区以外全部省市的粮票"，这话是阿润本人说的，那时我们都不知道台湾、香港、澳门吃饭不用粮票。一天中午，"情报处长"捎话让阿润去他办公室一趟，阿润以为事情败露，吓出一身冷汗。可一到办公室，对方倒十分客气，说自己要去北京出差，能不能帮换四十斤北京粮票……学期末，倒腾不止的阿润净赚了三十六块钱，够买一副蛤蟆镜的了。

阿润决定购买蛤蟆镜的前一天晚上，我们班二十七名男女生主动报名要陪他去新街口吴良材眼镜店，阿润经过深思熟虑最后选择了我。阿润夸我办事不但热情而且牢靠，一句话让我在床上美了一夜。那次是我第一次摸到蛤蟆镜，镜片不像我们鼻梁上的近视镜片那么平，凸出得特别夸张，也不像近视镜片那样小气，面积要大上三倍，挂在鼻梁上能遮去半张脸。最让我惊奇的是镜架竟然不是塑料框的，而是铿光瓦亮的金属，仿佛金条拉细后压制而成。我激动地对阿润说："回去后我告诉班里同学，说眼镜架是整根金条拉的！"阿润立刻板下脸，严肃地对我讲："镀金的！说话要实事求是。"为了证明蛤蟆镜能变色，眼镜店里的师傅特意取出一个手电筒，手电筒的电门有两档，开一档时，阿润的半边脸成了黄色，开两档时，则变成了深褐色。在我惊诧万分之际，阿润呼呼啦啦把半书包硬币倒在了柜台上。店员汗淋淋点完钱后，我动手准备撕去粘在其中一个镜片中间的商标，商标是英文的"Hongkong（香港）"，阿润立刻摆手制止，说："慢着，这个不能撕！"蛤蟆镜毕竟不是近视镜，坐公交车回学校的路上，阿润把蛤蟆镜罩在近视镜外，一般近视者每个耳朵根挂一只眼镜腿，他挂两只，真是要多神气有多神气。车厢内明明有空位，阿润不坐，而是挺胸昂头站在车厢的中间。看到满车厢乘客凝视阿润，我从心眼里为自己有这样一位同窗感到自豪，想到这一点，我情不自禁地从座位上挺身而起，并肩和阿润站在了一块儿。

　　下车的时候，我心生疑惑，悄悄对阿润说："一个镜片上贴'Hongkong'，一个啥也没贴，别人会不会歧视没贴的那个镜片？"阿润立刻停下脚步，神色凝重地问我："那咋办？"我说："不如把'Hongkong'两个字一分为二，分别贴在两个镜片上！"阿润想了一会，然后微笑着对我说："你这人虽然是农民娃，但比我们城里人有思想！"阿润的这句话，"就像那冬天里的一把火，熊熊火焰温暖了我的心窝"。我后来为什么能当上大学的教授和校长，别人不知道，我自个儿心里透亮，与阿润的这句肯定与鼓励分不开。从此以后，我们大学校园里经常出现一个人的身影，两只蛤蟆镜片上方都贴有商标，一个是"Hong"，一个是"kong"。我们化工系的主任姓王，年轻时在美国留过洋，是位学部委员，现在称院士。那时像他这样的大学者还很傻，竟然给本科生上课。王委员给我们上材料力学课时，阿润每次都戴着蛤蟆镜坐在第一排，态度十分诚恳，王委员经常扯着嗓子在讲台上喊："后排的那位胖子不要开小差啦，应该向第一排这位戴'轰空'眼镜的同学学习！"

第一学年快结束之前，系里邀请了一位香港大学著名的化工教授来讲学，这位教授绅士味十足，脖子上系着一条鲜红的领带。听完报告，我遂向阿润谏言："如果蛤蟆镜再配上条领带，是不是Hongkong味更足点？"当天晚上，阿润就让我陪他到新街口百货商店走一趟。售货员推荐了一条"金利来"真丝领带，价格是十六块九，阿润买不起，最后要了一条五块三仿真丝的。我俩后来拔下领带上的一根飞丝，偷偷在学校分析室检测后证明是化纤的，阿润说这点小事就没必要对外讲了。买回领带，阿润不会系，我们宿舍其他七个人手忙脚乱折腾了个把钟头，效果仍比不上香港教授的那样笔挺板正。无奈只好去找隔壁班一位北京同学帮忙。无巧不成书，"京油子"姐姐是王府井卖领带的，一共教了阿润十二种打法，温莎结、双交叉结、马车夫结、浪漫结……回到宿舍，阿润没有解下领带，因为十二种打法他忘了个精光。那天半夜，阿润内急，眼戴蛤蟆镜，下半身三角裤头，上半身光脊梁扎领带，跑着去走廊尽头的厕所。在漆黑的楼道里与检查宿舍熄灯情况的"情报处长"不期而遇,"情报处长"手中的电筒哐当一下吓掉在地,先是惊叫"吊死鬼,吊死鬼!"然后拔腿就朝楼下狂奔。

二

　　二年级开学伊始,阿润的粮票生意做不成了。不知哪位学生把他"扰乱国民经济粮食分配计划"的事写成报告塞到了校长办公室门缝里,校长责成我们系调查。王委员把"情报处长"叫到他办公室:"你不是'情报处长'吗,怎么忽略了这么重要的情报?"没等"情报处长"解释,王委员接着又问:"这个投机倒把的学生是谁?成绩怎么样?"满头虚汗的"情报处长"回答:"就是那个上您的课坐第一排戴'轰空'眼镜的人,上学年总成绩在班里四十五名同学中排名第三!"回答完王委员的问题,"情报处长"接着检讨了自己工作的失误,还主动交代了自己"为虎作伥",几次找阿润换粮票的内情,表示回去立刻召开大会,先作自我检讨,然后给投机倒把分子一个"警告处分"。王委员最后摆了摆手,说:"我搞了一辈子咱们老祖宗发明的火炸药,可出国开个会连外汇计划都没有,主要问题是咱们的火炸药卖不到国外去,我看'轰空'是个人才,就别处分了,劝他再找别的事做吧,只要不扰乱国民经济粮食分配计划就行!"
　　做不成粮票生意的阿润,一连数个周日天刚蒙蒙亮就匆忙穿衣起床,然后不知去向,半夜方归。后来知晓,他去了南京的其他大学和夫子庙旧货市场。在一次班会上,阿润争取到一次发言的机会,他首先冲着来自山东沂蒙山区的王先进提了一个问题:"先进,你为什么每顿吃六两米饭?"王先进回答:"吃不起肉,米饭顶!"阿润说:"你只答对了一半,另一半不怪你,怪校园太大!"阿润接着侃侃而谈,他说自己最近在南京二十二所大学开展了个系列走访,得出如下结论:"凡是六百亩以下的校园,男女生平均每顿吃四两和二两米饭,六百亩至一千二百亩的则是五两和三两,大于一千两百亩的为六两和四两!"听完阿润的话,教室里先是一片哗然,随后渐渐恢复了平静,人人都在对照自己思索阿润的结论,越思索越觉得结论的正确。我们大学校园面积是两千六百亩,"情报处长"讲香港的跑马场大,我后来到过香港后才知道,校园足有三十个跑马场大。从宿舍到教学楼要走半个小时,外出走到校门口,至少花费四十五分钟时间,男女生没有六两和四两米饭能行吗?王先进最后哭丧着脸说:"早知道这样,俺死活不报这个孬学校了,现在生米做成了熟饭,还有补救的法子没有?"阿润斩钉截铁:"买辆五十块钱的旧自行车!"教室里再次一片哗然。哗然之后,阿润发话了:"先进同学,我给你算笔账。有辆自行车的话,你每顿可以少吃二两饭节省八分钱,一天是两毛四,一个月是七块二,一年就是八十六块四!买辆五十块钱的自行车,一年下来,八十六块四减去五十你能净赚三十六块四!"班会结束时,王先进等三位同学当即决定向阿润购买自行车。随后的一个星期天,阿润汗流浃背折返了三趟夫子庙,每次骑回一辆证照齐全的旧车，净赚三块五毛钱。到学期期末的时候，我们班四十五名男女同学人人一辆自行车。有了自行车，我们班上课都结队哗啦啦去哗啦啦回，从来没有一个人迟到，系主任王委员从"情报处长"嘴里得知此消息后十分欣慰，派人给我们班送来一面锦旗，上书四个金光闪闪的大字——"自行车班"。

这里还有一个不得不说的插曲。二十多年后我到一所新建大学担任校长，同样履新的总务处长不知道学生食堂每月要购存多少斤大米。我就问他："咱们校园多少亩？"回答："一千一百亩。"我随即指示："按每顿男生五两和女生三两购存！"三个月后，总务处长找到我，竖起大拇指说："校长，您真是能掐会算啊，按您的方法咱们学校的学生月月都吃新鲜粮！"

"自行车班"的声誉像风一样在校内四处流传。电子、机械、文学、经管四个系的五位班长相继找到阿润，付款定车，立志成为各自系里的"自行车班"。这些班长都是人精，事先去过夫子庙，与小贩洽谈后得知，每辆自行车都要比经阿润手贵五块钱左右。其中一位班长还冒充是阿润派来的，可拿出的阿润"手谕"中"或"字少了两撇被小贩当场戳穿。阿润十分注重自己的声誉，每购来一辆自行车，都要先进行粉饰，现在叫"美容"。阿润粉饰自行车的步骤一共分四步。第一步是冲洗车身和轮胎泥土灰尘，这一步由山东王先进、山西崔金福和宁夏"六盘山"负责，他们仨是我们班的大块头，个个像头骡子；第二步是擦干抹净，这一步我和江苏两位同学干的居多，阿润认为我们虽然缺技术，但不乏耐心；第三步是上色，阿润从文具店买来黑、红、黄、白、绿五种颜料，又添置圆、扁、尖头的各式水彩笔刷十五支，要求按照原来车身底漆重新刷上颜料，这一步是细心活，我们班的女生都干过，尤其以杭州李燕、十堰宋红美和厦门郭娇娇的笔法最为老道；最后一步是描字，我们班无人胜任，阿润只得从土木系建筑装饰专业请来一位"披头士"。那时的自行车品牌我们认不清，阿润自编了一段顺口溜普及知识，曰"男永久、女凤凰，飞鸽在后沾沾光，不三不四金狮和五羊，铃铛不响，其他都响的是大江"。不管哪种品牌的自行车，车身上都印有用立体汉字写成的品牌形象，也就是现在所说的"Logo"。"披头士"因会写美术字，能把斑驳模糊的 Logo 重新描出立体感来。给阿润帮忙的人不会白干，报酬以五辆车为计量单位，负责第一步的人是二两米饭，第二步是一份萝卜粉条，第三步是油渣青菜，第四步是一块红烧肉，还带有黏黏稠稠的酱汁。跟了阿润八个月，我吃了两百多顿萝卜粉条，直到现在，一看到萝卜粉条我就反胃。从第九个月开始，我偷偷从学校图书馆里借了一本《怎样写好美术字》，每天熄灯后就打着电筒在被窝里练习，四个月之后，我终于吃上了红烧肉，一吃就是六个月。不知咋的，我这个人吃萝卜粉条时间长了反胃，但吃红烧肉从不反胃，三十多年过去了，我仍然保持每天一块红烧肉的习惯，不带酱汁还不行。

一天下午，忽然从"情报处长"嘴里得到可靠情报，王委员老婆要找阿润购买一辆 26 寸凤凰牌自行车。王委员当时的工资每月两百多块，对一般人来说可谓天文数字，老婆还买旧自行车，我们个个心里犯嘀咕，真是越有钱越小气。阿润自然不敢怠慢系主任老婆，吩咐笔法最好的郭娇娇多涂了六层彩，又让"披头士"描了八遍 Logo 才算罢手。傍晚时分，王委员老婆来了，竟然是位金发碧眼的美国洋婆姨，后来听说是王委员年轻留美时"拐骗"到手的女同学。美国婆姨打着手势和阿润用生硬的汉语讲了半小时价格，硬是逼着阿润便宜了三块八毛钱才推车走人。见阿润少赚几块钱，郭娇娇没有吃饭就悄无声息地离开了卖车现场，"披头士"也主动把红烧肉换成了油渣青菜。阿润自己如丧考妣："我原来以为只是咱们中国才有周扒皮，原来美国也有啊！"这事还有续篇。一个星期后，王委员在他的材料力学课后找到阿润："'轰空'同学，你卖的自行车新是新，就是下雨褪色，我妻子的一条白裙子都变成万国旗了！"全班同学从阿润嘴里知道这个消息后，无不拍手称快。

大学毕业那年，王委员穿着一身洗得发白的灰西服给我们颁发了学位证书。毕业典礼结束后，"情报处长"告诉我们，系主任虽然工资高，但洋老婆是家庭妇女，供养着七个孩子，两个是亲生的，其余五个是他们资助的穷大学生，每人每月二十五元，一供就是四年。后话前说，我们毕业五年后，王委员调到西安一所知名大学当了校长。据朋友讲，王校长在他学校的名气还没有自己老婆大。我问为啥，朋友说校长家资助十名贫困大学生，洋婆姨自己过日子抠门到了极致的地步，她从来不到菜市场买菜，而是每天傍晚溜到学校西门外马路边，购买菜农便宜的地摊菜。洋婆姨买菜时，一手掂布袋，另一只手拎条湿毛巾。买萝卜时，她用湿毛巾把萝卜浑身抹了又抹，不到透亮不上秤，全然不顾"拔出萝卜带出泥"这句中国古训；那时西安大白菜一毛五一斤，每次她都从九分开始砍价，没有半个钟头，一棵白菜休想过秤。时间久了，菜农个个认识她，每当她一出西门，菜农们挑起菜担子就逃，边跑嘴里边吆喝："快跑，鬼子来啦！"

阿润是我们班第一个戴手表的。他的手表名字很长，中间不计顿号就有三十一个字，但由于他反复强调，尽管时光过去了几十年，如今我仍然能准确无误地复述出来——"上海牌全钢镀铬机械芯玻璃钢盘防震防磁防水21钻夜光高级绅士手表"。阿润有了手表，极大地方便了我们的生活。我们问他时间，他耐心告知。很多时候，不问他也主动提醒。他读表报时间的方式和我们见过的戴手表者不一样，别人一般说几点几分或者说几点几刻，他不然，要读到秒。经常听到他在楼下喊："王先进，现在是十七点十二分四十六秒，到十七点三十分零秒就下楼洗车吧！"后来，我们班几个家庭条件好的人也逐渐购置了手表，不知受阿润影响还是咋地，告诉别人时间时必读到秒，其他班的同学都夸我们班同学惜时如金，分秒必争。为此，校学生会的机关报《青春》还发过一篇社论，题目叫作"火炸药班不一般，时间管理当典范"。

对阿润手表的"夜光"功能，我们班男女同学是深信不疑的。因为每逢下晚自习，阿润从来不和我们一起走带路灯的正道，而是独自一人穿过校园内漆黑的树林回宿舍，腕上的手表就是一盏幽暗的探路灯。不久在林子里练气功的退休老教师向校保卫处报告，每天晚上十点半树林中有鬼火晃动。保卫处派了两位彪形大汉设了埋伏，呼通一下把阿润摔倒在地，硬是磕掉了他的一颗门牙，学校为此赔了阿润二十六块植牙钱。

一天晚自习后，为显示手表的"防磁"功能，阿润从物理实验室借来一块标有"N"和"S"的马蹄形强磁铁，在人山人海的宿舍过道里开始了表演。"各位注意啦，各位注意啦，都睁大眼睛瞧着！"阿润边说边把手表在 N 极和 S 极中间的空档里来回晃动，一连晃了三下，然后把手表递给了王先进，王先进又递给下一个人……手表在大家手上传递着，每个人都看到了阿润的手表分秒不差地走动着，楼道内赞许之声不绝于耳。

正当阿润面带喜色准备回宿舍时，老满站了出来。"防磁不假，那防震呢？"话毕，老满从自己床上把破烂不堪的蒲席揭了下来，铺在了过道的水泥地板上，眯眼说道："试试防震功能！"阿润不得不把手表高举过头，咣当一下摔在了地上。手表不但没坏，三个指针仍能正常行走。阿润本想就此收手，老满说话了："俺们东北那疙瘩讲究事不过三，如果摔三次还能走，就是真防震！"老满一起哄，来自苏、陇、沪、赣、冀、吉等二十二个省的同学纷纷代表一方表态，说他们那里也有事不过三的规矩。正当阿润面露难色之际，我说："阿润，别因一块手表坏了咱们中华民族的优秀传统！"阿润是闭上眼龇牙咧嘴摔另外两次的。摔完第三次，阿润像饿狼一样扑向了滚出蒲席两米开外的手表，玻璃钢表盘不裂不碎，机械芯还在滴滴答答地走。过道内响起经久不息的掌声。

阿润在大家的欢呼声中准备回宿舍，这次被我拦住了。我说："阿润，既然防磁防震都过关了，不如接着把防水也验啦，别给人留话把！"王先进按照阿润的指示端来了盛满水的洗脚盆，手表放置五六秒后被阿润迅速捞出，表针正常转动。我对过道里的人群喊："大家都看到了，防水功能卓越！"谁都没有料到老满再次站了出来："在水里涮一下也算防水，骗小孩儿呀！"阿润问："那你说咋叫防水？"老满回答："还是事不过三，放在洗脚盆里三个晚上，第二天早上验货！"

第一天早上，天没亮我们宿舍门口就围过来三十多人，表针运转正常。第二天早上，围过来五十多人，表针仍然运转正常。第三天早上，来的人足足有两百多，王先进不得不负责组织人员排队，队伍从我们宿舍门口一直排到楼下。前一天夜里，我们宿舍的每个人谁都没有睡踏实，耳道里一直砰砰地响着声音，不知道是心跳还是阿润床底下洗脚盆里的手表跳。天亮了，激动人心的时刻来临了，阿润光着膀子从上铺跳了下去，我们七个人也都跳下床来，奔向了洗脚盆。眼前的景象到现在想起来我还是无法用语言形容。洗脚盆里，玻璃钢表面已经和机械芯分离，秒针在水面漂着，分针在水面漂着，时针也在水面漂着……阿润事后找到手表厂在南京的专修店，花了八块五修好了手表，临走时还郑重地给手表厂提了个建议："诚心希望贵厂改善手表防水性能，以可在水中浸泡三晚以上为质量下限！"

南京以"火炉"著称，夏天日头毒，我们班男女同学怕晒伤都穿长袖，唯独阿润穿短袖，左腕上那块名字有三十一个字的手表格外粲然夺目。每天晚上他取下手表，一个圆圆的"胎记"格外扎眼。十几年后我再次见到阿润，挽起他左手的西装袖,"胎记"风韵犹存,经仔细辨认,肉皮上竟留有五个小字:"上海手表厂"。原来我不大相信那些捣鼓文字的无聊之辈经常挂在嘴边的"岁月留痕"这个词,从此之后我信了。

三

三年级寒假后开学不久,阿润倒霉了。假期里学校维修宿舍楼,我们所住四楼的公共厕所尚未完工,夜里小解必须提着裤子下到一楼。几个懒汉耐不住寒冷,半夜就在半拉子工地上就近解决,那一段时间满走道内臊气熏天。这事被"情报处长"盯上了。一个重庆话称作"黑趋妈恐"的深夜,阿润在工地上撒完尿,提上三角裤头,一声舒服的长叹刚出口一半,墙角里突然射来了一道手电筒强光。

"阿润同学,刚办完事痛快吧?"手执电筒的不是别人,是"情报处长"。阿润脑瓜灵光,立马反应了过来,知道自己没有被"抓个现行",所以他要想尽法子逃脱责任。

"办啥子事吆?"阿润故意反问。

"办啥事你自己还不清楚?"老奸巨猾是"情报处长"的本色。

"半夜被窝里热,出来凉快凉快!"阿润经过两年多大学生活的锤炼,日渐成熟,不会轻易就范。

"情报处长"没有搭话,而是把强光从阿润脸上移到了水淋淋的水泥地板上。手电筒的强光下是一片尿迹。

"情报处长"细声慢气："刚才地上还是干的，现在为啥湿了？"

"空气湿度大，水泥地板温度低，返潮现象！"阿润据理力争。

"返潮现象？凑近点，再仔细看看是不是。"说完这句话，"情报处长"拉着阿润的胳膊蹲了下去，手电筒直直地照在地面上。这么一照，奇怪的现象出现了，一平方米大小湿漉漉的水泥地面上正冒着缕缕白色热气，热气像一团烟雾由浓变薄，渐渐升腾。

"情报处长"重新把强光从地板上转移至阿润脸上，然后晃动着电筒娓娓道来："阿润同学，你是学火炸药的，应该比我清楚，白色烟雾只有热量释放时才会产生，返潮现象是因为温度低才凝结形成，不可能产生散热现象！火炸药爆燃产生的热量来自火炸药自身，请问，冰冷地板上产生的热量来自哪里？"

阿润悻悻地低下了头。

"绕这么个大圈子，为啥刚才不抓个现行？"阿润虽然低头伏法，但心里对"情报处长"的专业性表示质疑。

"本该一声大喊终止你的犯罪活动，但考虑到有可能会产生重大后果，以至于你将来的媳妇来学校找我算账，才不得已而为之。"

阿润扑哧一声笑出声来。

第二天课余，"情报处长"召集我们几个班的男生开会，阿润被揪到讲台上做了一个长达十分钟的自我检查。阿润的检讨十分深刻，大意是他已经连尿了五天，如果这次不被发现，还要尿下去。阿润自我检查完，"情报处长"讲了话，他说："我从十二点起在黑暗的角落里蹲守，到凌晨三点二十七分发现罪犯，什么是天网恢恢，什么叫疏而不漏，这就是！"东北老满平常看不惯阿润的做派，想借这个机会出出他的洋相，便举手提了一个问题："老师，俺的尿稀汤寡水，趴在地上也闻不出啥味来，阿润的尿为什么这么臊？"

一阵哄堂大笑之后，"情报处长"做了分析："你们都是学化学的，尿的成分97%是水，其次是无机盐，占0.9%，另外还有尿素和尿酸等。水是无色无味的液体，所以臊不能怪水，是其他成分造成的，最主要的贡献来自仅占0.03%尿素。根据我的人生经历，富人大多尿素偏高，所以比穷人的尿臊。阿润有钱吃肉，所以他的尿不臊才怪。"教室内同学们个个笑得前仰后合，阿润则满脸尴尬。会议结束时，"情报处长"意味深长地说了一句话："阿润同学的尿臊是表面现象，深层原因是思想上出了问题，这两年挣了一点外快，自高自大，烧起包来了。"

尿臊事件发生后，阿润可谓脸面丢尽，决定改邪归正，弃商从文。我们上大学那阵，文学热刚刚泛起，文学青年是个时髦字眼。我们班大致分成三派，一派读小说，《红与黑》《少年维特之烦恼》《红楼梦》等经典天天捧在手心。第二帮读散文，《随想录》《云梦断忆》《一个女大学生的手记》翻来覆去书都卷了边儿。但最集聚人气的还得算读诗歌的第三派，占据

80%的人数，阿润就是其中杰出的代表。我们宿舍当时是我们班的诗歌中心，人人都有顶礼膜拜的偶像。我那时追崇徐志摩，离开宿舍去上课，我吟一句"轻轻的我走了"，下课回到宿舍，我会再哼上一嗓"正如我轻轻的来"。王先进特别喜欢卞之琳，"琳"字多用于女性，他把当时已七十多岁的老翁卞之琳当成漂亮的女诗人了。喜欢卞之琳之后，王先进给山东农村当饲养员的父亲写信，第一句话便引用了卞之琳《雨同我》这首诗的名句"天天下雨，自从你走了。"一星期后，王先进收到了他爹的一个包裹，里面装着一把桐油雨伞，还夹着一张烟盒纸，上面歪歪扭扭写着一行字"娃，大雨过后晾晾，要不发美（霉）"。来自江苏扬州的顾东贤是戴望舒的忠实粉丝，雨天去图书馆查资料的路上，他都会旁若无人地边走边喊："撑着油纸伞，独自彷徨在悠长、悠长又寂寥的雨巷……"阿润心中的诗人不是徐志摩、卞之琳、戴望舒，也不是舒婷、北岛、余光中，而是刘半农。在刘半农诗歌赏析会上，我们班十八个人都认为《教我如何不想她》是其代表作，阿润则坚决反对，声言世界上只有两个人能读懂刘半农的诗，一个是刘半农本人，另一位就是他阿润。阿润说凡人读刘的诗只读懂了他的感性，而他则读懂了他的理性，还说刘如果不写诗，当位物理学家一定比写诗更有成就。大家问何以见得，阿润一步跨上讲台，扶了扶眼镜，开始朗诵刘半农的《相隔一层纸》。

　　屋子里拢着炉火，
　　老爷吩咐开窗买水果，

说天气不冷火太热，

别任它烤坏了我……

在大家的一片唏嘘声中，阿润接着不慌不忙且抑扬顿挫地吟诵了刘半农的《铁匠》。

我从门前经过，

看见门里的铁匠。

叮当！叮当！

他锤子一下一上，

砧上的铁，

闪着血也似的光……

阿润开始了评析。他说，从刘半农这两首代表作里可以发现，诗人浓墨重彩直接渲染表达的不是人的情感，而是客观事物的真实——两首诗中充满了物理学知识，《相隔一层纸》里隐藏着经典热力学，演绎了由一个热力学平衡态变化至另一个热力学平衡态的准静态过程；《铁匠》里面全是牛顿三定律，诗人从门前经过时，就感受到了力与力之间相互作用带来的冲击感，即使诗人走得远了，还被万有引力所控制，时不时地要回过头去，只为那几点火花……阿润讲得众人一头雾水，点头不是，不点头也不是。正当大家彷徨之际，阿润提高嗓门做起了精辟综述——真实，不但闪耀着理性的光辉，还隐晦地蕴含着悄无声息的感性之美，这种含蓄之美一般人悟不出来的，他阿润可以。阿润讲完这么一段话，教室里顿时鸦雀无声，直到王先进带头鼓掌，大家才从"梦幻诗境"中回过神来，瞬间教室里掌声一片。

作为我们班理性派代表诗人,阿润开始写诗。每天一首诗,三天一朗读,在食堂排队打饭他念,上厕所蹲茅坑他也念,到了走火入魔的地步,我们班的男女生老远遇到他,都像躲瘟疫似的赶忙跑开,怕他又让我们赏析他的最新力作。

三年级结束的暑假,我们一共参加了有机化学、物理化学、结构化学等八门课的考试,每次考试结束,阿润都会在试卷最后半页空白纸上赋诗一首。八名老师联名告到系主任王委员办公室,说没法教了,学化学的天天作诗,成何体统。王委员回答,不急不急,先念念诗再说。戴着一千二百度镜片的杜教授先念阿润的《假如》。

> 一试管氢气,
> 一试管氧气,
> 不期而遇,
> 互不搭理。
> 一试管氢气,
> 一试管氧气,
> 假如,
> 碰到了火,
> 扑哧一声,
> 就变成了一摊水。

杜教授气势汹汹念完后,把试卷扔到了地上,嘴里还振振有词:"虽然考了九十三分,但身在曹营心在汉,不加以惩戒迟早要变成甫志高，叛变到文学院崔老夫子那里！"在王委员的催促下，女副教授董美丽当起了阿润作品《化学反应》的朗读者。

> 氯，不能吃。
>
> 钠，不能吃。
>
> 但是，两者合成的氯化钠，
>
> 年年吃，
>
> 月月吃，
>
> 天天吃！
>
> 我举头问苍天，
>
> 化学反应啊，
>
> 你咋这么伟大！

董美丽读完诗，没有把试卷扔到地上，而是哗啦啦把试卷团成了一团，声泪俱下地控诉起来："主任，俺每次遇到那些拿腔捏调搞文学的，他们都说咱们这些学工科的人死脑筋，没有生活情调。对这样脚踏两只船的学生咱们不能手软啊，手软的话就是自毁家门，对不起门捷列夫和诺贝尔等一大批化学前辈啊！"

王委员从座位上站了起来，先是哗哗一阵鼓掌，然后认真做了点评："写得好，写得好，得了刘半农的真传，在美国留学时，我念的最多的就是刘半农的诗，我就是用刘半农的诗才骗到一个美国洋妞的！"

从此之后，我们化学系的诗坛上，在新月派、朦胧派、现代派、后现代派之后又新出现了一种诗的类别——"化学诗",阿润是创始人,王委员是命名人。我们班人人开始创作"化学诗",不到半年,元素周期表上的绝大部分元素被我们写了个遍。"情报处长"为做好学生工作,按照王委员的指示也开始写"化学诗",但他下手实在是晚了点,周期表上一百一十二种元素已经写光了,可怜的人儿每天手捧《参考消息》,查找国外专家是否发现了第一百一十三种新元素。"化学诗"在我们系风靡后,其他系不甘寂寞,先后涌现出十一个诗派,最著名的除化学诗,还有机械诗、材料诗、电子诗、生物诗和导弹诗。

三年级下半学期的时候,每晚宿舍统一熄灯后,阿润都会打起手电筒趴在被窝里写东西,一写就是大半夜。起先,我们都认为他在揣摩新的化学诗,也都没放在心上,但秘密还是被我发现了。那段时间,阿润经常问我一些修辞学方面的知识,我的修辞学水平在班里名列前茅。他问形容女孩美丽用什么词,我说"沉鱼落雁之容,闭月羞花之貌";他问形容男人优秀用什么词,我说"生得风姿潇洒,气宇轩昂,飘飘有出尘之表",他问这些,我还没有多想,但他接着所提的问题,倒让我猜出他是此地无银三百两了。他问如何委婉表达男人对女人的无限痴情,我在学校图书馆翻了整整半天,才查到三句名言供阿润选择,他最后选中的一句是"只要你喜欢的,我都喜欢;只要你讨厌的,我都讨厌"。一天深夜,阿润去厕所蹲坑,佯睡着的我们七个纷纷溜下床,翻看阿润被窝中带有温度的情书。"小倩同学:山城暑假一别,南京从此天天下雨,雨中的我一直生活在梦中王国。王国里有一男一女,女孩有沉鱼落雁之容,闭月羞花之貌,男孩生得风姿潇洒,气宇轩昂,飘飘有出尘之表……男孩对女孩讲,只要你喜欢的,我都喜欢;只要你讨厌的,我都讨厌……"看完阿润的情书,爱耍人的"戚大仙"拿起钢笔在情书某处添了一画,之后我们个个便嬉笑上床睡觉去了。半个月后,阿润收到了重庆来鸿,看后一下子昏厥在地,我们七个又是掐人中又是人工呼吸,半个钟头后才把他从死神手里给夺过来。回信是这样写的:"任彧润:原来以为你是个八十年代有志青年,可没有料到,你竟是位道貌岸然的流氓,第一封信就说什么'一男二女',你不是猪八戒,胜似猪八戒……"

阿润第一次恋爱流产后,经我们七个借助"天涯何处无芳草""此处不留爷,自有留爷处"等名人名言的轮流劝导,三个月后才缓过神来。隔壁班有个太原女生叫杨爱珠,身材娇小,活泼伶俐,对阿润仰慕已久,主动对阿润发起了攻势。阿润拿不定主意,一个星期六晚上,他买来一大堆瓜子、大白兔奶糖,召开宿舍闭门会议,征求我们七个人的意见。

浙江万鑫鑫家是"万元户",他首先发言:"山西经济发展水平比不上重庆,有十个穷亲戚不算富,有十个富亲戚不算穷,这事得慎重!"

山西近邻、陕西的崔向东不同意:"胡扯!俺看全国没有一个省比山西更富,晋人不显山不露水,埋财富于地下,碳化成煤,打醋时挖半布袋,换粮时挖一布袋,买驴时挖三布袋,用之不尽,取之不竭!"

"戚大仙"同学是天津人，喜欢咬文嚼字，擅算生辰八字，是名不虚传的"卫嘴子"，他接着唠叨上了："杨爱珠，杨爱珠，杨同羊，珠同猪，小绵羊爱上老母猪，今后一定吃不成一锅饭，不妥，不妥！"

"我看妥！人家既然是可爱的、洁白的、高贵的小绵羊，仍然追随拙笨的、肮脏的、懒惰的骚尿猪，是无私奉献，是高风亮节，是不耻下嫁！"我与"戚大仙"针锋相对。

闭门会议整整开到天亮，最终达成一致意见，阿润不找杨爱珠，天地不容，国法难饶。星期天早上，阿润一个人连跑五趟食堂给我们打了满满一桌子稀饭油条，每人还额外加了一个茶叶蛋，说："谢谢大家，谢谢大家，我的终身大事让诸位操心了！"阿润毕业后追随杨爱珠去了太原，夫妻恩爱，比翼双飞。我们宿舍的同学后来去太原看他们俩，当家的杨爱珠在"山西面点王"招待客人，档次分两级，浙江万鑫鑫、天津"戚大仙"所吃刀削面配的是"番茄鸡蛋"素臊子，而陕西崔向东和我每次配的都是香喷喷的"蘑菇肉丁"荤臊子。

四

光阴荏苒，大学的最后一年说到就到了。

四年级的头一个学期，化学实验课特别多，我和阿润分在同一个组做实验。学过化学的人都知道，有机化学和物理化学实验反应特别慢，耗时短者一两个钟头，长者四五个小时。我和阿润约定，凡是超过四个钟头的实验，两人每隔两钟头倒一次班。当然，这不符合学校的规定，我们俩那时很狡猾，指导老师一般开头和结束时在，老师在我们就同时在，老师走，我俩其中一个也走。我那时爱看电影，两个小时刚好一部电影，正是利用那一段时间，我跑到学校图书馆音像资料室看遍了奥斯卡从第一届到五十七届的所有获奖影片。后来当了大学校长，给学生做报告时，我之所以经常出口成章地引用经典影片中主人公名言警句，就是那时打下的基础。每届都有学生问我："校长，您上大学时怎么有那么多时间看电影？"我的回答如出一辙："这个问题嘛，下一次再把具体做法传给同学们！"到现在我当了十来年校长，学生毕业了一茬又一茬，没有一届学生能等来"下一次"。阿润不看电影，迷上了围棋，他常常把自个锁在宿舍里琢磨围棋。我们宿舍内有一张桌子，桌子两边各放一把椅子，阿润一个人先是在桌边坐定，手执黑棋，思考片刻棋子落定，随后，赶紧跑到桌子对面，扑通一声坐下，手举白子，犹豫片刻棋子再次落定，人接着慌慌张张跑到桌子对面⋯⋯"情报处长"一次路过我们宿舍走廊，发现屋内有间歇性响动，以为学生上课期间室内进了盗贼，便蹑手蹑脚从门卫处拿来钥匙，咣当一下打开了房门，把正在桌子两边跑的阿润吓个半死，扑通一声摔倒在地，四肢抽搐不止。"情报处长"在宿舍内找了半天，连四张高低床底下面也没放过，始终没有找到另一个人，便大声质问："都说棋逢对手杀声酣，你的对手呢？"阿润没有回答，用手指了指窗户，意思是对手负案跳窗逃跑了。我们住四楼,"情报处长"知道匆忙跳下去的后果,顿时吓得脸色煞白,扭头就从宿舍往楼下跑。"情报处长"夺门跑开后,阿润迅速收好棋子棋盘,锁上门趁机溜掉了……我最佩服阿润的随机应变,从此之后一个人关门鏖战,不再绕桌而跑,而是改为从桌子上翻到对面去。十几年后我去他办公室看他,事先没有告知,而是推开房门就冲了进去,阿润抬头一看是我,直接从庞大的办公桌上翻了过来跟我握手,他的办公室主任、外联部长和秘书从没见过快到五十岁的老总如此不讲体统,吓得话都说不出半句。我手指阿润说:"老习惯!老习惯!"

最后,阿润还是栽了,不是栽在"情报处长"手里,而是栽在了著名的"吴捕快"手中。我们所在的大学有四位教师绰号"捕快",以擅长抓获迟到、早退、无故缺课和作弊学生著称,每次出手,刀刀见血,不少学生恨之入骨,却又无可奈何。学文学的"吴捕快"在教务处干了一辈子,是学校首席学风监督员,因笑里藏刀、捕人技法娴熟位列"四大捕快"之首。那时谁要是在教学楼内喊一声"吴捕快来了",整栋楼都会摇三摇,晃三晃。那是一个阴雨连绵的上午,阿润自个儿在宿舍下完两个半小时的围棋,慌慌张张来到实验楼倒班,我没有交代前面的实验进展就溜之大吉,因为激动人心的《野战排》早把我囫囵个儿抓走了。阿润正在实验室过道里伸懒腰发癔症,"吴捕快"先他一步背着手走了进去。他一连检查了我们周围的几个实验台,没有发现问题,便来到了我们这里。那次我们做的是有机化学伯醇制醛的实验,实验仪器虽在运行,但旁边没有一个人。"吴捕快"拿起写有学生姓名的实验报告，便开始在房间内高呼起阿润的名字来，因为阿润的名字写在前面。阿润在远处听到了喊声，但他不敢答应，因为前面的实验进展他不清楚，怕"吴捕快"向他提问题。"吴捕快"见第一个名字没人回答，开始叫实验报告上第二个我的名字，一连喊过三遍，阿润见对方嗓门越来越高，脸色越来越黑，知道躲不过去了，只得冒充我应答："到！"阿润后来给我透了老底，除了慑于"吴捕快"淫威，预感大事不妙外，还有移花接木、嫁祸于人的贼心。

"学生做实验不在实验室，就像士兵打仗不在战场，匪夷所思，亘古未有！"教了一辈子文学的"吴捕快"擅用成语和名人名句。听往届"老油条"学长们介绍，"吴捕快"引用成语和名人名句的次数越多，被捕人死得越快。

阿润知晓事情的严重程度，强掩恐惧之色，笑而回答："在卫生间听到您点名，干货刚出一半，就提上裤子跑过来了！"

"擦了没有？"阿润没有想到"吴捕快"一声质问。"吴捕快"是大嗓门，实验室内其他同学个个都听到了，一片哄堂大笑。

阿润急忙回答："擦了，匆匆地！"

"擦了就好，君子理当'出淤泥而不染，濯清涟而不妖'，后半句你做到做不到尚不清楚，看来前半句没问题。你同组同学呢？"吴捕快"先是略加肯定，然后再次厉声训问。

"报告老师，那小子到图书馆检索光影化合物的资料去了。"阿润知道"吴捕快"不懂化学，故意说起了专业术语。不过他说的倒是实话，电影确实就是光影反应后生成的化合物。

"做化学实验查物理学光影资料干什么？""吴捕快"反问。

"我们这不做的是物理化学实验嘛，化学中有物理，物理中有化学！"阿润估计学文学的"吴捕快"无论如何也分不清有机化学和物理化学的区别，就大着胆把有机化学实验说成了物理化学实验。

唉了一声之后，"吴捕快"开始检查我们的实验报告。化学实验都有实验条件，并且还要在实验报告中详细列出，"吴捕快"当了一辈子老教务，自然知道这一点。看过一阵我们的实验报告，他又仔细瞧了实验仪器中的温度计，然后转身问阿润。

"请你看看，现在的反应温度是多少？"

"八十七度！"阿润看了温度计后回答。

"你们实验报告中列出的实验条件是多少度？""吴捕快"再问。阿润没有准备，只得扭头看实验报告。

"七十五至八十七度。"阿润看清实验报告后，顿时低下了头。

"我不懂化学，但知道化学反应需要压力、温度和催化剂等外部条件。我学的是文学，文学作品描述主人翁的思想转化，中外作家为啥都先铺陈促使其转变的外部条件，比如暴风骤雨、电闪雷鸣、好人壮举、坏人恶语？我在大学工作一辈子，没有什么大成就，就总结出一句话——隔行如隔山，但隔行不隔理。因此，文学上的暴风骤雨就是化学上的压力，电闪雷鸣就是化学上的温度，好人壮举、坏人恶语就是化学上的催化剂。文学上外部条件铺陈程度不一样，主人公转变力度也不一样，由此推测，伯醇在七十五至八十七度之间生成醛，超过八十五度就不一定是醛了！"

"吴捕快"一席话，把阿润说出了一脸虚汗。

"如果我说的不对，请你不吝赐教！"望着阿润，"吴捕快"笑而询问。

"对，对！"阿润连忙回答。

"既然你认为正确，咱们就就地处理问题吧，亡羊补牢，未为晚矣！""吴捕快"边说边从口袋里掏出一本《大学学风惩戒条例》。

"第三条，凡是学生在日常教学（含实验）过程中不遵守教学规章，无故早退、迟到、擅离岗位者，发现一次扣平时成绩二十分！"阿润听完"吴捕快"的话，虽然心里咯噔了一下，但马上镇定了下来，因为他报的是我的名字。"吴捕快"在小本本上记下了我的名字，阿润佯装悔意替我签了字。

阿润以为事情过去了，没料到危机在打着滚儿朝下发展。

"把实验设备关了吧，既然实验条件不对，生成物肯定不对头，我给化工系说一下，今天晚上你俩补做一次。""吴捕快"态度生硬，不容置辩。

阿润只好关闭了实验。

"吴捕快"仍然没有走，他等阿润还有事要交代。

"走，我陪你一起去图书馆看看，你的伙伴检索到光影化合物的资料没有!"这句话一出"吴捕快"的嘴,阿润头上的虚汗立刻又多了一层。

"吴捕快"拉着阿润的胳膊去了图书馆。

两人进到图书馆音像室的时候,《野战排》正放到贝伦杰、达福、西恩和韦德扮演的美军士兵身陷雷场千钧一发的时刻,我正在揪心地等待惨不忍睹的场面,门咣当一下被人推开了。我误以为地雷提前爆炸,身体扑通一下从椅子上摔倒在地。音像室里的电灯被"吴捕快"顺手打开,灯一亮,他的问话跟着就到了面前。

"这位同学,光影反应生成什么样的化合物?"

由于过度紧张,我没有听清"吴捕快"的话,脑海里满是电影里地雷密布的镜头。

"地雷!"我喊道。

"地雷?!"

怒不可遏的"吴捕快"用手使劲擂了一下我面前的桌子,我低头刚从地上站起一半,再次被振瘫在地。我满头虚汗坐在地上,怎么也站不起来了。

"既然光影反应生成了地雷,那请你给我解释一下,地雷和伯醇制醛有什么关系?""吴捕快"不依不饶。

"阿润同学,你就赶快承认错误吧!"突然,阿润边说些令我莫名其妙的话,边朝我挤眉弄眼。我也是个脑瓜不笨的人,马上明白了他的意思。

"地雷和伯醇制醛没有关系!"最后,我沮丧地回答。

"第三条,凡是学生在日常教学(含实验)过程中不遵守教学规章，无故早退、迟到、擅离岗位者，发现一次扣平时成绩二十分！""吴捕快"再次朗读了《大学学风惩戒条例》。

"吴捕快"读完第三条，我偷偷看了一下阿润的脸，他的脸虽然阴沉，但能看出一丝诡秘的轻快。

"吴捕快"举着小本蹲下身来，让我签字，我签了"任彧润"三个字。

事情没有到此打住。"吴捕快"依然在哗啦啦地翻动着《大学学风惩戒条例》。

"第四十七条，凡是学生学习态度不端，采用作假或者欺骗手段违背教学规章，无故早退、迟到、擅离岗位者，发现一次除扣平时成绩二十分外，再追加扣除二十分！""吴捕快"再次发声。我们大学那时的化学实验课考试采用百分制，卷面分六十分，平时实验占四十分。如果实验课不及格，必须下学年重修，毕业班也不例外。

听完"吴捕快"的宣判，我从地上爬了几次想站起来，都没能成功，正在万般无奈之际，忽然听到"扑通"一声，阿润也瘫倒在地。

"不愧为同窗，看到同学受罚，有难同当，义薄云天啊！""吴捕快"再次把小本本递给了我，让我签字。

阿润的脸色霎时变成了猪肝色，但为了顾全大局，防止更为严重的"欺骗"露馅，我还是接了本子，颤抖着签了"任彧润"三个字。

"吴捕快"走时，和蔼地把我从地上扶了起来，一边替我拍打屁股上的灰尘，一边语重心长地说："说实话不一定有好结果，但说瞎话一定没好结果！这句话对一般人我舍不得说，看你还没考试就无私捐献了四十分，无偿送给你吧！"背着双手的"吴捕快"出门后，我还在细细琢磨话中意味，没有料到的是，地上的阿润噼里啪啦扇起自己耳光来。

那个学期化学实验课的考试复习，我用功，阿润比我更用功，是他四年大学中所有考试最用功的一次，因为只有卷面分考满分，他才能顺利毕业拿到毕业证书。阿润吃饭时手执实验书背，撒尿拉屎时也手执实验书背，最好笑的一次是他夜里做梦，自问自答："伯醇制醛的实验条件一共六条：一是暴风骤雨，二是电闪雷鸣，三是好人壮举，四是坏人恶语……"

考试成绩出来了，阿润在我们班倒数第一，总成绩为六十分。

大学毕业后，我被国家选送到德国攻读博士学位，阿润则去了太原的一家兵工厂上班。十几年后再一次见到阿润，是在他香港的办公楼内。阿润没有倒卖军火，而是他所在的工厂开了一个民用爆破公司，他任总经理，香港一半的危旧楼房都是经他的手安全拆除的。中午阿润夫妇邀请一帮部下陪我吃粤菜，趁他们夫妇下楼点菜的时候，我试图从其下属处套点阿润现在的趣闻，起初谁都不讲，经我好言相劝，香港籍外联部长最后放下了思想包袱："老板经常强调，说实话不一定有好结果，但说瞎话一定没好结果！今天我不说瞎话！"他说他们老板这几年匿名赞助了母校十几位贫困生，钱都是他带回去的，除了带钱，每次老板还托他给一位叫"情报处长"的捎副蛤蟆镜，至少八九副了。"情报处长"每次都托他给老板带话："香港挣钱多,但肉要少吃,吃多了不但尿酸高,尿素也会高!"

饭桌上我得知,阿润毕业后一直没有回过母校。饭后,下属散去。我问阿润:"你现在功成名就,咋不回学校看看?"

阿润不语。

旁边的杨爱珠嘻嘻笑了:"他是想回不敢回,怕遇到一个人。"

我问阿润:"谁?"

阿润的嗓门顿时低了下来:"听留校的王先进说,'吴捕快'退休后被学校返聘为卫生监督员,一天到晚在校园里四处溜达……"

参考文献

陈赓：《陈赓日记》，解放军出版社，2003年。

崔玉萌、王璐、何佳芮：《李同玉：传承航天精神 逐梦浩瀚苍穹》，《江苏科技报》2019年10月23日。

郭曰方：《脊梁：献给共和国科学家的颂歌》，广西科学技术出版社，2019年。

何振才主编：《南理工记忆》，东南大学出版社，2021年。

孔从洲：《孔从洲回忆录》，解放军出版社，2006年。

李晨鑫：《火炮与弹道学专家——记中国工程院院士李鸿志》，《大学科普》2015年9月。

李国瑞、卞燕、朱雅萍：《永远不变的，是用心去"变"——记常州精研科技有限公司董事长王明喜》，《常州日报》2013年11月28日。

李花：《"一辈子只做一件事"的王泽山精神催人奋进——勇闯"无人区"挑战"不可能"》，《南京日报》2022年5月31日。

李荦：《王明喜：创业在路上 创新永不止》，《新钟楼》2016年7月11日。

李克纯：《朱献国：坚守、创新城市综合体核心价值》，《中国房地产报》2016年1月11日。

路贵斌、聂成跃、李勤华：《冷傲之美——南京理工大学兵器博物馆馆藏枪械集萃（手枪篇）》，南京大学出版社，2016年。

李冲：《面对面｜挑战万米"海底捞针"，"奋斗者"号主驾张伟：在逐梦中感受深海科技进步》，扬子晚报网，2021年7月22日。

沈家聪、简思梦：《"三冠王"一辈子只做好一件事——记中国工程院院士王泽山》，《大学科普》2017年11月。

《陈赓传》编写组编：《陈赓传》，当代中国出版社，2003年。

谈洁、南藜：《南理工夺得"挑战杯"大赛3个特等奖——与清华、上海交大并列总分第一》，《南京日报》2015年11月24日。

滕叙兖：《陈赓大将与哈军工》，当代中国出版社，2013年。

滕叙兖：《名将名师——哈军工"两老"传记》，当代中国出版社，2013年。

王虎：《南京理工大学校史人物传略（1953—1966）》，南京大学出版社，2018年。

王虹铈：《孝陵卫营房漫话》，东南大学出版社，2011年。

王虹铈：《火炮历史的见证——南京理工大学兵器博物馆藏火炮集粹》，南京大学出版社，2013年。

王建云：《未来战争将进入精确打击时代——访中国工程院院士、华东工学院前校长李鸿志》，《中国空军》2003年5月。

王茂琪：《朱献国激情创业的"三级跳"》，《江苏经济报》2004年8月24日。

王馨：《朱献国和他的"新城市"梦想》，《南京日报》2014年12月31日。

张家先主编：《科海星光》，南京大学出版社，1996年。

张新科：《老满》，《十月》2014年第1期。

张新科：《阿润》，《天长夜短》，人民文学出版社，2016年。

张焱、兵者：《孔从洲画传》，中央文献出版社，2006年。

朱献国：《城市综合体价值最大化的探索与研究》，《南京日报》2010年10月15日。

郑焱：《六十载火药情 一甲子报国心——记我国著名火炸药专家、中国工程院院士王泽山》，《新华日报》2022年2月11日。

《中国工程院院士》编委会编：《中国工程院院士 1994/1995/1996 2》，高等教育出版社，2000年。

杨频萍：《王泽山：弹道管孔写春秋》，《发明与创新（综合科技）》2018年2月。

佚名：《南理工首摘"挑战杯"桂冠——高大上理论融进接地气作品》，《新华日报》2015年11月25日。